戦後日本教育史

――「脱国家」化する公教育

貝塚茂樹
Shigeki Kaizuka

はじめに

「戦後」とは何か

　第二次世界大戦の敗北は、軍事力の敗北であった以上に、私たちの若い文化力の敗退であった。私たちの文化が戦争に対して如何に無力であり、単なるあだ花に過ぎなかったかを、私たちは身を以て体験し痛感した。西洋近代文化の摂取にとって、明治以後八十年の歳月は決して短かすぎたとは言えない。にもかかわらず、近代文化の伝統を確立し、自由な批判と柔軟な良識に富む文化層として自らを形成することに私たちは失敗して来た。(中略)

　一九四五年以来、私たちは再び振出しに戻り、第一歩から踏み出すことを余儀なくされた。これは大きな不幸ではあるが、反面、これまでの混沌・未熟・歪曲の中にあった我が国の文化に秩序と確たる基礎を齎《もた》らすためには絶好の機会でもある。

これは、「角川文庫発刊に際して」と題された文章の一節である。日付は、１９４９（昭和24）年5月3日である。この日は、１９４８（昭和23）年7月に国民の祝日に関する法律（祝日法）によって制定された最初の憲法記念日にあたる。

現在も角川文庫の巻末に掲載されているこの文章が示すように、敗戦を「新しい契機」と捉えようとする姿勢は、日本人の「戦後」受容の特徴を象徴的に表現している。

１９４５（昭和20）年8月15日正午に行われた天皇による「終戦の詔書《しょうしょ》」（いわゆる「玉音放送」）によって国民は敗戦を知った。「終戦の詔書」は、日本の敗戦を告げた上で、「戦陣に死し、職域に殉《じゅん》じ、非命に斃《たお》れたる者及《および》其の遺族に想《おもい》を致せば、五内為《ごないため》に裂く」とし、これから日本が直面する苦難は計り知れないものがあるが、「堪《た》え難《がた》きを堪え、忍び難きを忍び、以《もっ》て万世の為に大平を開かんと欲す（中略）宜《よろ》しく擧國一家子孫相傳《きょこくいっかしそんあいつた》え、確《かた》く神州《しんしゅう》の不滅を信じ、任重くして道遠きを念《おも》ひ、總力《そうりょく》を將來《しょうらい》の建設に傾け、道義を篤《あつ》くし、志操を鞏《かた》くし、誓って國體《こくたい》の精華《せいか》を發揚《はつよう》し、世界の進運に後《おく》れざらむことを期すべし」と結ばれた。

敗戦の受け止め方は様々であった。陸軍大将の阿南惟幾《あなみこれちか》は、同年8月14日に「一死以テ大罪ヲ謝シ奉《たてまつ》ル」と書き遺し割腹自殺をし、民俗学者の柳田國男は、「十二時大詔出づ、感激不止。午後感冒、八度二分。」と書き、作家の永井荷風《かふう》は、「正午ラジオの放送、日米戦争突然停止せりし由を公表したりと言ふ。あたかも好し、日暮染物屋の婆、鶏肉葡萄酒を持ち来る、休戦の祝宴を張り皆〻酔うて寝に就きにぬ」と記した。

敗戦の責任を自らの死を以て償った一部の軍人と、「祝宴」を催す国民の姿は対照的であるが、その意味をここでは問わない。ただ、こうした様々な思いの中で「戦後」が出発したことを、まずは確認しておきたい。

日本にとっての「戦後」は、敗戦を起点とした現在までの時間の経過である。しかし、その意味では、諸外国の多くは「戦後」をすでに終えている。世界の多数の国・地域では第二次世界大戦後も戦争が起こっているからである。

例えばアメリカは、第二次世界大戦終結から5年後の1950年に朝鮮戦争、1955年にはベトナム戦争を経験しており、日本でいう「戦後」はわずかの時間で消滅している。

2025（令和7）年、日本は「戦後80年」を迎えるが、戦争に巻き込まれない限り、日本の「戦後」はこれからも続くことになる。

日本の「戦後」の大きな特徴は、1945年8月を歴史の分水嶺として、戦前との「断絶」を強調したことである。それは、軍事力だけでなく文化でも敗退した日本が敗戦を契機に「再び振出しに戻り、第一歩から踏み出す」ことが、「大きな不幸」であると同時に「絶好の機会」であるとする冒頭の文章の中に示されている。

そして、こうした戦前と戦後の断絶は、「戦前＝悪、戦後＝善」という歴史解釈を伴うものであった。

「戦前＝悪、戦後＝善」という歴史解釈

だが、こうした二項対立的な図式の歴史解釈は、実証的に歴史事実を解明しようとする姿勢を弱め、政治的イデオロギー対立の文脈にたやすく回収される危険を内在化させた。

例えばそれは、アメリカの占領政策が軍国主義から日本を解放したという評価がある一方で、占領政策によって日本の教育・文化が破壊されたという評価が、今も対立して嚙み合わないままであることを見るだけでも明らかである。特に後者については、現代の課題の原因が占領政策にあるかのような指摘も根強い。しかし、戦後80年を迎えようとする中で、すべての責任が占領政策にあるかのような解釈は現実的でも生産的でもない。

もちろんこれは、教育の分野においても例外ではない。それどころか、教育の分野においてこそ、「戦前＝悪、戦後＝善」とする歴史解釈が強固に共有された。

歴史を二項対立的な図式に押し込めてしまう弊害は、歴史の事実を実証的かつ批判的に考え、そこから学ぼうとする姿勢を失うことである。教育史研究家の唐澤富太郎は次のように述べている（唐澤富太郎『日本教育史』）。

いかに創造的な時代にあるにもせよ、その創造は決して過去から切り離しては考えることはできない。創造的な時代においてこそ却って過去を厳しく批判し、過去を否定的に媒介することによってのみ創造は可能となるのである。しかるに過去を媒介することなく、過去を断絶して外からのものを移植したのでは、それは単なる借り物であって、真に自己の歴史のうちにおいて育つものではあり得ない。それでわれわれは、たとえいかに誤った過去をもち、また悲しい歴史を担うにもせよ、そこにはどうしてもそれを正しく批判し検討し、誤ったときには真に過去を懺悔し、これを否定契機としてより積極的に建設して行ってこそ、はじめて未来において新しくしかも真実のものを誕生させることができるのであって、われわれはどうしても内から悩み、内から主体的にかち得たところのものでなければ未来における真の発展法則をもたらすことはできないであろう。

特定のイデオロギーを主張するため、あるいは自身の見解を強要する手段として、歴史を恣意的に利用し、現代的な視点からのみ歴史的事実を評価・断罪することは許されるべきではない。歴史の事実を実証的かつ批判的に検討することで、歴史から学び、そこから将来の展望を考える姿勢が求められる。

戦後教育史の時期区分と概要

本書は、こうした歴史解釈の問題点を念頭に置きながら、戦後教育の歴史を実証的に検討しようとするものである。

戦後教育史の時期区分は、何を対象とするかによって違いがあるが、基本的には次の四つの時期に分けることができる。

①戦後教育改革期の教育（1945年〜1950年代）
②高度経済成長期を背景とした教育（1960年代〜1980年代中頃）
③臨時教育審議会以降の教育（1980年代中頃〜2000年代中頃）
④教育基本法改正後の教育（2000年代中頃〜現在）

本書は、四つの区分ごとの内容を網羅的に取り上げるのではなく、それぞれに特徴的な内容を中心とした。そのため、厳密には四つの時期区分を反映してはいないが、各時期の教育の特徴を予め簡単に整理しておきたい。

第一の戦後教育改革期は、占領下の時期と1952（昭和27）年の講和・独立後の時期の二つに分けることができる。

前半の占領期間においては、教育基本法・学校教育法などの法制が整備され、6・3・3制の学制改革をはじめ抜本的な戦後教育の教育理念と教育制度の骨格が形成された。

この間に重要な役割を果たしたのが、第一次米国（アメリカ）教育使節団の「報告書」である。そして、日本側では1946年8月に内閣に設置された教育刷新委員会（1949年に教育刷新審議会、1952年からは中央教育審議会に改称）の審議と建議に基づいて、戦後の新教育制度の基礎となる重要な法律が相次いで制定・実施された。

講和・独立後の時期には、それまで実施された新教育制度に対して、数年間の実施の経験と独立回復後の自主的な立場から、わが国の実情に即した手直しが行われた。戦後復興が徐々に進み、1955（昭和30）年頃を境にして新たな発展段階に入ると、新教育制度は実質的な定着に向けての議論と措置が課題とされた。

第二の時期は、1960年代の高度経済成長期にあたる。社会的には戦後の「第一次ベビーブーム」による人口増加の波が高等学校、大学まで押し寄せる一方、技術革新と経済成長に基づく教育への社会的需要が増大することで、教育の著しい量的拡大が進展した。

教育の量的拡大は、特に後期中等教育と高等教育の進学率の上昇をもたらし、国民全般の幅広い教育機会を提供する反面、「教育荒廃」や大学紛争などの質的課題を顕在化させていった。

この時期には、生活水準の向上等による国民のニーズの多様化や個性化、産業構造の変化と情報化、国際化等が進展した。また、都市化と核家族化の増大によって、地域共同体の結びつきが希薄化し、家庭の教育力の低下も指摘された。

こうした社会の急激な構造変化は、公教育としての学校教育の画一的なあり方への批判を強め、社会変化に対する多様で柔軟な対応が教育に求められた。

教育の量的拡大と「教育荒廃」の状況に対して、明治期の学制改革、第二次世界大戦後の戦後教育改革に続く「第三の教育改革」として検討されたのが、1971（昭和46）年の中央教育審議会による答申「今後における学校教育の総合的な拡充整備のための基本的施策について」（いわゆる「四六答申」）であった。

第三の時期は、臨時教育審議会を起点として教育基本法が改正されるまでの時期である。1984（昭和59）年に内閣総理大臣の諮問機関として設置された臨時教育審議会は、広く教育に関連する社会の諸分野に係る諸課題を検討した。そして、1987（昭和62）年8月までの3年間に四次にわたる答申を提出し、生涯学習、学校教育、国際化、情報化、教育行財政等の教育全般にわたる提言が行われた。

臨時教育審議会が掲げた個性尊重の原則、生涯学習体系への移行及び国際化、情報化等の変化への対応を骨子とした教育改革の提言は、今日にまで連続する教育改革の基調となっていると評価される。

第四の時期は、２００６（平成18）年12月に教育基本法が改正されてから現在までの時期である。旧教育基本法からの改正点としては、①第２条として「教育の目標」が加えられたこと、②生涯学習、大学、私立学校、家庭教育、幼児教育、学校・家庭・地域社会の連携・協力に関する規定が新たに加えられたこと、③理念法から振興法としての性格を強め、国及び地方公共団体の責務を明らかにしたこと、などが挙げられる。

またこの時期には、臨時教育審議会以降の「政治主導」がさらに進められた。文部科学大臣の諮問機関として文部科学省内に設置されている中央教育審議会とは別に、教育改革国民会議（２０００年設置）、教育再生会議（２００６年設置）、教育再生懇談会（２００８年設置）、教育再生実行会議（２０１３年設置）などの会議体が設置され、これらが教育政策の立案に大きな影響を及ぼした。

本書の構成について

本書は、教育における「戦後」の歴史を全10章から構成した。ただし、戦前と戦後の連続・非連続（断絶）を考えるために、第１章は戦前・戦中の教育について整理した。言うまでもなく、戦前・戦中の教育は「戦後」と連続しており、「戦後」の教育の特徴を考えるためには、戦前・戦中の教育を踏まえる必要があるからである。

第2章から第9章までは、敗戦から現在までの教育について検討している。各章では、通史的な歴史を踏まえつつ、各時期で特徴的な内容を中心に言及した。全体としては、教育基本法と教育勅語、道徳教育、日教組（日本教職員組合）などに関する内容が多くなっているが、それらは戦後教育史において大きな課題であったことを意味している。

第10章は、現在の教育とこれからの課題について述べた。第9章までは、戦後教育の歴史を辿ることに重点を置いたが、第10章では、特に今後の課題に関する筆者の見解も加えた。その点で第10章は、第9章までの章と若干の違いがある。

本書での注記は最小限にとどめ、巻末に文献を明記した。また、年代の表記は西暦・和暦の併記とし、巻末に略年表と主要な引用・参考文献を付した。

なお、本書は拙著『戦後日本教育史』（放送大学教育振興会）の内容と一部の重複があることをお断りしておきたい。

目次

第2章 戦後教育改革と「占領」

第8章 「ゆとり教育」と公教育の変質

第１章　総力戦体制と教育

１　昭和戦前期の社会と教育改革

総力戦体制下の教育の基本方針

昭和戦前期の日本は、ロシア革命の混乱から軍事大国へと復活しようとするソ連（現在のロシア）への脅威が増大し、中国・満州への関心を強めていった。地理的な拡大・膨張が国家の安全と繁栄を保障するという認識は、当時の政府や軍部ばかりでなく、国民にも広く共有されていた。そこには、国内の乏しい資源を国外へ求めて市場を拡大し、過剰になりつつある人口を外地へ移住させようとする意図もあった。

しかし、こうした日本の政策と方針は、必然的に国際社会の摩擦を生み出した。１９３１（昭和６）年の満州事変が国際社会から批判され、１９３３（昭和８）年に国際連盟からの脱退を通告した日本は、１９３５（昭和10）年3月26日に連盟国の資格を喪失し、「世界の孤児」と言われる道を歩んでいった。

また、１９２３（大正12）年の関東大震災による経済不況と社会不安が深刻化する中で、１９３６（昭和11）年の二・二六事件以降、軍部の発言権がさらに増大していった。

国内外の政治状況は教育にも大きな影響を与えた。大正末期から１９４０年代までの時期の教育は、１８７２（明治5）年に学制が制定されて以降、最も活発に改革が行われ、教育の全面的な再編成が企図された。しかも、それは学校教育だけに限らず、家庭、地域を含めた社会全体の改革に及ぶものであった。

昭和戦前期の学制改革は、教育機会の拡大と均等化、中等教育の拡大と組織化という世界的な教育課題に呼応するものでもあった。しかし、満州事変を契機として、日本の教育は戦争の影響を直接に受けるようになり、１９３７（昭和12）年7月の日中戦争以降、その傾向はさらに強まっていった。１９３８（昭和13）年4月に公布された国家総動員法によって、政府が総力戦遂行のための人的・物的資源を統制し運用できるようになると、教育行政はさらに政府の政策に従属していった。

１９３５年8月に政府が発した「国体明徴《こくたいめいちょう》ニ関スル件」は、「我ガ国体ハ天孫降臨《てんそんこうりん》ノ際下シ賜ヘル御神勅《ごしんちょく》ニ依リ昭示セラルル所ニシテ、万世一系《ばんせいいっけい》ノ天皇国ヲ統治シ給《たま》ヒ宝祚《ほうそ》ノ隆ハ天地ト與ニ窮《きゅう》ナシ」として、天皇による無限の歴史性を持つ史実こそが国体であるとした。国民統合原理としての万世一系の皇室を核とする国体論では、皇国と皇国民の観念が強調される一方、国体に反すると認められる思想や宗教、文化や運動に対する弾圧は厳しくなり、国民生活の広範囲にわたって国家統制が進められた。

１９３５年には、「国体観、日本精神ヲ根本トシテ学問、教育刷新ノ方途ヲ議」し、「真ニ国礎ヲ培養シ国民ヲ錬成スベキ独自ノ学問ノ発展ヲ図」ることを目的として教学刷新評議会が設置されている。教学刷新評議会は、１９３６年10月に「我ガ国ニ於テハ祭祀ト政治ト教学トハ、ソノ根本ニ於テ一体不可分」であること、国体・日本精神の真義は、「天祖《てんそ》ノ神勅《しんちょく》、歴代ノ詔《みことのり》」並びに教育勅語等を基本とすること、学校をもって国体に基づく修練の施設と位置付けることなどを骨子とする答申をまとめた。

この答申を引き継ぎ、１９３７年に内閣直属に設置されたのが教育審議会である。教育審議会は「高度国防国家」建設のための教育体制の確立をめざして、初等教育、中等教育、高等教育、社会教育、各種学校、教育行財政など広範囲に及ぶ総力戦体制下の教育の基本方針を検討した。

教育審議会が１９４１（昭和16）年に出した答申では、皇国の道を基本精神とし、国家有為の人材を育成する方針を立て、国民としての大任を果たし得る人材を錬成することを主眼とし、国民学校の創設、青年学校の義務化、中学校・実業学校の統合、女子大学の創設などの構想が示された（**図1**）。

国民学校と「皇国民の錬成」

総力戦体制においては、「皇国民の錬成」が教育に求められた重要な課題であった。1941年3月、教育審議会の答申に基づいて国民学校令が公布され、明治以来長く続いた小学校の名称が消えて、国民学校に改められた。

国民学校令第1条は、「国民学校ハ皇国ノ道ニ則《のっと》リテ初等普通教育ヲ施シ国民ノ基礎的錬成ヲ為《な》スヲ以《もっ》テ目的トス」と規定された。「皇国ノ道」とは、「国体の精華《せいか》と臣民の守るべき道との全体」を意味しており、国民学校では、教育全般にわたって「皇国ノ道」を実現することが修練の目的とされた。

国民学校令が掲げた理念は、初等教育にとどまらず、総力戦体制下の教育全般に及ぶものであった。

日本の近代学校史において、「錬成」が学校教育の目標とされたのは国民学校令が初めてである。「錬成」とは、「錬磨育成」の意味であり、「児童の陶冶《とうや》性を出発点として皇国の道に則り児童の内面よりの力の限り即《すなわ》ち全能力を正しい目標に集中せしめて練磨し、国民的性

図1　学校系統図（1944年）

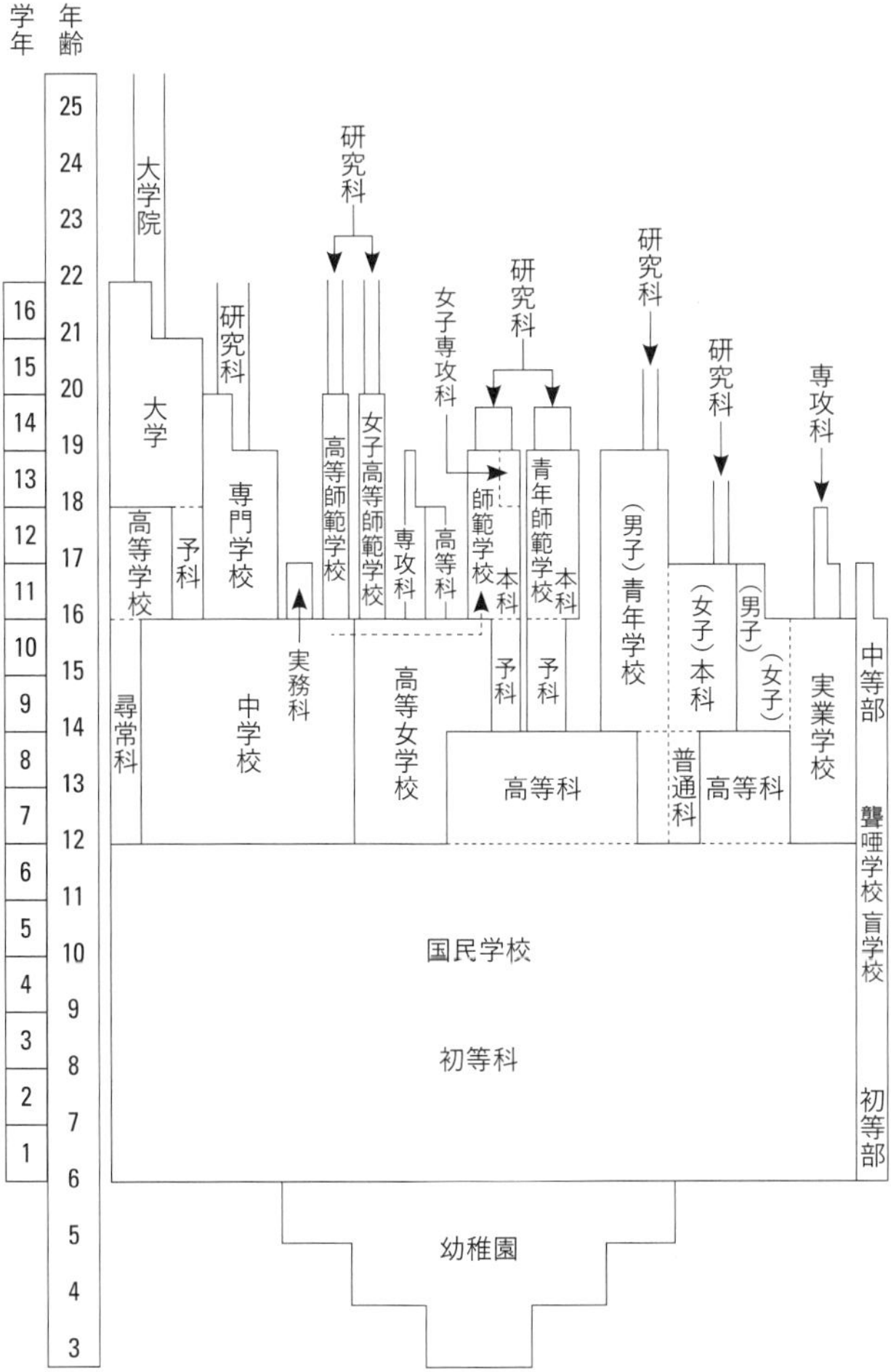

［文部科学省編『学制百五十年史』ぎょうせい、2022 年］

格を育成することである」と定義された。「錬成」の理念は、総力戦体制下の教育を特徴付けるとともに、学校教育の範囲を超えて各分野に及んだ。

国民学校は、義務教育年限をそれまでの6年から8年（初等科六年・高等科二年）に延長した（ただし、戦争終結により実現しなかった）。また、皇国民としての基礎的錬成の内容は、①国民精神を体認し、国体に対する確固たる信念を有し、皇国の使命に対する自覚を有していること、②透徹せる理知的能力を有し、合理創造の精神を体得し、もって国運の進展に貢献しうること、③闊達剛健《かったつごうけん》な心身と献身奉公の実践力とを有していること、④高雅な情操と芸術的、技能的な表現力を有し、国民生活を充実する力を有すること、などに大別された。

これらの内容に応じて、従来の教科は、国民科（修身・国語・国史・地理）、理数科（算数・理科）、体錬科（体操・武道）、芸能科（音楽・習字・図画及び工作・裁縫・家事）及び実業科（高等科のみ）の五つに編制され、各教科が含む多様な内容は、その性質と目的とに応じて「科目」とされた。つまり、「科目」は、教科の有機的分節として位置付けられ、すべての教科は「皇国民の錬成」という目的に集約されると同時に、科目相互の有機的な関連性が重視された（**図2**）。このように、教科を広域的に編成した教科横断的なカリキュラム構成は、当時においては世界的にも先進的な試みであった。

国民学校での教育方法としては、①主知的教養を排し、心身一体として教育し、教授・訓

図2　国民学校の教科構成

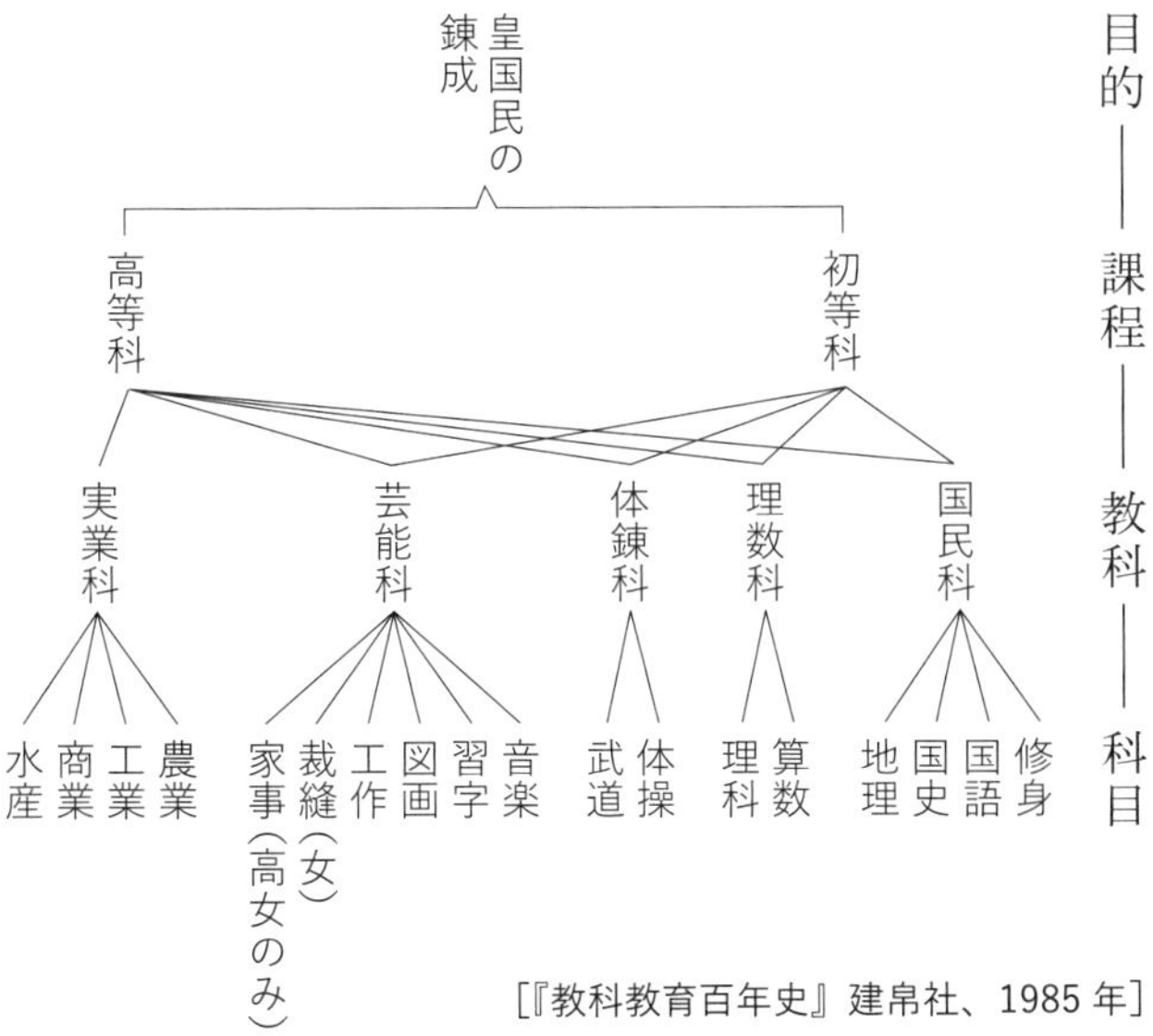

［『教科教育百年史』建帛社、1985年］

練・養護の分離を避け、国民としての統一的人格の育成を期すこと、②儀式・学校行事の教育的意義を重んじ、これを教科とあわせて一体とし、全校をあげて「皇国民錬成の道場」たらしめようとしたこと、③学校と家庭及び社会との連絡を緊密にし、児童の教育を全うしようとしたこと、などが特徴である。特に、「錬成」「道場」「型」「行」「団体訓練」などの用語が、国民学校の教育方法の特徴として頻繁に用いられた。「自由主義」「個人主義」などの用語は、非国民的用語として徹底的に排除される一方、宮城遥拝《きゅうじょうようはい》、団体行進、駆け足訓練が強いられ、「必勝の信念」と苦しさに耐えて我慢強く持ちこたえるという意味の「堅忍持久《けんにんじきゅう》」が強調された。

教育が総力戦体制に従属していく状況は、教科書の内容にも大きな影響を与えた。特に修身科は、国民学校令施行規則において、「教育ニ関スル勅語ノ旨趣《ししゅ》ニ基キテ国民道徳ノ実践ヲ指導シ児童ノ徳性ヲ養ヒ皇国ノ道義的使命ヲ自覚セシムルモノトス」（第3条）とされ、皇国の「道義的使命」を持つ教科として明確に位置づけられた。

1941年に改訂された第五期国定修身教科書は、第四期国定修身教科書での「国体」を強調する内容がさらに増加した。また、軍国主義的な教材が顕著となり、教科書には随処に戦争に関する挿絵や写真が挿入されるとともに、「軍神のおもかげ」「特別攻撃隊」といった戦争教材や、神国観念を強調した教材が掲載された。

例えば、第二学年用の『ヨイコドモ』下巻の「日本ノ国」は、「日本ヨイ国、キヨイ国。世界ニ一ツノ神ノ国。日本ヨイ国、強イ国。世界ニカガヤクエライ国」という神国観念に基づく日本の優越性を強調した内容であった。

中等・高等教育の改革

教育審議会の答申を受けて、1943（昭和18）年に中等学校令が定められた。これによって、これまで中学校・高等女学校・実業学校の三つに分けられていた中等教育諸学校は、中等学校となった。しかし、中等学校の改革は制度全般に及んだわけではなく、高等普通教育または実業教育を施すなどの教育内容の改革が中心となり、特に武道の重視、配属将校による軍事教練の強化、勤労作業に基づく「皇国民の錬成」などが重視された。

また、高等教育機関にも「皇国民の錬成」が目標として組み込まれた。特に大学の理科系統の教育を急速に拡大して、多数の学生をこの分野に進学させる措置がとられる一方、文科系学生には修業年限を短縮して、戦時生産活動に従事することが求められた。

マルクス主義の新興教育運動と「天皇機関説」問題

昭和戦前期の教育課題の一つは、マルクス主義への対応という「思想問題」の沈静化であった。具体的にそれは、学問・教育・思想の自由の抑圧（異端の排除）として進められた。

文部省は1928（昭和3）年4月、「国民精神作興に関する訓令」を出して学生・生徒に対する思想善導を進めた。1931年に文部省内に設置された学生思想問題調査委員会は、学生の思想運動を取り締まる拠点となり、厳しい弾圧を加えた。1925（大正14）年から1937（昭和12）年にかけて、約5000名の学生が検挙され、そのうち処分学生は4000名を超えた。

一部の教師たちは、昭和初期の経済恐慌に起因する教員給与の不払い、強制寄付、欠食児童などに象徴される社会の経済的困窮の中で、いわゆるプロレタリア教育運動を展開した。1930（昭和5）年に「新興教育研究所」が設置され、機関誌『新興教育』を中心にマルクス主義に基づく教育論の普及を進めた。同年、日本教育労働組合が非合法の組織として発足し、帝国主義戦争の反対とプロレタリア階級のための教育闘争運動を進めた。

新興教育運動に対しても、1931年2月から関係者の検挙が行われ、特に「長野県教員赤化事件」での検挙・取締者数は600名を超えた。

思想・教育に対する抑圧は学問分野にも及んだ。なかでも1933年に京都帝国大学で起きた「瀧川事件」は、昭和戦前期の大学自治の歴史を象徴するものであった。この事件は、京都帝国大学法学部教授の瀧川幸辰《たきかわゆきとき》が1932年10月に中央大学法学部で行った講演「『復活』を通して見たるトルストイの刑法観」の内容が、無政府主義的であるとして文部省及び司法省内で問題化したことに端を発したものであった。

文部省が文官分限令により瀧川の休職処分を強行したことに対して、京都帝国大学法学部は教授31名から副手に至る全教官が辞表を提出して抗議の意思を示した。結局、辞表を提出した教官のうち、瀧川、佐々木惣一、末川博ら6名の教授が免官となった。「瀧川事件」は、思想統制の対象がマルクス主義にとどまらず、自由主義にまで及んだことを意味していた。

総力戦体制下の思想統制は、1935年の「天皇機関説」問題へと連続した。天皇機関説とは、東京帝国大学教授の美濃部《みのべ》達吉が、「統治権は法人たる国家にあり、天皇はその最高機関として内閣をはじめとする他の機関からの輔弼《ほひつ》を得ながら統治権を行使する」と説いたものである。美濃部の「天皇機関説」は20年以上にわたって憲法理論の主流となっていたものであったが、内務省は同年4月に美濃部の著書5冊を発禁としたことでこれを否定した。

こうした思想統制によって、学問の科学的な研究の道は閉ざされ、学問の自由を守ろうとする動きも急速に力を失っていった。

国民精神文化研究所と『国体の本義』

昭和戦前期の教育政策の特徴は、「日本精神」を強調した日本的教育学の隆盛であった。

1932年8月、「文部大臣ノ管理ニ属シ国民精神文化ニ関スル研究・指導及普及ヲ掌《つかさど》ル」ことを目的として、国民精神文化研究所が設置された。これは、「思想防圧の根本的対策」「思想問題の根本的解決」を図る教員の再教育機関としての役割を担うものであり、特にマルクス主義に対抗しうる「理論体系」を構築し、それを普及することによって、「思想困難」を打開する「教学刷新」の「第一線の砦《とりで》」となることが期待されていた。

国民精神文化研究所は、「正統的な国体論の国定教科書」である『国体の本義』編纂にも中心的な役割を果たした。1937年3月に刊行された『国体の本義』の目的は、「国体を明徴にし、国民精神を涵養振作《かんようしんさく》すべき刻下の急務」に応えることであった。
『国体の本義』の第一部「大日本国体」は、日本神話を基礎として、歴代天皇の「聖徳《せいとく》」と国民の「臣節《しんせつ》」を列挙しながら、日本の国体を特徴づける日本精神の真髄として、「和」の精神と「明《あか》き浄《きよ》き直《なお》き心」に言及している。また、日本の戦争は「八紘一宇《はっこういちう》」の精神に基づくものであるとしながら、「我が国は皇室を宗家として奉り、天皇を古今に亙《わた》る中心と仰ぐ君民一体の一大家族国家」であり、「我が臣民の根本の道」である「忠」は、「天皇に絶対随順する道」であると説いた。

そして、第二部では、特に「天皇機関説」を、「かの統治権の主体は国家であり、天皇はその機関にすぎないといふ説の如きは、西洋国家学説の無批判的の踏襲といふ以外には何等の根拠はない」と否定し、日本の天皇は、「外国の所謂《いわゆる》元首・君主・主権者・統治権者」としてのみではなく、尊厳な「現人神《あらひとがみ》」「現御神《あきつみかみ》」であるとした。
『国体の本義』は、約30万部が印刷され、全国の小学校から大学までの各学校だけでなく官公庁にも送付され、さらに国民一般にも販売された。

１９４１年には、『国体の本義』の「姉妹編」として『臣民の道』が刊行された。『臣民の道』は、社会主義、無政府主義、共産主義ばかりでなく民主主義や自由主義までも否定し、個人主義思想を繰り返し批判した。また、『国体の本義』と同様に家族国家観を強調した。

もっとも、『国体の本義』の「諸言」で「我が国体は宏大深遠であって、本書の叙述がよく真義を尽くし得ないことを懼《おそ》れる」と述べたように、同書においても「国体」の本義が十分解明されたとは言えなかった。そのため、政府や軍部にとって不都合なものは、すべて「反国体」の思想として排除する結果を招いた。

2　学校の儀式・学校行事と教育文化

国民学校の学校行事

教育が総力戦体制に組み込まれていく中で重視されたのが、学校での儀式・学校行事である。国民学校では、「皇国民の錬成」という目的のもとに、儀式・学校行事の教育的役割が重視された。学校で行われた儀式を大別すると、①皇室・国家に関するもの、②学校行事に関するもの、③御真影《ごしんえい》下賜《かし》・奉還《ほうかん》に関する儀式及び御大典《ごたいてん》・御大葬《ごたいそう》・紀元二千六百年祭などの臨時儀式、に分けることができる。

なかでも、四方節《しほうせつ》（1月1日）、紀元節《きげんせつ》（2月11日）、天長節《てんちょうせつ》（4月29日）、明治節（11月3日）の「四大節《しだいせつ》」は特に重視され、各小学校では儀式が実施された。これらの儀式は、皇室の祭祀と密接に結び付き、その主眼は国体観念の養成と皇国民の錬成に置かれた。

学校行事も、戦局の悪化とともに、その性格は明らかに戦時色を帯びるものとなっていった。例えば、運動会では、集団的団体種目が多くなり、種目名も「敵陣突入」「総力戦」「勝って下さい兵隊さん」などのように、戦争を実感するようなものへと変更されていった。

社会教化活動と「銃後の教育」

総力戦体制は、学校教育だけでなく全国民を対象としたものであった。政府は、１９３７年8月24日に「国民精神総動員実施要綱」を閣議決定し、挙国一致、尽忠報国《じんちゅうほうこく》、堅忍持久《けんにんじきゅう》をスローガンとして、日本精神の昂揚《こうよう》をめざした国民運動を展開した。社会風潮の一新、銃後後援（銃後の教育）の強化と持続、非常時財政・経済政策への協力、資源愛護等を内容とした運動は、社会教育活動の側面を持ち、社会教育機関もその遂行に大きな役割を果たした。

なかでも、各地に組織されていた青年団は、１９４１年1月に大日本青少年団として整理・統一された。大日本青少年団は、文部大臣の管轄の下に地方長官を都道府県青年団の団長とし、青年学校長や小学校長を各組織の団長とした。大日本青少年団による神祇《じんぎ》奉仕、貯蓄奨励運動、軍人援護活動、国防訓練、勤労奉仕などの活動は、青少年に対する統一的な戦時的訓練としての性格を色濃くしていった。

また、1942（昭和17）年には愛国婦人会が結成され、「国防思想ノ普及」「家庭生活ノ整備刷新」「国防ニ必要ナル訓練」などを掲げて、都会及び農山漁村の婦人に対する組織的な活動を行った。

総力戦体制においては、部落会、町内会、隣組といった生活に最も密着した末端組織の体制化も図られた。市町村長を中心とする市町村常会の下に部落（村落）・町内会（都市）を置き、さらにその下に10戸程度を単位とする隣組を設けた。1940（昭和15）年には「隣組」（作詞：岡本一平／作曲：飯田信夫）という次のような歌詞の歌謡曲が流行した。

「とんとんとんからりと隣組／格子を開ければ顔なじみ／廻して頂戴回覧板／知らせられたり知らせたり」「とんとんとんからりと隣組／あれこれ面倒味噌醤油／ご飯の炊き方垣根越し／教えられたり教えたり」

明るい軽妙なリズムは、「あれこれ面倒味噌醤油／ご飯の炊き方垣根越し」という隣組の互助的な側面を明るく軽妙に映し出したが、その反面、「非国民」的な言動を監視し規制する機能も併せ持っていた。特に、「贅沢は敵だ」「鬼畜米英」「欲しがりません勝つまでは」といった戦争のスローガンは、部落会、町内会、隣組といった末端組織を通じて、子供たちの中に確実に浸透していった。

3　総力戦体制と学校教育の崩壊

学童疎開と子供たち

１９４４（昭和19）年6月、政府は「特ニ国民学校初等科児童ノ疎開ヲ強度ニ促進スル」とした「学童疎開促進要綱」、翌年３月には「学童集団疎開強化要綱」を閣議決定して、都市部からの疎開を進めた。学童疎開は親戚・縁故先への縁故疎開と、縁故先のない者の集団疎開があり、疎開児童は合わせて約45万人に及ぶと推計されている。

疎開先の教育施設は、国民学校、中等学校の教室や公会堂、寺院などが利用され、それらは疎開側の学校の分教場として位置付けられた。子供の教育には疎開側の学校教員が当たり、受け入れ側と疎開側双方の教職員が、相互に相手の学校を兼務して指導することが建前とされた。

疎開をした子供たちにとって、見知らぬ土地での厳しい規則に縛られた友人との共同生活は、日を追うごとに過酷なものとなり、父母への思慕から脱走を試みる子供もいた。

疎開児童を苦しめたのは、鍛錬と称される行軍や勤労作業だけでなく、質量ともに悪化した食糧事情であった。当時の子供たちの日記には、「おひるごはんはおいしいうづらまめがはいってゐた。とてもとてもおいしかった」「今日はいろいろのお客様といっしょにごはんをいただいた。とてもおいしかった」「三時頃いり米をいただいた。とてもおいしかった」などと記述されたものが目立った。上級生による物の巻き上げ、配給の食べ物の窃盗が日常化する中で、家庭から薬品を送ってもらって空腹を満たす者や、ハミガキの粉を食べる者まででいた（唐澤富太郎『図説　明治百年の児童史〈下〉』）。

しかし、空腹を抱えた子供たちの多くは、東京の両親への手紙には「辛い」「会いたい」などとは決して書かなかったと言われる。ここには両親に心配をかけまいとする健気な気持ちと、悪化する戦局の中で必死に耐えようとする気持ちが混在していたに違いない。

学徒勤労動員と学徒出陣

緊迫する戦局の悪化に伴い、修業年限の短縮、学徒勤労動員の強化、実業学校卒業期の繰り上げ、学校報国活動の強化、学徒出陣等によって、総力戦体制への国家的要請に即応する教育の対応が強化されていった。

1943年に入ると、戦時生産の要請によって、学徒を工場その他の戦時生産に動員する「学徒動員」が進められた。同年6月、政府は「学徒戦時動員体制確立要綱」を閣議決定し、学徒による勤労動員の強化に基づく特技訓練や防空訓練の徹底を図り、女子には戦時救護の訓練の実施を求めた。

翌1944（昭和19）年8月には、「学徒勤労令」と「女子挺身隊《ていしんたい》勤労令」が公布された。これによって学徒動員が強化され、夜間学校の生徒や身体が弱いという理由で動員から除外されていた生徒までもが動員されるとともに、中等学校卒業者の勤労動員の継続が決定された。

1945（昭和20）年3月の時点で、動員された学徒数は約310万6000人、女子挺身隊は20万1000人を超え、動員による学徒の死亡者は1万966人、傷病者は9789人を数えた（文部省編『学制八十年史』）。

また、高等教育機関でもほとんどの学校が教育としての機能を停止し、文科系学生と一部の農学部学生が学業を中断して戦場へと向かう「学徒出陣」が行われた。1943年10月21日、東京明治神宮外苑競技場（現在の国立競技場）では、文部省学校報国団本部の主催による出陣学徒壮行会が開かれ、関東地方の入隊学生を中心に約7万人が集まり、雨の中を行進した。

出陣学徒壮行会を終えた学徒は、同年12月に陸軍へ入営、あるいは海軍へ入団した。彼らは入営時に幹部候補生試験などを受け、将校*1・下士官*2として出征した者が多かったが、戦況が悪化する中で激戦地に配属されたものも少なくなかった。彼らは、補給路が断たれたことによる栄養失調や疫病などで多くの者が戦死し、また、特別攻撃隊に配属され戦死する学徒兵も多かった。

東京帝国大学3年の時に学徒出陣して戦艦大和に乗組み、1945年4月の沖縄水上特攻に従軍したが奇跡的に生き残った吉田満は、後に戦没学徒の思いを自らの体験と重ねて次のように述べている（吉田満『吉田満著作集（下巻）』）。

出撃がほとんど生還を期し難い特攻作戦であることをはじめて知らされた時、まず胸にきたしたのは激しい無念さだった。学生として豊かな希望に恵まれながら一転して軍隊の靴と檻の中に追いこまれ、しかも僅か二十二歳の短い生涯を南海の底に散らさなければならないことへの憤り、自分が生まれ、生き、そして死ぬという事実が、ついに何の意味も持ちえないのかという焦慮。（中略）何を訴えようというのか。――生き残った同胞が、特に銃後の女性や子供が、これからの困難な時代を生き抜いて、今度こそは本当の生き方を見出してほしいと、訴えるというよりも祈りたいような、声の限り叫びたいような気持だった。――戦争の真っ唯中でもがきながら、われわれの死をのりこえて平和の日がやってくることだけを、ただ願わずにはいられなかったのだ。

戦後日本の設計と建設は、戦争による夥《おびただ》しい数の死者と「戦争の記憶」、そして戦没学徒たちの思いの上に築かれるべきであった。

しかし、「はじめに」で述べたように、戦後日本は、「戦前＝悪、戦後＝善」という単純な区別によって戦前と戦後の断絶を強調し、「戦前的なもの」の忘却に努めていくのである。

1945年3月、政府は「決戦教育措置要綱」を閣議決定し、国民学校初等科を除き授業を停止すると発表した。これは、同年5月の戦時教育令*3によって法制化され、「学徒ハ尽忠以テ国運ヲ雙肩《そうけん》ニ担ヒ戦時ニ緊切ナル要務ニ挺身《ていしん》シ平素鍛錬セル教育ノ成果ヲ遺憾ナク発揮スルト共ニ智能ノ錬磨ニ力ムル」（第1条）ことが学徒の本分とされた。これによって、教育の本来の機能は実質的に崩壊したのである。

*1　広義には少尉以上の軍人を意味する士官の類義語、狭義には軍隊において主に兵科に属し部隊指揮官としての任にある士官を指す。

*2　士官（将校）の下、兵（兵卒）の上に位置する。多くの場合、兵からの昇進者であり、士官との

間に入って兵を統率する。士官学校を含めて高等教育を受けていない者が職業軍人となる場合は下士官となることがほとんどで、さらに士官に昇進することは少なかった。

＊3　1945年5月22日に公布された法律（勅令320号）であり、日本の教育法規の事実上の全面停止措置を規定した。条文は全6条からなり、学徒は戦時に適切な要務に挺身すること、教職員は学徒に率先垂範して学校単位で学徒隊を結成させて食糧増産・軍需生産・防空防衛・重要研究にあたらせることなどが明記された。

4　戦前と戦後の断絶——教育勅語解釈をめぐって

教育勅語は「不磨の大典」か

昭和戦前期の教育が総力戦体制に従属して機能不全となったことの意味は、詳細に検討し厳しく問われなければならない。一方で、戦前と戦後との断絶が強調される中で、本来問われるべき課題が「封印」されたまま検討されないものも少なくはない。また、「戦前的なもの」

図3　教育勅語（現代かなづかいによる読み方）

朕惟《ちんおも》うに　我《わ》が皇祖皇宗《こうそこうそう》　国《くに》を肇《はじ》
むること宏遠《こうえん》に　徳《とく》を樹《た》つること
深厚《しんこう》なり
我《わ》が臣民《しんみん》　克《よ》く忠《ちゅう》に克《よ》く孝《こう》に
億兆心《おくちょうこころ》を一《いつ》にして　世々厥《よよそ》の美《び》を
済《な》せるは　此《こ》れ我《わ》が国体《こくたい》の精華《せいか》に
して　教育《きょういく》の淵源亦実《えんげんまたじつ》に此《ここ》に存《そん》す
爾臣民《なんじしんみん》　父母《ふぼ》に孝《こう》に兄弟《けいてい》に友《ゆう》に
夫婦相和《ふうふあいわ》し朋友相信《ほうゆうあいしん》じ　恭倹己《きょうけんおの》れ
を持《じ》し博愛衆《はくあいしゅう》に及《およ》ぼし　学《がく》を修《おさ》
め業《ぎょう》を習《なら》い　以《もっ》て智能《ちのう》を啓発《けいはつ》し徳《とく》
器《き》を成就《じょうじゅ》し　進《すすん》で公益《こうえき》を広《ひろ》め世務《せいむ》
を開《ひら》き　常《つね》に国憲《こくけん》を重《おもん》じ国法《こくほう》に遵《したが》

が忌避すべき対象とされたことで、その実態が検証されず、感覚的な「思い込み」による歴史解釈が支配しているケースも多い。

なかでも本書と関係するのが、教育勅語（**図3**）についての歴史とその評価である。戦後日本では、教育勅語はいわば「タブー」視され、多くの人が教育勅語が近代教育を支配し、「不磨の大典」であったように理解している。たしかに、近代教育の中で、教育勅語が重要な役割を果たしたことは事実である。しかし、教育勅語が「不磨の大典」としての「不可侵」の絶対的な存在であったかと言えば、そうではなかった。

例えば籠谷次郎は、教育勅語研究が成立史に比重が置かれ、その実施過程の解明が

い一旦《いったん》緩急《かんきゅう》あれば義勇公《ぎゆうこう》に奉《ほう》じ
以《もっ》て天壌《てんじょう》無窮《むきゅう》の皇運《こううん》を扶翼《ふよく》すべし
是《かく》の如《ごと》きは　独《ひと》り朕《ちん》が忠良《ちゅうりょう》の臣民《しんみん》
たるのみならず　又以《またもっ》て爾祖先《なんじそせん》の
遺風《いふう》を顕彰《けんしょう》するに足《た》らん
斯《こ》の道《みち》は　実《じつ》に我《わ》が皇祖皇宗《こうそこうそう》の遺《い》
訓《くん》にして　子孫臣民《しそんしんみん》の倶《とも》に遵守《じゅんしゅ》す
べき所《ところ》　之《これ》を古今《ここん》に通《つう》じて謬《あやま》らず
之《これ》を中外《ちゅうがい》に施《ほどこ》して悖《もと》らず　朕爾《ちんなんじ》
臣民《しんみん》と倶《とも》に　拳々服膺《けんけんふくよう》して　咸其《みなその》
徳《とく》を一《いっ》にせんことを庶幾《こいねが》う

明治二十三年十月三十日
御名《ぎょめい》　御璽《ぎょじ》

不十分であったとして、次のような問題点を指摘した（籠谷次郎『近代日本における国家と教育の思想』）。

①　明治期の教育勅語を取り巻く実態は、後年のいわゆる「天皇制教育」との関連で理解されるような実態とは、かなりの隔たりがある。教育勅語をめぐる動きの中に、「天皇制教育」に類似するものが見られるとしても、それは明治期の主要なものではなく、教育勅語をめぐる多様な状況と動向の一つに過ぎない。

②　明治期の教育勅語理解は、一般には体系価値を持つものではなく、常識的かつ通俗的な道徳としての理解が支配

的であった。つまり、教育勅語の内容はごくありふれたもの、と見るのが当時の一般的な理解であった。

この指摘は、戦後日本において通説化された教育勅語のイメージとは大きな隔たりがある。実際、教育勅語の評価と解釈は１８９０（明治23）年の渙発《かんぱつ》当初から「安定」したわけではなく、日露戦争までは、教育勅語の改訂・追加・撤回論が政府や文部省の一部にくすぶり続けていた。

ところが、日露戦争以後は、こうした教育勅語の改訂・追加・撤回論は影を潜め、教育勅語の権威を担保しつつも、それを補完する文書として「戊申《ぼしん》詔書」（１９０８年）、「国民精神作興ニ関スル詔書」（１９２２年）、「青少年学徒ニ賜ハリタル勅語」（１９３９年）などが出された。

教育勅語の改訂・追加・撤回論が後退した背景には、こうした論議それ自体が教育の基本原理を不安定なものとし、教育勅語への国民の不信が増幅することを回避したことがある。

しかし、それ以上に重要な点は、教育勅語の「古今ニ通シテ謬ラス之ヲ中外ニ施シテ悖ラス」という文言が、その改訂・追加・撤回論を許さず、それらを「不敬」として退ける構造となっていたことである。したがって、現実的には「戊申詔書」や「青少年学徒ニ賜ハリタル勅語」などの補完的な文書によって対応せざるを得なかったのである。

天皇制イデオロギーと「内面化」の実際

なかでも、昭和戦前期の教育における教育勅語と「青少年学徒ニ賜ハリタル勅語」との関係は重要である。この勅語は、陸軍現役将校学校配属十五年を記念したパレードの当日、天皇から文相の荒木貞夫に下賜《かし》されたもので、「青少年学徒」に対して天皇が直接に呼びかける方式が取られた。起草の責任者であった荒木は、その草案の欄外に「第二の教育勅語」とメモしたと言われるが、「其ノ本分ヲ恪守シ文ヲ修メ武ヲ練リ質実剛健ノ気風ヲ振励シ」という表現は、総力戦体制の影響を強く受けたものであった。

「青少年学徒ニ賜ハリタル勅語」は、1941（昭和16）年の第五期国定修身教科書の巻四（第6学年）扉に教育勅語と並んで全文が掲載された。『国体の本義』と『臣民の道』で顕著となった日本精神としての「国体」を強調する立場は、教育における教育勅語の位置付けを縮小させ、実質的には教育勅語からの乖離《かいり》を拡げたのである。

ところで、一般に戦後日本の教育史では、こうした動きは「天皇制公教育」の浸透過程として理解され、教育勅語が敗戦までの全期間を通じて、一貫して「実効支配」していたことを強調する傾向が強かった。特に昭和戦前期の学校は、「天皇制支配のイデオロギー装置」

として位置付けられ、教育勅語はその中核をなすものと解釈されてきた。ところがここでは、教育勅語への評価と解釈が歴史の中で変転を繰り返したという実態を正確に捉えていたわけではない。

また、昭和戦前期の教育では、「忠良なる臣民」という言葉がしばしば言われた。これは、学校教育において、天皇制イデオロギーに支配された国民意識を言い表わす表現であり、国民が天皇制イデオロギーを「内面化」したことを含意している。

しかし、戦後の教育史研究は、実はその「内面化」のプロセスや実態を十分に解明してきたわけではない（広田照幸『陸軍将校の教育社会史――立身出世と天皇制』）。

天皇制イデオロギーは、軍国主義や超国家主義とも表裏をなしているが、「内面化」が自明とされる歴史理解は、例えば修身科をめぐる状況ともかけ離れたものであった。先述したように、第五期国定修身教科書は、「国体」を強調する内容や軍国主義的な教材が顕著となったが、一方で昭和戦前期にはその修身科の「形骸化」が問題視されていた。

そのため、戦後教育史では、例えば、昭和戦前期の修身教育を牽引した一人である堀之内恒夫が、「修身教育困難の声は殆ど堪え間もなく聞く所である。困難所かそれはさらに極論されて修身教育の効果にさへ疑問を挿む者すら少なくない。実際修身教育の効果をあげるということは難事中の難事である」（堀之内恒夫『現代修身教育の根本的省察』）と述べていたことには全く注意が払われなかった。

　戦前と戦後の断絶が強調される中で、「戦前的なもの」は、否定的で感覚的な解釈の中に押し込められた。そこでは、「戦前的なもの」の実態の実証的な解明は十分に行われず、そのことが「戦前＝悪、戦後＝善」という単純な二項対立の歴史解釈を固定化させる要因となったのである。

第2章　戦後教育改革と「占領」

1　日本占領と占領教育政策

「非軍事化」と「民主化」

戦後教育の歴史を辿るにあたって最も留意すべきことは、第二次世界大戦の敗戦後の占領によって日本の主権が奪われ、その占領期に実施された教育改革によって戦後教育の基本的な骨格が構築されたことである（**巻末年表**参照）。

一般に占領とは、「一国の領域の全部または一部が、その国の正当な権力以外の軍事力のもとに入ること」を意味する。占領には大きく分けて、被占領国の主権を占領国が掌握する形態と、占領地における被占領国の中央政府の存在を認めるがその主権は占領国の監督下や制限下に置かれる形態などがあるが、日本占領は後者の形態に近い。

日本占領の期間は、１９４５（昭和20）年8月末のマッカーサーによる占領開始（国際法上は同年9月2日の降伏文書の調印）から１９５２（昭和27）年4月28日のサンフランシスコ講和条約発効までの約6年半である。この間、日本では政治・経済・司法・教育・宗教をはじめ、あらゆる分野に及ぶ変革が実施された。占領政策実施の主体は日本政府ではなく、アメリカ占領軍＝ＧＨＱであった。そのため日本占領は、「外からの革命」「上からの革命」という性格を持っていた。

アメリカ政府には、ＳＷＮＣＣ（国務・陸軍・海軍調整委員会）が置かれ、これが政策立案に当たった。ＳＷＮＣＣによる初期占領政策の目的は、「非軍事化」と「民主化」にあった。例えば、１９４５年9月22日の「降伏後ニ於ケル米国ノ初期ノ対日方針」では、「日本国ガ再ビ米国ノ脅威トナリ又、世界ノ平和及安全ノ脅威トナラザルコト」とともに「理論上及実践上ノ軍国主義及超国家主義（準軍事訓練ヲ含ム）ハ教育制度ヨリ除去セラルベシ」と明記されていた。

「厳しい占領」と「寛大な占領」

日本占領には、「厳しい占領」と「寛大な占領」の二面性が共存していたと言われる。「厳しい占領」とは、①日本占領が6年半という長期間に及んだこと、②敗戦国内の法令・制度を全面的に変更する措置を強行したこと、などを意味する。

１９０７年のハーグ陸戦条約[*1]第43条は軍事的安全にかかわる「絶対ノ必要ナキ限リ」は、占領地の現行法律を尊重して、なるべく公共の秩序及び生活を回復確保するための手段を尽くさなければならないと規定していた。

例えば、第一次世界大戦の休戦協定の後、ドイツは全土を占領されたわけではなかった。また、第二次世界大戦後のドイツは全土を分割占領されたが、それはヒットラーが本土において徹底抗戦を試みた結果であり、降伏協定の時点でドイツ全土が軍事占領されることは既定事実であった。

一方、日本占領は「ポツダム宣言」の受諾という個別の合意に基づいており、日本国内の制度を全面的に変革することは、国際法上の違反とは言えないまでも、当時の国際的な認識に照らせば異例であった。

それにもかかわらず、日本占領は「寛大な占領」であったとも言われる。それは、国内の制度を全面的に変革するという占領政策の介入は「厳しい」ものにも見えるが、実際の占領政策の中身は、従来の歴史上の「占領」に比べれば、相対的に穏当なものであったからである。

たしかに、ＧＨＱの「非軍事化」と「民主化」の方針は、日本の戦争能力を弱体化させる破壊的・禁制的な措置であった。しかし、「非軍事化」と「民主化」の措置は、過度に集中していた国家権力を分散させることで個人の人権を確立し、民意による政治のコントロールを強化することによって、地方自治の権限を強めたことも事実であった。また、経済面でも財閥解体と独占禁止、労働組合の育成と農地改革によって、経済活動の利益が広く国民に還元される環境を整えたことも否定できない。

こうしたGHQ主導の「外からの革命」「上からの革命」が実現したのは、国民の多くがそれを受け入れたためである。この点を五百旗頭《いおきべ》真《まこと》は次のように説明している（山崎正和・高坂正堯編『日米の昭和』）。

> より重要なことは、勝者が非軍事化と民主化の政策を、敗者に対する破壊的・禁制的な措置としてではなく、人類史が犠牲を払って獲得した最良の成果を日本に提供する理想主義的改革として示したことにある。日本無力化の強制ではなく、戦後の国際社会が共有する価値たる平和主義と民主主義の福音として、占領政策は説明された。（中略）とりわけ、経済復興の機会が許容され、支援が与えられたことにより、保守的な支配層をふくむ日本人の多数が、占領者に好意を強めることになる。

現在の日本人にとって、日本がかつて「占領」されたという実感もなければ、「占領」を消極的に評価することも少ない。「占領」されたことで、日本はアメリカにとっての敵国から最も強力な同盟国となり、政治体制においても、戦前の軍閥・財閥の支配する半封建的国家から民主主義を理念とする近代国家へと変貌した。その意味では、「占領がなければ、このような根本的な（ほとんど革命といっていい）改革が、かくも短期間に達成されることはなかった」（袖井林二郎『占領した者された者――日米関係の原点を考える』）ことも事実であった。

しかし、こうした事実が戦後の日本にマイナスの側面をもたらすことはなかったのか。こうした観点から、「戦後」の意味を実証的かつ批判的に問うことは重要である。教育においても、GHQによる占領教育政策の功罪を冷静に分析し、実証的に事実を確定させていくことが、戦後日本教育史を学ぶことの意味と言える。

＊1　ハーグ陸戦条約は、1899年にオランダ・ハーグで開かれた第1回万国平和会議において採択された「陸戦ノ法規慣例ニ関スル条約」並びに同附属書「陸戦ノ法規慣例ニ関スル規則」のことである。1907年の第2回万国平和会議で改定され、ハーグ陸戦協定、ハーグ陸戦法規などとも呼ばれる。交戦者の定義や、宣戦布告、戦闘員・非戦闘員の定義、捕虜・傷病者の扱い、使用してはならない戦術、降服・休戦などが規定されている。

占領教育行政の機構

日本が「ポツダム宣言」を受諾すると、アメリカはただちにマッカーサーを連合国軍総司令部（GHQ）の最高司令官に任命し、ソ連やイギリスもこれを承認した。広島・長崎への原子爆弾投下によって日本の敗戦を決定づけたアメリカは、占領政策においても当初から主導権を握ることとなった。

連合国軍の占領管理機構（**図4**）としては、アメリカ政府の上に極東委員会が設置されていた。しかし、緊急事態の場合には、極東委員会の決定を待たずにアメリカが「中間指令」を出すことが認められており、日本占領は実質的にはアメリカによる「単独占領」であった。GHQの占領行政は、原則として「間接統治」の形態がとられた。「間接統治」とは、日本政府を通じて占領権力を行使することである。GHQは、教育行政においても文部省を通じて権力を行使したが、「日本国ガ再ビ米国ノ脅威トナリ又、世界ノ平和及安全ノ脅威トナラザルコト」という占領目的を脅かす場合には、GHQが直接に介入する場合もあった。

GHQでは、民間情報教育局（CIE：Civil Information and Education Section）が教育を担当した。CIEは、教育課、情報課、宗教課など6課から構成され、特に教育課が「日本の全教育機構の改組と復興」を担当し、占領教育政策の中心的な役割を果たした。教育に関

図4　連合国軍の占領管理機構

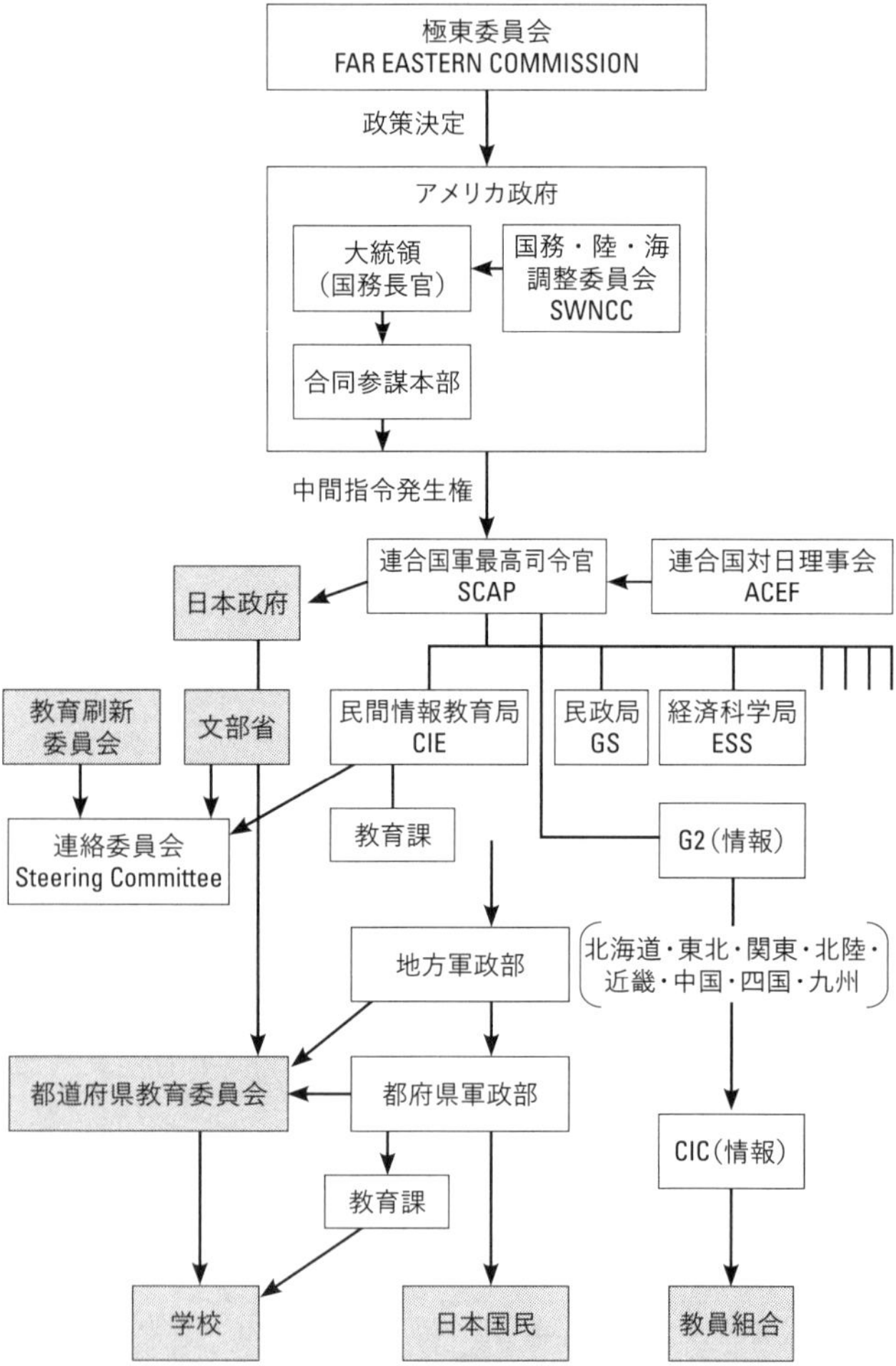

［国立教育研究所編『日本近代教育百年史第一巻　教育政策（1）』
教育研究振興会、1973 年］

する指令は、主としてＣＩＥの提案によって作成され、日本政府の終戦連絡中央事務局を通して文部省に伝えられた。

教育行政の実際の運営は、占領当初はＧＨＱの直接の指令に基づいて行われたが、１９４７（昭和22）年からはＣＩＥ・文部省・教育刷新委員会の三者からなる「連絡委員会」（Steering Committee）が中心となった。教育刷新委員会とは１９４６（昭和21）年８月に「教育に関する重要事項の調査審議を行う」ことを目的とした内閣総理大臣所管の審議会であり、現在の中央教育審議会の前身である。

また、「間接統治」においては、教育政策の根幹となる内容は日本の国会で可決された国内法によって決定された。そのため、占領が解除され、独立が実現された後も、法律の改廃は国会の審議手続きを経る必要があった。

占領政策は、「外からの革命」「上からの革命」という性格を持っていたが、基本的に「間接統治」に基づく教育政策は、ＧＨＱと日本側との相互交渉の中で決定されることが多かった。例えば五百旗頭は、ＧＨＱと日本側のいずれが改革の中心的担い手であったかという観点から、占領改革を三つに分類している（山崎・高坂前掲編書『日米の昭和』）。

Ａ型―ＧＨＱ指令型（財閥解体、公職追放など）

B型―日本型先取り改革定着型（選挙法改正、労働組合法など）
C型―A型とB型の混合型（憲法改正、農地改革など）

A型は、GHQの絶対権力が改革を強制したケースであり、B型は、GHQが指令を出す以前に日本政府が自発的に改革に着手して法案を制定するケースである。またC型は、日本側が先取りして改革を試み、その作業が進んだが、GHQが日本側の改革を不十分と見なして介入し、より徹底した改革を指令するケースである。五百旗頭によれば、実際の占領改革の多くはC型（混合型）に該当し、教育改革も基本的にこの類型に当てはまる。

2 GHQによる初期占領政策

「教育の四大指令」

文部省は1945（昭和20）年9月15日に「新日本建設ノ教育方針」を出して、戦後の基本方針を提示した。しかし、敗戦後の教育政策を実質的に主導したのはGHQであった。

GHQは、同年8月24日には軍事教練や戦時体錬及び学校防空関連の訓令をすべて廃止し、10月3日に銃剣道・教練の廃止を文部省から通達させるとともに、11月6日には体錬科武道（剣道、柔道、薙刀、弓道）の授業の停止を通達させた。

またGHQは、同年10月から12月にかけて日本政府に宛てて次の四つの教育指令を出した。一般にこれらは「教育の四大指令」と言われる。

「教育の四大指令」

・「日本教育制度ニ対スル管理政策」（10月22日）
・「教員及教育関係官ノ調査、除外、許可ニ関スル件」（10月30日）
・「国家神道、神社神道ニ対スル政府ノ保証、支援、保全、監督並ニ弘布ノ廃止ニ関スル件」（12月15日）
・「修身、日本歴史及地理停止ニ関スル件」（12月31日）

「教育の四大指令」の目的は、教育の分野における「非軍事化」と「民主化」を実現することにあり、軍国主義と超国家主義的教育の禁止と民主主義教育の奨励、職業軍人・軍国主義及び超国家主義者並びに占領政策反対者の教職追放と自由主義者・反軍国主義者の復職、国家からの神道の分離と学校からの神道教育の排除、軍国主義的・超国家主義的教材の排除にあった。

特に、「日本教育制度ニ対スル管理政策」、「教員及教育関係官ノ調査、除外、許可ニ関スル件」(教職追放令)によって教職の適格審査が本格的に開始された。1947(昭和22)年10月末までに官公私立のすべての学校の教職員、中央・地方の教育行政職員、教育に関する法人の役員など約65万人が審査された。そのうち2623人が不適格者とされたほか、職業軍人、文部省思想局、教学局の高官など27177人は、審査をすることなく自動的に不適格者として追放された(自動追放)。

しかし、対象者が軍国主義や超国家主義の積極的な同調者・協力者であったか否かの審査は難しく、実際には一定の地位、職務等に時期(1937年7月7日〜45年5月7日)を限って、その立場に従事していた者を機械的に追放する場合が多かった。そのため、総力戦体制下において積極的な戦争協力をした者が審査の対象から外れ、占領教育政策と戦後の新教育の礼賛者として教育界に残ることも少なくなかった。また逆に、必ずしも戦争協力者ではなかった者が教職から追放されるという矛盾を生じる場合もあった(国立教育研究所編『日本近代教育百年史　第一巻　教育政策(1)』)。

「国家神道、神社神道ニ対スル政府ノ保証、支援、保全、監督並ニ弘布ノ廃止ニ関スル件」（神道指令）は、国家神道・神社神道の思想や信仰が軍国主義的・超国家主義的思想を鼓吹《こすい》し、日本国民を戦争に誘導するために利用されたとの見地から、政府がこれを保護、支援することを禁止し、神道による教育を学校から排除することを指令したものであった。

また、「修身、日本歴史及地理停止ニ関スル件」（三教科停止指令）は、軍国主義的・超国家主義的な教材を教育内容から排除することを目的としたものであった。後述するように、この指令は、修身、日本歴史、地理の三教科の授業をGHQの許可があるまで停止すると同時に、代行の教育計画実施案と新教科書の改訂案を提出することを求めたものであり、当該三教科の廃止を求めたものではなかった。

「教育の四大指令」に代表される厳しい禁止措置は、占領後に日本側が進めた教育改革の不徹底さに対するGHQ側の不満の表れであった。たしかに、こうしたGHQ主導による禁止措置がなければ、軍国主義と超国家主義的教育の払拭が可能であったかは疑わしい。

しかし、「教育の四大指令」に見られる教育改革の「外圧性」は、いくつかの問題点を抱えていたことも事実であった。例えば、軍事権力を背景とした教育の民主化政策は、本来はそれ自身が矛盾するものであり、「民主主義」の名を冠した独裁や「自由」という名の専制をもたらす危険を内在させていた。また、こうした「外からの革命」「上からの革命」と言うべき措置は、日本側における戦前・戦中の教育への徹底的な検証の機会を奪い、自らの手で新しい教育を構築する可能性を狭める結果となった。

第一次米国教育使節団の勧告

「教育の四大指令」は、軍国主義と超国家主義的教育の払拭を目的とした禁止措置であった。ところがGHQは、1946（昭和21）年に入ると、戦後日本の教育理念と教育体制の基本方策に関する積極的な提言を行っていく。

そのための重要な役割を担ったのが、マッカーサーの要請によって同年3月に来日した第一次米国（アメリカ）教育使節団である。ストッダードを団長とし、アメリカの教育関係者27名から構成された使節団は、日本側教育家委員会や文部省関係者と連携しながら約1か月にわたって日本に滞在した後、「第一次米国教育使節団報告書」（以下、「報告書」）をマッカーサーに提出して帰国した。

「報告書」は、英文タイプで69頁にわたり、日本語に翻訳して約6万字に及ぶものであった。本論は、①「日本の教育の目的および内容」、②「国語の改革」、③「初等および中等学校の教育行政」、④「教授法と教師養成教育」、⑤「成人教育」、⑥「高等教育」の6章から構成されている。

まず「報告書」は、日本の教育システムはたとえ軍国主義や超国家主義に支配されなかったとしても、その中央集権的な教育制度、官僚独善的な教育行政、画一的な詰め込み主義などは近代の教育理念によって当然に改革されなければならなかったと指摘した。

そして、戦後日本の教育制度は、「個人の価値の尊厳」を認識し、各人の能力と適性に応じて教育の機会を与えるよう組織され、個人の持つ力を最大限に伸ばし、民主主義を基調とすることが基本であると勧告した。

また、「報告書」は、小学校6年・中学校3年・高等学校3年の6・3・3制の学校制度（単線型学校制度）（**70頁図5**）を勧告するとともに、9年の無償義務教育と教育委員会制度の導入、男女共学の実施、高等教育の門戸開放とその拡大、大学の自治尊重と一般教育導入などを勧告した。これは、近代日本の分岐型（フォーク型）（**25頁図1**）の学校制度体系の抜本的な変革を強く求めるものであった。

さらに教員養成については、従来の師範学校による閉鎖的な制度での教育を批判し、新たに大学での教員養成を勧告するとともに、初等・中等教育の教育行政については、中央集権的制度を改め、公選（選挙）による民主的な教育委員会を設け、人事や教育に関する行政権限を行使させる地方分権的制度の採用を強く勧告した。

加えて、社会教育については、民主主義国家における成人教育の重要性を指摘し、ＰＴＡ

(Parent - Teacher Association＝父母と教師の会)、学校開放、図書館その他の社会教育施設の役割を重視し、成人教育の新しい手段と方法の意義に言及している。

このように「報告書」は、日本の近代教育の問題点を指摘しながら、民主主義と自由主義の立場から「個人の価値の尊厳」と一人ひとりの可能性の発達を教育の目的とすることを勧告するものであった。同時にそれは、20世紀の世界的な新教育運動に共通する児童中心主義と経験主義に基づく教育論の提示でもあった。

「報告書」が勧告した内容は、戦後教育改革の具体的な指針となり、その勧告のほとんどは、その後の教育改革の中で実現されていった。日本側は、この「報告書」の勧告を戦後教育の「青写真」として捉えたのである。

ついでに言えば、こうした「報告書」の受容は、同じ敗戦国であるドイツとは対照的であった。日本と同様にドイツに対してもアメリカから対独教育使節団が派遣されたが、ドイツはその勧告を日本のように「青写真」とすることはなく、実情に合わないと判断した政策を採用することはなかった。

「新日本建設ノ教育方針」の提示

敗戦に伴い、文部省は約３４０万人を超える学徒動員を解除するとともに、戦時教育令を廃止して、約46万人を超える疎開児童を親元に戻すなど、学校教育の正常化を図っていった。しかし、学徒動員だけでも死亡者は1万966人、傷病者9789人に及んだ戦争の傷跡は深く、焼け野原となった都市部には戦災孤児と欠食児童が溢れた。

先述したように、文部省は敗戦から1か月後の1945年9月15日に、「新日本建設ノ教育方針」を公表した。ここでは、「軍国的思想及施策ヲ払拭シ平和国家ノ建設ヲ目途トシテ謙虚反省只管《ひたすら》国民ノ教養ヲ深メ科学的思考力ヲ養ヒ平和愛好ノ念ヲ篤《あつ》クシ智徳ノ一般水準ヲ昂《たか》メテ世界ノ進運ニ貢献スルモノタラシメントシテ居ル」として改革の方向性を示した。これは、GHQからの具体的な方針の指示が行われる前に出されたものであり、日本側が改革の主導権を握ろうとする意図もあった。

「新日本建設ノ教育方針」が示した主な内容は、①教育の戦時体制から平時体制への復帰、学校における軍事教育の全廃と戦争目的のために設置された研究所等を平和なものに改編すること、②教科書は根本的に改訂されるが、さしあたり訂正削除すべき部分を指示すること、③教育者は新しい教育方針に基づいて教育に当たること、④真理探究に根ざす科学的思考や科学的常識を基盤として科学教育を振興すること、⑤国民の宗教的情操と信仰心を養い、宗教による国際親善と世界平和を図ること、などであった。

こうした方針に基づき、文部省は教員養成学校の校長などを対象とした講習会を開催し、新教育方針の普及徹底に努めた。講習会では、新教育が個性の完成を目的とするものであり、そのためには画一的な教育方法を打破し、各学校及び教師の自主的・自発的な創意工夫を促進することが強調された。

「新日本建設ノ教育方針」は、基本的にはＧＨＱの「非軍事化」「民主化」の方針と呼応するものであったが、その内容はＧＨＱには不徹底なものに映った。

「墨塗り教科書」

文部省は、１９４５年9月20日に文部次官通牒「終戦ニ伴フ教科用図書取扱方ニ関スル件」を発出し、①国防軍備などを強調した教材、②戦意昂揚に関する教材、③国際的な和親を妨げる虞《おそれ》のある教材、④戦争終結という現実の事態から遊離した教材、を指摘し、翌１９４６年1月25日に「国民学校後期使用図書中ノ削除修正箇所ノ件」を通牒した。この通牒に基づき、各学校では、児童・生徒に教科書の該当部分を切り取らせるか、あるいは墨を塗らせるという処置が取られた。これが、いわゆる「墨塗り教科書」である。

「墨塗り教科書」は、子供たちに日本の敗戦という現実を実感させるものであった。例えば作曲家の阿久悠《あくゆう》は、自伝的小説『瀬戸内少年野球団』において「学校がはじまった。学校のはじまりは、教科書を墨で真っ黒にぬりつぶすことからだった。夢も希望も全てが墨に埋もれてしまった」と墨塗りを体験した子供たちの心情を表現した。また、静岡県の国民学校4年の時に敗戦を迎えたある児童は、教科書に墨を塗った経験を次のように記している（唐澤富太郎『教科書の歴史――教科書と日本人の形成』）。

命ぜられるままにだんく塗っていくうちに、戦争に関係のあるところだと云うことが解ったが、何故それがいけない部分なのか判断に苦しんだ。幾度も皆が声をそろえて読んだ所だ。何日もかかつて暗誦出来る様にした所だ。大事に大事にと扱っていた本が、無惨にも黒々と塗られていくのを見て、惜しくて惜しくてたまらなかった。墨が薄くてまだ活字の読めるものは、繰り返して塗らせられた。少しも感情の動きを見せずにいる先生の態度に、不信を抱いた。誰云うとなくその訳をたずねた。「上からの命令です。こうしないと進駐軍に叱られますから」と先生は答えた。父も母も答は同じだった。誰もそれ以上は説明してくれなかった。

「墨塗り教科書」は、子供に教師（大人）への不信感をもたらすものとなった。もちろん、教師の中には「墨塗り」を自らの問題として受け止め、苦悩した者もいた。ある教師は、「『鬼畜米英』も教えた。『打ちてしやまむ』とも教えた。『大君のへにこそ死なめ』とも教えた。

そして卒業生たちには出征のたびに激励のことばも送った。その私がどのつらさげて再び子どもたちの前に立つことができようか。（中略）つねに真理を真理として教えていく教師が、今までのことはまちがいであったと簡単に言うことはできないのである。それが純真な子どもであればある程人間としての責任の深さに思い悩んだ」（金沢嘉市『ある小学校長の回想』）と自らの責任に言及した。

教師と教育学者の変節

実際、子供たちへの責任を痛感し、自ら教職を去る者もいた。しかし、全体から見れば、こうした教師たちはむしろ少数であった。それまで軍国主義的な発言を繰り返し、神話をあたかも歴史的な事実かのように教えていた教師が、8月15日を境として「おまえたち、ようく考えてみやれい、ひとが雲に乗って空からおりてくるかや」（唐澤前掲書）と述べた例は決して少なくはなかった。満蒙開拓青少年義勇軍に象徴されるように子供たちを戦争に送り出した教師の多くは、自らの責任に目を向けることなく、戦後の「民主主義教育」の推進者になっていったのである。

教育の「戦争責任」が問われるのは、教師だけではなかった。総力戦体制下においては、多くの教育学者もまた教師と同じく「聖戦」を説き、子供たちに「小国民」としての責任と役割を完遂することを説く著作と論文を発表し続けていた。
しかし、こうした教育学者のほとんどは自らが執筆した戦時中の著作や論文を意図的に封印し、戦後になると積極的に「民主主義教育」「平和教育」を説いた。この点について長浜功は次のように指摘している（長浜功『日本ファシズム教師論――教師たちの8月15日』）。

学者たちは時流にあわせて、戦後民主主義の潮流に乗り移ったけれども、教師たちはそうはゆかなかった。学者は自分の書いた本を焼き捨てればよかったが、教師たちは昨日まで神聖無比と教えてきた教科書に墨をぬらせなければならなかった。教師たちには己の良心に目をとざしていても、それを責めるこどもの目があった。しかるに教育学者たちときたら、己れの良心を押し殺しておけば、誰も責めるものはいなかったのである。かくして学者は平然と復帰をし、良心的な教師であればあるだけ、教壇から身を遠ざける結果を招いた。

戦後日本では、国家の「戦争責任」は問われるが、それを問う側は自らの「戦争責任」には目を閉ざしたことになる。教育の「戦争責任」をどのように考えるかは、戦後の教育学研究が積み残した切実な課題として今日なお屹立し続けている。

3　戦後日本の学校制度改革

6・3・3制の成立

第一次米国教育使節団の「報告書」で勧告された戦後の6・3・3制の学校制度は、1947（昭和22）年に教育基本法とともに制定された学校教育法によって規定された。これによって、小・中学校は1947年度、高等学校は1948（昭和23）年度、大学は一部が1948年度、大多数の大学は1949（昭和24）年度から発足した。

従来の中等教育段階の学校はその種類が複雑で、しかも高等教育との接続において複数の系統からなる分岐型（フォーク型）（**25頁図1**）であり、高等教育への進学もきわめて限定されていた。

これに対して、新学制では6年制の小学校に接続する中等教育を3年制の中学校と3年制の高等学校として単純化した。また、高等教育機関を4年制の大学に一本化し、大学の門戸をすべての高等学校卒業生に開放するという単線型学校制度（**図5**）となった。
単線型学校制度への転換の主要な目的は、教育の機会均等を達成することにあり、実は日本でも昭和戦前期から議論されていたものであった。特に中等教育については、1943（昭和18）年の中等学校令によって、従来の中学校・高等女学校・実業学校を中等学校とすることが規定されていた。戦局の悪化によって、結果的にこれは実施には至らなかったが、単線型学校制度への移行はGHQの勧告より前に現実化していた。この点について、教育刷新委員会委員でもあった天野貞祐《あまのていゆう》は次のように述べている（天野貞祐『教育論（天野貞祐全集第五巻）』）。

新学制の成立に関して広く行われている一つの誤解について述べておきたい。それは新学制がアメリカの強制によって成立したという通説である。ひとはしばしば語る。ドイツ政府はアメリカ教育使節団の強制を排し、あくまでも伝統ある自国の学制を維持したのに反し、日本の教育関係者はアメリカの圧迫に屈して六・三制を採用したと。わたしは昭和二十一年第一次アメリカ教育使節団来朝の際、これに対する日本側委員の一人であり、その間の事情はつまびらかに知っているが、広く行われている右の憶測は事実に反する。六・三制がアメリカ教育使節団によって示されたことはもとより事実であるが、強制されたと

図５　学校系統図（1949年）

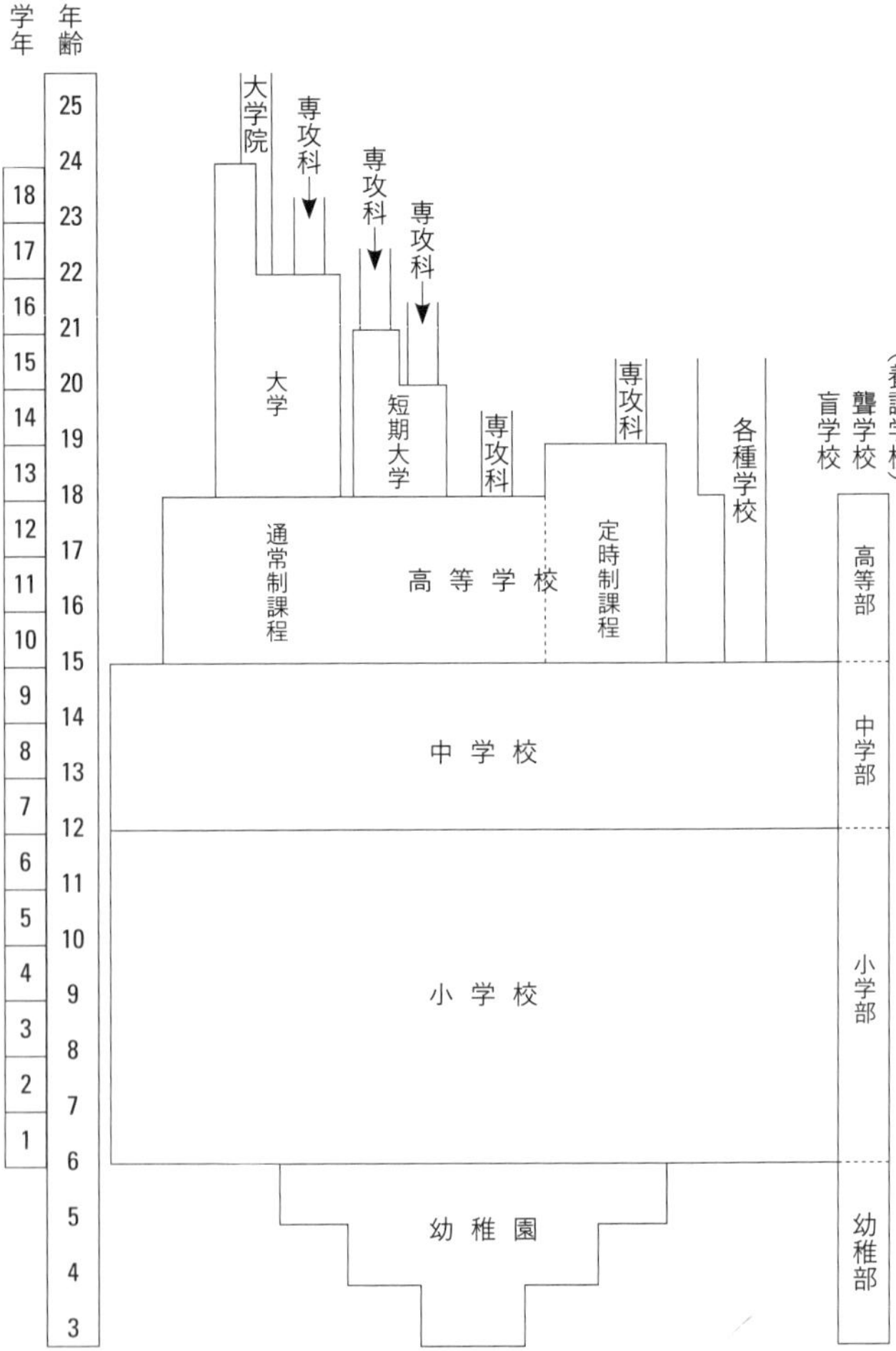

［文部科学省編『学制百五十年史』ぎょうせい、2022年］

いう事実はない。というのは日本側委員が六・三制に反対したならば、或いは強制ということも可能であったかもしれないが、全委員が賛成だったからである。

新制中学校の設置の困難

6・3・3制の学制改革は、GHQと日本側との改革の方向性が一致したものであった。ところが、新学制の実施は、極めて短期間で準備を整える必要があったばかりか、財政的にも大きな困難に直面した。

特に新制中学校の設置は、戦前の国民学校高等科や青年学校普通科が上級学校に接続されておらず、いわば袋小路となっていた制度を、上級学校に接続して一本化するものであり、大規模な制度改革であった。従来の学校体系にはなかった新制中学校は、いわば新しい種類の学校の創設を意味していたからである。

加えて、戦災による学校施設の損傷は激しく、新制中学校の校舎の確保は困難を極めた。発足当時、独立校舎を持ちえた新制中学校は全体の約15％に過ぎなかった。文部省の統計によれば、1947年度の中学校の約319万人の生徒のうち、約150万人分の教室が不足したと言われる。そのため、大多数は戦災をまぬがれた旧高等小学校などが転用された。

1949（昭和24）年4月の時点で、二部、三部授業を実施するものが2268教室、講堂や屋内体育館を間切りしているものが３３４２教室、教室が確保できずに廊下・昇降口・物置などを代用しているものが３０９０教室もあった（文部省編『学制百年史（記述編）』）。なかには、馬小屋や電車の中に仮教室を設置する学校や、「青空教室」と称して野外で授業をする学校も決して珍しくはなかった。

新制中学校設置に伴う校舎の建築資材の不足と自治体財政の逼迫は、多くの自治体の担当者を苦しめ、当時、「キョウシュツ（供出）とキョウシツ（教室）は市町村長の命とり」と言われることもあった。

新制中学校の教員不足も深刻であった。その多くは、旧国民学校や旧青年学校などの中等学校からの転任によって充足されたが、発足当初の教員充足率は約81％であり、必要な免許状を持たない無資格教員の比率も極めて高かった。敗戦直後の混乱の中で、学制改革の出発は深刻な財政的・人的な困難を抱えていたのである。

新制高等学校と「高校三原則」

１９４８年度から発足した新制高等学校の設置は、そのほとんどが旧制中学校を転換した形で出発した。校舎もそのまま転用されたところが多かったこともあり、新制中学校の設置に比べれば、比較的円滑に移行した。

新制高等学校の設置にあたって重視されたのが、学区制、男女共学制、総合制という、いわゆる「高校三原則」であった。これは、旧制の中学校間にあった格差を是正して平準化を図ること、小学校・中学校と同じく高等学校をできるだけ「地域学校化」してその普及を図ることを意図したものであった。

「高校三原則」によって、発足の半年後から1950（昭和25）年にかけて、全国で大規模な新制高等学校の再編成（統廃合）が実施された。地方によってはGHQの地方軍政部の強い要求によって地域の実情を無視した改革が実施されたことで、混乱を生じた場合もあった。しかしこれも、1952（昭和27）年の講和・独立後には段階的に是正されていった。

また私立高等学校の場合は、旧制中等学校が母体となったことで「高校三原則」は適用されなかった。そのため、多くは男女別の高等学校となり、また中学校と高等学校を併設する形態となることも少なくなかった。

教育課程改革と児童中心主義への転換

新学制の発足に先立ち、文部省は最初の学習指導要領として「昭和22年版学習指導要領一般編（試案）」を公表した。これは、アメリカの学習指導に関する教師用ガイドブックであるコース・オブ・スタディ（Course of Study）をモデルとして作成されたものであり、教刊行された。

各教科の目標、内容、指導と評価、注意事項を内容とする各科編の学習指導要領が相次いで刊行された。

「昭和22年版学習指導要領　一般編（試案）」の序論は、「これまでの教師用書のように、一つの動かすことのできない道をきめて、それを示そうとするような目的でつくられたものではない。新しく児童の要求と社会の要求とに応じて生まれた教科課程をどんなふうにして生かしていくかを教師自身が自分で研究して行く手引書として書かれたものである」と述べ、児童の現実の生活を「教育の出発点」とするカリキュラム構成について説明している。「昭和22年版学習指導要領　一般編（試案）」に示された戦後教育の大きな特色は、戦前の注入主義的で画一的な教育方法から、アメリカの経験主義を基盤とする児童中心主義への転換であった。

小学校の教科課程は、国語、社会、算数、理科、音楽、図画工作、家庭、体育及び自由研究の9教科と定められた。従来の国民学校の教科構成と比べると、修身、国史、地理の3教科がなくなり、社会、家庭、自由研究が教科として新設された。

なかでも、社会科の目標は、児童が自分たちの社会に正しく適応し、その中で望ましい人間関係を育成するとともに、自分たちの属する共同社会を進歩向上させることができるように社会生活を理解させ、社会的態度や社会的能力を養うことにあった。これは新教育課程の教育内容と方法に対する改革の方向を象徴するものであり、新教育課程は社会科を中心に推進されたといっても過言ではなかった。

中学校については、必修教科と選択教科が設けられ、小学校と同様に社会科や自由研究が設置され、職業科が必修教科の一つとして設置された。さらに高等学校の教科課程は高等普通教育を主とするものと実業を主とするものとの二種類に分類された。ただし、いずれもが国語、社会、体育を必修教科とし、「国民に共通な教養」の形成と進路に応じた教科選択と単位取得の方法が採用された。

「昭和22年版学習指導要領　一般編（試案）」の基調は、「昭和26年版学習指導要領」に継承された。「昭和26年版学習指導要領」は、「昭和22年版学習指導要領」以上に児童の生活経験を重視した児童中心主義の内容を鮮明にしたものであり、アメリカの経験主義教育論を最も象徴的に反映したものであった。

高等教育の再編と女子への門戸開放

総力戦体制下の学校教育は、特に高等教育の分野において破壊的な状況にあった。**第1章**で述べたように、学徒動員によって大部分の学生が学業を中断して戦場に向かい、または工場での勤労動員に従事したことで、大学は実質的に教育機関としての機能を失っていった。

敗戦とともに、文部省は戦時教育体制を停止し、教育機関を正常な教育環境へと復帰する施策に着手した。敗戦の翌日の１９４５（昭和20）年8月16日に学徒動員令を解除し、同月21日には戦時教育令の廃止を決定した。

教育の民主化をめざした高等教育改革の大きな特色の一つは、女子への門戸開放であった。従来、中学校と高等女学校、専門学校と女子専門学校とは区別されていた。しかも、高等学校への女子の入学は認められなかったことで、事実上は女子の大学進学は不可能となっていた。したがって、女子の高等教育機関としては、東京と奈良の女子高等師範学校（現在のお茶の水女子大学と奈良女子大学）が最高の機関であった。

文部省は、１９４５年12月に「女子教育刷新要綱」を閣議決定し、女子の大学入学を妨げている規定を改めるとともに、女子大学の創設と大学での共学制実施の方針を明確にした。また、１９４６年3月の第一次米国教育使節団の「報告書」も「現在準備の出来ているすべての女子に対し、今直ちに高等教育への進学の準備の自由が与えられなくてはならない」と述べて、女子への高等教育への門戸開放を強く勧告した。

大学4年制の構想

第一次米国教育使節団の「報告書」は、学校制度に関して、初等学校6年、下級中等学校3年、さらに上級中等学校3年という6・3・3制の単線型学校制度の確立を提言し、このうち下級中等学校までの9年間を無償の義務教育とし、男女共学の採用を求めた。6・3・3制については、国民からGHQに実施を望む投書が何百万通も送られ、学制改革の実施を後押しした。

また「報告書」は、高等教育に関しては、「大学はすべての現代教育制度の王座である」と位置付け、研究の自由と大学の自治を重視するとともに、高等教育制度の基本原則は、高等教育を受ける機会の拡大に置かれるべきであり、高等教育が少数者の特権ではなく、多数者のための機会となるべきであると勧告している。

しかし「報告書」は、大学を4年制とすることを勧告してはおらず、6・3・3制に接続する大学4年制の実現は、実際には日本側が主導したものであった（土持ゲーリー法一『戦後日本の高等教育改革政策――「教養教育の構築」』）。例えば、「日本側教育家委員会」の「報告書」では、「三年制の上級中学校の上に四年制又は五年制の学校体系を明確にして、大学を設けること。而《しこう》して上級中学校の卒業生にはその学校種別の如何を問わず等しく大学への入学資格を認めること」という提言がなされていた。

新制大学の誕生

旧制の高等教育機関としては、帝国大学、官公私立大学、高等学校、専門学校及び高等師範学校、女子高等師範学校、師範学校、青年師範学校などの教員養成諸学校があった。これらの高等教育諸学校は学校体系の民主化、一元化の原則に基づいて再編され、すべて単一の4年制の新制大学となり、その多くは1949（昭和24）年度から発足した。

ただし、それに先駆けて、1948（昭和23）年4月に日本女子大学、東京女子大学、津田塾大学など12校の大学が開校している。当時、文部省にも新制大学を1948年度から発足させる計画はなく、その背景にはGHQの意向が反映されたと考えられる。12校のほとんどは私立大学であり、そのうち6校がキリスト教系大学、5校は女子大学であった。ここには、キリスト教系教育機関の振興と女子の高等教育への門戸開放をめざしたGHQの政策が反映されたと言うことができる。

1947（昭和22）年3月31日に制定された学校教育法は、「大学は、学術の中心として、広く知識を授けるとともに、深く専門の学芸を教授研究し、知的、道徳的及び応用的能力を展開させることを目的とする」と規定した。新制大学の特色は、①一般教育を重視して、人文・社会・自然の諸科学にわたり豊かな教養と広い識見を備えた人材を養成することを主眼としていること、②学問的研究とともに専門的、職業的訓練を重視し、両者を一体化することにあった。

新制大学を設立するにあたっては、その設置を認可するための基準を制定することが必要であった。１９４８年１月、大学設置委員会（１９４９年６月に大学設置審議会と改称）が設けられ、文部大臣の諮問に応じて新制大学の設置認可に関する審査を行うことになった。

私立の高等教育機関は、それぞれの理念に基づいた学校運営がなされており、大学への昇格については、大学の設置基準に適合するかどうかが問題とされるだけであった。

しかし、官立の高等教育機関は教育目標や設置の性格や基準が異なるため、これらをどのように再編するかは複雑で困難な課題であった。当時の逼迫《ひっぱく》した財政上の理由から、これらの教育機関を個別に昇格させるのではなく、統合して国立大学とする必要に迫られていたからである。

そのため文部省は、１９４８年６月に新制国立大学の設置に関して、①国立大学は、特別の地域（北海道、東京、愛知、大阪、京都、福岡）を除き、同一地域にある官立学校はこれを合併して一大学とし、一府県一大学の実現を図ること、②国立大学における学部または分校は、他の府県にまたがらないものとすること、③各都道府県には必ず教養及び教職に関する学部もしくは部をおくこと、④国立大学の組織・施設等は、さしあたり現在の学校の組織・施設を基本として編成し、逐年充実を図ること、⑤女子教育振興のために、特に国立女子大学を東西の二ヵ所に設置すること、などの「国立大学設置の11原則」を決定して発表した。

新制国立大学の再編では、様々な組み合わせが模索され、その過程では「国立大学設置の11原則」に抵触するケースも続出した。例えば、専門学校が師範学校との合併に難色を示したケースや、旧帝国大学と師範学校との合併が難航したケース（東北大学）、旧制高等学校と旧帝国大学の合併に伴って混乱したケース（東京大学）などがあった。それでも、1949年5月31日に「国立学校設置法」が制定され、国立大学69校が発足した。

新制大学（短期大学を除く）の1953（昭和28）年度の入学定員は、国・公・私立を合計して約10万8000人であった。そのうち、文科系学部は約5万2000人、理科系学部は約3万3000人、教員養成学部は約2万3000人であった。

国立大学の一府県一大学は実現されたが、ほとんどが旧制の学校を母体としたため、学校数と在学者数は、東京、愛知、京都、大阪、兵庫、福岡の6都道府県で約65％を占め、私立大学については、学校数の約53％、在学者数の約63％が東京に集中していた。

1949年の新制大学への転換に際し、旧制の専門学校の大部分は新制大学への昇格をめざしたが、そのうち約50校は教員組織、施設・設備の要件を満たすことができなかった。そのため教育刷新委員会は、同年1月の総会で「二年または三年の大学について」の建議を採択し、これを「短期大学」と称することとした。大学設置審議会が定めた「短期大学設置基準」では、「短期大学は、高等学校の教育の上に二年または三年の実際的な専門職業に重きを置く大学教育を施し、よき社会人を育成することを目的とする」とされた。

暫定的な制度として発足した短期大学は、その後は著しい発展を遂げ、高等教育機関として独自の地位と役割を担っていった。経済的負担が軽く、短期間に実際的な職業教育が可能となる短期大学は、1964（昭和39）年に恒久的な制度となった。また、高等専門学校の創設も制度化され、1962（昭和37）年度から工業高等専門学校が発足した。

4　教員養成制度の改革

「師範タイプ」教員への批判

戦後教育改革において、新教育の担い手となる教員をどのように育成するかは大きな課題であった。これまで小学校の教員養成は主として師範学校で行われ、中学校・高等女学校などの中等教育機関の教員養成は主として高等師範学校と女子高等師範学校が担っていた。

こうした閉鎖的な師範学校の教員養成では、自由な発想と学問研究の姿勢と雰囲気が欠如しており、一般には「明朗闊達の気質を欠き、視野が狭く、偽善的であり、陰湿、卑屈、偏狭」（篠田弘他編『教員養成の歴史（学校の歴史 第5巻）』）という、いわゆる「師範タイプ」教員を輩出したことへの批判が根強かった。

第一次米国教育使節団は、「報告書」の中で従来の教員養成の欠陥を厳しく指摘した。特に師範学校については、従来の形式主義的な教育を批判し、専門的な準備教育と高等普通教育を授ける教員養成機関にすべきであると勧告した。

具体的には、師範学校を専門学校または単科大学の目的養成機関として充実・整備するとともに、一般の大学においても師範学校と同様に計画的な教員養成を行うべきであることを勧告したのである。さらに小学校教員のみでなく、校長や教育行政職員などすべての学校の教員に専門的な準備教育が必要であるとし、それに即応する教員免許制度を確立すべきことを求めた。

「アカデミシャンズ」と「エジュケーショニスト」論争

第一次米国教育使節団による勧告の具体化は、教育刷新委員会第五特別委員会で検討された。第五特別委員会では、委員の社会的立場、学問観や教育観の違いによって見解が分かれたが、敗戦までの閉鎖的な教員養成を改める必要があるという点では一致していた。また、「報告書」の言う師範学校を専門学校・単科大学とし、それをもって教員養成を行うという勧告には基本的に抵抗はなかった。

しかし、教員養成の理念をめぐっては、いわゆる「アカデミシャンズ」と「エジュケーショニスト」との間で激しい論争が行われた。山田昇によれば、実際にはこれに両者の折衷的な立場を加えた三つが、教育刷新委員会での議論の基本的な見解として整理できる（山田昇『戦後日本教員養成史研究』）。それぞれの代表的な見解をまとめれば以下のようになる。

①　**一般教養・学問的教養を重んじる見解**（「アカデミシャンズ」）

「教育者は人間が誠実で学問があれば十分である。（中略）教育学や教授法を学ぶことが教育者にとって有益であるとしても、あくまでもそれは二次的である。」（天野貞祐）

②　**教育科学的教養を重んじる見解**（「エジュケーショニスト」）

「学芸大学（教員養成を主とする大学）で専門教育といえば、むしろ教職教育であって、教科に関する専門的知識は教科教育法の教材内容として研究されなければならない。教育の研究と教員の養成を専門とする大学においていちばん欠けているのは、教員養成のカリキュラムの研究である。」（城戸幡太郎）

③　一般教養と教職的教養とを統一的に把握しようとする見解（「折衷型」）

「一般教養というものを十分に身に付けておけば、教職的教養というものは自然に身に付いていく。」（務台理作）

三つの立場はいずれも「教員養成は大学で行う」という点では一致していたが、①は専門の学術研究それ自体が教員養成であるという立場に立ち、いかなる形においても教員養成のための大学はあるべきではないとするのに対して、②は「専門的教師」にふさわしい充実した「系統的準備教育」の必要性を主張することで目的大学を構想する一方、条件さえ整えばその他の大学での教員養成を排除するものではないとの立場であった。また③は、一般教養を主とする大学で教員養成を行うという「学芸大学」構想に連続するものであり、①と②の「折衷案」と言うべきものであった。

学芸大学・教育学部の設置

教育刷新委員会は、１９４６年12月の総会で「大学における教員養成」の原則及びどの大学でも教員免許が取得できるという「開放制」の原則を決定し、１９４７（昭和22）年５月９日に「教員養成に関すること（其の一）」を採択した。

ここでは、①「教育者の育成を主とする学芸大学」を設置して小・中学校の教員を養成すること、②一般大学の卒業者も、教員として必要な課程を履修した者は教員に採用すること、③現在の教員養成諸学校のうち適当なものは学芸大学に改めること、④教員養成のための学資支給制、指定義務制は廃止すること、⑤教員の養成は官公私立の区別なく、いずれの学校でもできること、などの戦後教員養成制度の基本的な骨格が示された。

特に、「教育者の育成を主とする学芸大学」を明記したのは、戦前の師範学校に類した教育大学を否定しながらも、一般の大学卒業者からのみ教員を供給するとした場合、教員数が大幅に不足するという状況を考慮した対応であった。

その後、「国立大学設置の11原則」に基づいて、教員養成諸学校の再編が検討され、１９４８年５月の時点で、高等師範学校7校、師範学校55校、青年師範学校46校、その他17校の計１２５校あった官立の教員養成諸学校は、新制大学の発足に際して、７つの学芸大学、19の学芸学部、26の教育学部に統合、再編された。

北海道、東京、愛知、奈良、京都、大阪、福岡の都道府県では、師範学校・青年師範学校が独立して学芸大学となり、その他の県では、旧制高等学校が置かれていた場合は、それを母体として文理学部や人文学部をつくり、旧師範学校を母体として教育学部を設置した。また、旧制高等学校がなかった県では、旧制師範学校が学芸学部となった。

しかし、こうした専門学校と師範学校、旧帝国大学と師範学校との合併をめぐる制度的な困難の中で、戦後の新たな教師像や教員養成観をめぐる議論は錯綜していった。なかでも、教員養成において、一般教養・学問的教養を重視するか、あるいは教員養成において教職的な教養を重視するかという、「アカデミシャンズ」と「エジュケーショニスト」の対立が解消されたわけではなかった。

教員養成制度改革の課題

戦後の教員養成制度改革が直面した深刻な課題は、教員養成大学・学部の人的・物的条件の貧困さであった。もちろん、ここには財政的な問題も影響したが、戦前までの師範学校が、中等学校に準ずる制度的位置しか与えられなかったという歴史に起因していた。

そのため、教員養成制度の改革は、ともすれば大学への「昇格」問題のみに関心が集まり、師範教育の刷新と新しい教員養成の理念の検討と模索は停滞した。また、旧師範学校の人的・物的貧困が充分に払拭されないままに新制の教員養成系大学・学部として出発したことは、ともすれば既成のアカデミズムの立場からの批判や蔑視を増幅させ、さらにそれが教員養成系大学・学部当事者の側からの反発を誘発していった。こうした軋轢が、１９６０年代以降の学部分離（東北大学の教職課程の分離問題）や学部名称変更を促す要因となった。

私立大学については、当初はほとんど国からの助成は行われなかった。戦前から大都市に集中していた私立学校の戦災による被害は甚大であったが、自力で大学昇格の要件を獲得する必要があった。財政的な援助が不十分な中で、大学としての制度的な要件を満たすことは、結果として大学の経営中心に比重を置く傾向を助長した。そのため、私立大学の教職課程では、「マスプロダクション（大量生産）」の略語を用いた「マスプロ授業」が問題視されるようになった。

5　教育職員免許法の制定と「教育指導者講習」

教育職員免許法の制定と教職教養の重視

１９４９（昭和24）年5月20日、教育職員免許法（以下、免許法）が制定され、「大学における教員養成」の基準が明確となった。免許法は大きく次のような原則を規定した。

①　教育職員はすべて相当の免許状を有するものでなければならないこと（免許状主義）。
②　学校段階や教諭、校長などの職の違いにより、それぞれ異なった免許状を設け、中等学校教員については教科ごとに免許状を定めること（専門職性の確立）。
③　学校によって資格の取得条件に違いがあった従来の制度を改め、大学等に一定期間在学し、所定の単位を修得すれば免許状が取得できるようにしたこと（開放制の原則）。
④　免許状に段階を設け、現職教育によって上級の免許状を得られるという方式を採用し、卒業後の職能の向上を図ったこと（現職教育の重視）。

免許法では教職科目の履修が重視され、大学での教員養成は、免許法に定めた単位の取得基準によって強く規定された。免許法における教職教養の重視は、ＣＩＥの強い意向を反映したものであった。戦前の師範教育を批判したＣＩＥは、「大学における教員養成」の原則を重視する一方で、教職教養を重視した教員養成のための特別の教育機関が必要であると考えていた。

そのため、教育刷新委員会が打ち出した「学芸大学案」では不十分であり、学生に教員としての教職教養を身に付けるための科目を修得させることを目的とした教育大学や教員養成学部の設置を求めた。「国立大学設置の11原則」に掲げられた「各都道府県には必ず教養および教職に関する学部もしくは部をおく」という方針は、ＣＩＥの意向が反映されたものであった。

「教育指導者講習」の実施

ところが、「教育職員免許法施行規則」で示された教育心理学、教育原理、教育哲学、教育史、教育社会学、教育行政学などの教職科目の多くは、当時の日本の教育学では研究蓄積のない分野であり、教職科目を担当する大学教員の育成が急務の課題となった。

そこで大学教員の育成に重要な役割を果たしたのが、ＩＦＥＬである。ＩＦＥＬとは、the Institute for Educational Leadership の略称であり、日本名は「教育指導者講習」である。一般には「アイフェル」と呼ばれた。ＩＦＥＬは、ＣＩＥの指導の下で１９４８（昭和23）年10月から１９５２（昭和27）年３月までの間に合計８期にわたって開催された。受講者は延べ９３７４人であり、これに関わった日本人講師は約５６０人、米国人講師は94人にのぼった。

ＩＦＥＬの主な目的は、新制大学の教職課程における教員養成、現職教育を担当する大学教員の再教育、教育委員会法によって誕生した教育長・指導主事を養成することにあった。

開設コースは、①教育原理・教育心理・教育社会学・教育指導・教育評価・教科教育法などの教職課程に関するもの、②教育長・指導主事・校長といった現場の指導職のためのもの、③職業教育管理・図書館学・特殊教育・通信教育などの新しい教育分野に関するもの、④大学の管理・財政・学科課程・学生補導などであった。ＩＦＥＬの各コースの期間は、1週間から2週間の短期のものもあったが、12週間という長期にわたるものが主流であった。

ＣＩＥ主導で進められたＩＦＥＬは、大学と教員養成のあり方に変革を促すものであった。なかでも、大学での教員養成が学問研究だけでなく、職業的な訓練を重視するものであるという方針は、ＣＩＥの意向を反映したものであった。

しかし、ＩＦＥＬの実施にもかかわらず、ＣＩＥの意図した教職教養重視の方向性は、一般大学における教員養成の実施上の困難や、大学で教職科目を教えることのできる教員の数が絶対的に不足していたという状況の中で徐々に後退していった。

第3章　教育基本法と教育勅語

1　戦後教育改革と教育勅語問題

教育勅語への肯定的評価

戦後教育改革において、教育勅語問題は日本側とGHQ側双方にとって最も重要な課題であった。教育勅語（**42頁図3**）は天皇制と密接に関わる問題であり、その扱いは占領政策全体に連動するものであった。そのため、教育勅語をめぐっては両者の間で激しい議論と駆け引きが展開された。

もっとも、敗戦直後の日本政府・文部省の教育勅語への対応は明確であった。それは、天皇制の存続を意味する「国体の護持」と民主主義とは決して矛盾しないという立場であり、教育勅語への評価は総じて肯定的であった。

例えば、前田多門文部大臣は、「教育勅語には普遍的な道徳が示されており、教育のめざすべき理念が明確に示されていたが、戦前・戦中の軍国主義と超国家主義とによって著しく歪曲され、誤解された。そもそも教育勅語の理念が十分に浸透していれば戦争が起こることはなかったのであり、教育勅語と民主主義とは決して矛盾しない」と述べた上で、戦後の新しい教育では、改めて教育勅語の掲げた理念に立ち返り、その精神を受け継ぐことが必要であると主張した。前田にとっては、教育勅語の精神に還ることが、「日本的民主主義」を実現することであった。

また、文部省の田中耕太郎学校教育局長は、1946（昭和21）年2月21日の地方教学課長会議での訓示において、「教育勅語は、我が国の醇風美俗《じゅんぷうびぞく》と世界人類の道義的な核心に合致するもの」であると述べ、前田の後任となった安倍能成《よししげ》文部大臣も同年2月25日の地方長官会議で「私も亦《また》教育勅語をば依然として国民の日常道徳の規範と仰ぐに変わりない」と発言して田中の訓示を支持した。

1946年3月に来日する第一次米国教育使節団に協力する目的で設置された「日本側教育家委員会」においても教育勅語問題が議論された。同委員会がまとめた「報告書」は、従来の教育勅語は天地の公道を示したものとして誤りではないが、時勢の推移につれて国民の精神生活に適さないものがあるので、あらためて平和主義による新日本建設の根幹となるべき国民教育の精神生活の真方向を明示する詔書の公布を希望すると述べ、新たな教育勅語の渙発を求めた。一般的にこれは「新教育勅語渙発論」と称せられ、その制定の模索は教育基本法の制定が決定される同年夏頃まで続いた。

教育刷新委員会における教育勅語論争

1946年3月にマッカーサーに提出された第一次米国教育使節団の「報告書」では、教育勅語への直接の言及はなかった。それは、この時期まだGHQの中で天皇制についての方針が定まっていなかったためである。そのため教育勅語問題は、同年8月に設置された教育刷新委員会の論議に引き継がれた。

教育刷新委員会第一特別委員会での議論は、「日本国民の象徴であり、日本国民統合の象徴という（天皇の）地位は、精神的の力を天皇がもって居られることを認めている。その範囲に於て勅語を賜るということは憲法の精神に反していない」（芦田均）という意見と、従来の教育勅語は新憲法下では奉読してはならないとしてよいのではないか、新憲法にふさわしい内容を将来天皇の「詔勅《しょうちょく》」で決定すべきではなく、法律として国会が決定すべき（森戸辰男）という二つの対立する意見を軸として展開した。

教育刷新委員会での教育勅語に関する集中的な議論を経て、同年10月8日に次のような文部次官通牒「勅語及詔書等の取扱について」（以下、「通牒」）が発出された。

勅語及詔書等の取扱について

一、教育勅語を以て我が国教育の唯一の淵源となす従来の考へ方を去つて、これと共に教育の淵源を広く古今東西の倫理、哲学、宗教等に求むる態度を採るべきこと。

二、式日等に於て従来教育勅語を奉読することを慣例としたが、今後は之を読まないことにすること。

三、勅語及詔書の謄本等は今後も引続き学校に於て保管すべきものであるが、その保管及奉読に当つては之を神格化するやうな取扱をしないこと。

「通牒」は教育勅語の廃止を求めたものではなく、教育勅語を絶対の理念とすることを否定した上で、特に学校教育での神格化した取り扱いを禁止することを求めたものであった。また、ＣＩＥもこの「通牒」の立場を容認していた（貝塚茂樹『戦後教育改革と道徳教育問題』）。「通牒」の内容について、教育刷新委員会の委員であった天野貞祐は、「従来の教育勅語が非常に何か廃《や》めねばいかんものだという論には、私は不賛成であります」としながら、「従来の教育勅語は実によく日本人の道徳規範を網羅してあると思う。現在でも何も、是《これ》は不都合はないと思うけれども、唯《ただ》時代が時代だから、全体の調子と申しましょうか、そういうものが非常に今に適しない」と述べた。

天野は、戦後の教育理念を勅語という形式で提示することは妥当ではないとしながらも、教育勅語の「父母ニ孝ニ兄弟ニ友ニ夫婦相和シ朋友相信シ恭倹己ヲ持シ博愛衆ニ及ホシ学ヲ修メ業ヲ習ヒ以テ智能ヲ啓発シ徳器ヲ成就シ進デ公益ヲ広メ世務ヲ開キ常ニ国憲ヲ重シ国法ニ遵ヒ」という徳目が、戦後の道徳教育規準としても妥当性を失ってしまったわけではなく、「それ自体妥当性をもつ徳目である。それは今日といえども依然として妥当性を有する」と述べている。

また田中耕太郎は、1946年9月20日の教育刷新委員会第三回総会で、「詰《つま》り教育勅語を今までの神懸り的のもの、詰り神様の言葉として取扱うような態度であってはならない、それは倫理教育の一つの貴重なる資料であるというような態度で臨まなければならぬ」と述べ、「通牒」の立場を強く支持した。「通牒」によって、「我々は爾今《じこん》教育勅語に対しても批判的態度をとることができるのであり、またかような態度をとることが要請されるのである。我々は教育の淵源を教育勅語のみならず広く古今東西の倫理、哲学、宗教等にも求める、包括的態度をとらなければならない」と主張した。

「通牒」を踏まえ、1947（昭和22）年3月20日の貴族院において高橋誠一郎文部大臣は、

「日本国憲法の施行と同時に之と抵触《ていしょく》する部分に付きましては其の効力を失ひ、又教育基本法の施行と同時に、之と抵触する部分に付きましては其の効力を失ひまするが、その他の部分は両立する（中略）詰《つま》り政治的な若《も》しくは法律的な効力を教育勅語は失ふのでありまして、孔孟《こうもう》の教へとかモーゼの戒律とか云ふようなものと同様なものとなって存在する」と述べた。

ここでいう「抵触する部分」とは、勅語という形式で教育理念を国民に示すことであり、「抵触しない部分」とは、「父母ニ孝ニ」以下の12の徳目を意味していた。

2　教育基本法と「教育勅語等排除・失効確認決議」

教育基本法の成立

１９４７年３月31日に教育基本法が学校教育法とともに制定された。教育基本法の性格は、①教育に関する基本的な理念及び原則を法律という形式で定めたこと、②憲法の理念を踏まえ、教育の理念を宣言するものとして異例な前文を付したこと、③今後制定すべき各種の教育法の理念と原則を規定したこと、の三点であり、「実質的に教育に関する基本法の性質をもつ」（文部省編『学制百年史（記述編）』）ものとされた。

教育基本法は、前文及び全11条から構成されていた。前文には、新しい憲法の理念の実現は根本において教育の力にまつべきことを宣言し、第1条では、教育が「人格の完成」をめざし、「平和的な国家及び社会の形成者」として、「真理と正義を愛し、個人の価値をたっとび、勤労と責任を重んじ、自主的精神に充ちた心身ともに健康な国民」を育成することを目的として掲げた。その他、「教育の機会均等」「義務教育」「男女共学」「学校教育」「社会教育」「政治教育」「宗教教育」「教育行政」についての原則が規定された。さらに、第11条（補則）において、以上の原則的諸条項を具体的に実施する場合には、別に法令が定められる必要があることが規定された。

「教育勅語等排除・失効確認決議」の評価への疑問

教育基本法の制定によって、戦後の教育理念は明確にされたが、これから述べる1948（昭和23）年6月19日に衆議院と参議院で行われた「教育勅語等排除・失効確認決議」（以下、「国会決議」）によって、教育勅語問題は再び不安定なものとなった。したがって、この「国会決議」をどのように解釈・評価するかは、その後の教育勅語問題の大きな論点となった。

先述したように、「通牒」の内容は、①教育勅語をもって我が国唯一絶対の教育の淵源となる従来の考え方を排除すること、②式日等の奉読を禁止すること、③教育勅語を神格化する取り扱いを止めること、の三点であった。

しかし「通牒」は、教育勅語の奉読は禁止したものの、学校での教育勅語謄本の保存は引き続き許可しており、教育勅語それ自体の廃止を求めたものではなかった。そのため、例えば久保義三は、「通牒」を「極めて消極的で、不徹底な処置」と批判する一方で、「国会決議」については、教育勅語を学校から完全に排除したものとして高く評価した。久保にあっては、教育基本法の制定から「国会決議」までの「一年余の共存という矛盾した時代」を経て、ようやく「教育勅語体制から教育基本法体制へ」の転換が行われたと評価している（久保義三『対日占領政策と戦後教育改革』）。

教育勅語が、「国会決議」によって「公的終止符」が打たれたとする歴史評価は、従来の教育史研究に広く共有されてきた。たしかに、「国会決議」が教育勅語問題の展開に重要な意味を持っていたことは事実である。

しかし、果して久保の言うように、教育基本法の制定から「国会決議」までの間が、「矛盾した時代」であったのか否かは疑問である。なぜなら、こうした立場では先述した高橋誠一郎文部大臣の国会答弁に見られる文部省の立場や、後述する「国会決議」へのＣＩＥの消極的な対応の意味を説明できなくなるからである。また、先行研究の多くは、特に教育勅語を「違憲詔勅」と位置付けた衆議院の「国会決議」のみを取り上げる傾向が強く、参議院の「国会決議」の内容や両者の違いについてほとんど言及していない。しかも、もともと国会決議には法的な拘束力がないことにも言及されていない。

民政局（GS）が関与した「国会決議」の成立過程

「国会決議」の成立過程で重要なことは、「国会決議」がGHQの民政局（GS）次長であったケーディス（C. L. Kades）によって提案されたという事実である。この経緯を民政局のウィリアムズ（J. Williams）は後に次のように述べている（ジャスティン・ウィリアムズ『マッカーサーの政治改革』）。

一九四八年五月、彼（ケーディス——筆者註）は私に対し、国会の決議によって教育勅語を廃止できないものか、と問いかけた。つまり、国会の議決によることができれば、民政局と民間情報教育局間で管轄をめぐって生ずるであろう問題をすべて回避できる、というのが彼の思惑であった。

ここでいう「民政局とＣＩＥ間で管轄をめぐって生ずるであろう問題」については後述するが、この教育勅語の取扱いをめぐっては、占領当初から民政局（ＧＳ）と民間情報教育局（ＣＩＥ）との間でいくつかのやりとりが行われていた。この間、民政局（ＧＳ）のケーディスは、教育勅語問題に大きな関心を示しており、一貫して教育勅語の排除の機会を探っていたことがわかる。

ケーディスの指示を受けたウィリアムズは、衆議院の文教委員長松本淳造と参議院の文教委員長田中耕太郎に対して国会での決議の実施を申し入れ、以後、「国会決議」へと至る流れは民政局（ＧＳ）主導の下で進められることになる。少々長い引用となるが、この点を田中耕太郎の言葉から確認しておきたい（田中耕太郎「教育勅語の運命」『心』）。

昭和二十三年五月第二回国会開会中司令部は突如教育勅語を無効にする措置をとることを要求してきた。そうしてその要求は文部省に対するものではなく国会に対するものであった。司令部自身が文部省や教育界に教育勅語をそのまま温存しようとする傾向があると考えて思いついたのか、対日理事会または一部の日本人がそれを示唆したのかわからないが、とにかく両院の文教委員長が司令部の政治部員で国会の係であったジャスティン・ウィリアムス氏のところに呼び出された。参議院の文教委員長であった私は、衆議院の文教委員長の松本淳造氏と同道してウィリアムス氏と数次にわたって会談した。私は教育勅語についてはすでに必要な措置がとられていること、それはもはや法律上何等の効力がなく、一片の歴史的文書になってしまっていること、従ってもし今これを無効とする決議をしてもこれは重複になること、国家として教育勅語が新憲法の精神に反すると宣言するなら、違憲の宣言は国会の権限には属せず、最高裁判所がなすべき事項であること、もし今の段階においてあらためて無効の宣言をするとすれば、一般の教育者は教育勅語の内容をなす人類普遍の道徳律まで無効になったかのように誤解するおそれがあるから、慎重に考えなければならないことを説明して了解を求めた。しかし先方はそれを中々了解しなかった。ウィリアムスには、文部官僚が教育勅語を温存しようとつとめており、そうして我々が彼等から押されていると誤解しているような節があった。それは全く思いもよらぬことであったので、私は相当興奮して彼と激論した。

ここには、「国会決議」に対する民政局（GS）の働きかけの様子が明瞭に示されている。「国会決議」に対する民政局（GS）の関与を確認できるものとして、占領文書の中に衆議院の「国会決議」については5種類の英文案、参議院については3種類の英文案がある。

衆議院の1948年6月8日案と同6月9日案において、ウィリアムズは、「今日もなお国民道徳の指導原理としての性格を持続しているかの如く誤解されるのは、従来の行政上の措置が不十分であったためである」「もとより、これらの詔勅の内容は部分的にはその真理性を認められるのであるが」などの記述を削除している。

一方、参議院の「国会決議」では、同6月8日案までの間に、「文部省をして教育勅語その他の諸詔勅の謄本をもれなく回収せしめる」という文言が追加され、同6月8日案から同6月10日案については、「(教育勅語)は道徳に関する過去の文書の範疇に移った」が「効力を失っている」へと修正され、「現在の教育界の現状についての楽天的な見方は必ずしも許されない現実のために、私たち国民は何としてもわが国再建のための基礎となる六・三・三・四制の完成に向けて努力を倍加し、新憲法と教育基本法の正しい理解とその誠実な実行によって、新制度に生命(Life)と内容(Content)を与えなければならない」という記述が削除された。

さらに同6月10日案では、「今日までのわが国の道徳教育は、専ら教育勅語に最高の指導原理の源泉を求めた。しかし、今日、教育の新しい理想が明らかにされ、その上に、必要な立法上及び行政上の措置がとられた」という文言が削除され、また、「広く且つ長期にわたって絶大なる影響力を及ぼしている教育勅語等の特殊な役割の故に」という記述が民政局(GS)によって削除されている。

これを見ても明らかなように、衆参両院における「国会決議」の成立にあたっては、民政局（GS）からの削除、修正による積極的な関与が行われていた。こうした民政局（GS）の関与によって、教育勅語の内容が部分的には真理を含んでいるという理解が否定され（衆議院）、「一層包括的な教育振興に関する決議」という意図も二次的なものへと後退を強いられていった（参議院）。ここで重要なことは、「国会決議」が、１９４６年10月８日の「通牒」との関係性を改めて問われる状況を招いたことである。

衆議院の「排除決議」と参議院の「失効確認決議」

衆議院は、１９４８年６月19日の本会議において、松本淳造ほか34名の各派共同提案として、「教育勅語等排除に関する決議」（以下、「排除決議」）を上程し可決された。「排除決議」は、すでに過去の文書となっている教育勅語等が、今日もなお国民道徳の指導原理としての性格を持続しているかの如く誤解されるのは、従来の行政上の措置が不十分であったためであるとした上で、「これらの詔勅の根本理念が主権在君並びに神話的国体観に基いている事実は、明らかに基本的人権を損い、且つ国際信義に対して疑点を残すものとなる」、教育勅語は日本国憲法第98条が規定する違憲詔勅に該当するために、「その指導原理的性格を認めない」とするものであった。

松本の提案理由で注目されることは、民政局（GS）によって削除指示されたにもかかわらず、「われわれは、その教育勅語の内容におきましては、部分的には真理性を認めるのであります」と述べている点である。ただし、それは勅語という形式では認められず、日本国憲法第98条に抵触する違憲詔勅であるとした根拠であるとしている。しかし、逆に言えば、勅語としての形式に拠らなければ、教育勅語の「真理性」を求めるということであった。微妙な言い回しではあるが、この点は参議院での田中耕太郎の説明と基本的な齟齬はないと言える。

参議院では、同日の本会議に田中耕太郎ほか25名が各派共同提案として、「教育勅語等の失効確認に関する決議案」を上程し、可決された。その全文は以下のものである。

教育勅語等の失効確認に関する決議

われらは、さきに日本国憲法の人類普遍の原理に則り、教育基本法を制定して、わが国家及びわが民族を中心とする教育の誤りを徹底的に払拭し、真理と平和とを希求する人間を育成する民主主義的教育理念をおごそかに宣明した。その結果として、教育勅語は、軍人に賜はりたる勅諭、戊申《ぼしん》詔書、青少年学徒に賜はりたる勅語その他の諸詔勅とともに、既に廃止せられその効力を失つている。

しかし教育勅語等が、あるいは従来の如き効力を今日なお保有するかの疑いを懐く者あるをおもんばかり、われらはとくに、それらが既に効力を失っている事実を明確にするとともに、政府をして教育勅語その他の諸詔勅の謄本をもれなく回収せしめる。

われらはここに、教育の真の権威の確立と国民道徳の振興のために、全国民が一致して教育基本法の明示する新教育理念の普及徹底に努力をいたすべきことを期する。

右決議する

参議院の「教育勅語等の失効確認に関する決議」（以下、「失効確認決議」）は、衆議院の「排除決議」とは教育勅語に対する基本的な認識を異にしている。田中はこの提案理由において、教育基本法、学校教育法制定などによって、「教育勅語はその他の詔勅と共に廃止せられてその効力を失い倫理道に関する一つの過去の文書、歴史的な文献に過ぎないものとなりまして、日本教育の最高原理としての性格を失うことに至ったものと認められるのであります」と述べた。

つまり、参議院の「失効確認決議」は、すでに行われた行政上の措置による教育勅語等の失効を確認するものであり、「国会決議」によって初めて廃止・排除されたものではないとしている。

こうした田中の立場からすれば、衆議院の「排除決議」は、教育勅語が憲法98条に違反するために廃止されるという理解は承服できないものであった。田中によれば、憲法の条項は、現在なお法律的な効力を持っている法令詔勅に対して適用されるのであり、諸学校令がすでに廃止されている時点では、「教育勅語等は道徳訓に関する過去の文献に過ぎないもの」となっているために、憲法の条項とは全く関係がないからである。

田中は、「若し今日道徳訓である勅語の憲法上の効力を論ずるとしますならば、それは論語やバイブルが憲法違反で無効であるかどうかということを云々すると同じく意味を成さないということになる」と述べている。

後に田中は「国会決議」に関わる歴史をふり返り、次のように述べている（田中前掲論文「教育勅語の運命」）。

教育勅語の内容を道徳教育の唯一の淵源にすることは狭きに失することもちろんである。教育者はひろく眼眸《がんぼう》を古今東西に放ち、それらのものから教育の資料とインスピレーションを得なければならない。教育者は教育勅語を理性的に、客観的に、従って正当に評価しなければならない。これによってはじめて教育者は、今日なお見受けられるところの教育勅語に対するファナティックな崇拝と同時にこれに対する神経質な反情と恐怖症に陥らないですむのである。

田中にとっては、衆議院の「排除決議」が教育勅語に対する違憲詔勅の立場から行われたことは不満であった。しかし、こうした「法理上の問題」とは別に、田中は「我国教育の唯一の淵源となす考え方を去って」という1946年10月の「通牒」の趣旨に基づき、教育勅語が勅語という形式では容認されなくても、「道徳訓に関する過去の文献」「倫理道に関する一つの過去の文書、歴史的な文献」としては効力を有すると理解していた。

「国会決議」へのCIEの対応

「国会決議」の成立には民政局（GS）の積極的な働きかけがあり、その主導のもとに進められた。このことは、CIEが「国会決議」についてはほとんど関与していないことを意味していた。

先述したように、民政局（GS）のケーディスは、この「国会決議」によって「民政局とCIE間で管轄をめぐって生ずるであろう問題をすべて回避できる」と認識していた。これは、教育勅語の廃止に関してはCIEの管轄であったが、国会の活動については民政局（GS）の管轄権の問題であったことを意味している。つまり民政局（GS）は、「国会決議」

による教育勅語の失効・排除という方法を選択することで、両局の管轄をめぐる対立を避けながら、結果として教育勅語を排除するという目的を達成することに成功したのである。

その一方で、「国会決議」に対するＣＩＥの消極的な対応はどのように整理できるであろうか。もちろん、ここには民政局（ＧＳ）との管轄の問題があったことは事実である。しかし、その根本的な理由は、教育勅語問題は１９４８年10月８日の「通牒」によって一応の結論が出ており、それは文部省との間でも「合意」していたためであると考えられる。

3 「国会決議」後の教育勅語の評価

1946年「通牒」と1948年「通知」の関係

文部省は、１９４８年６月25日、教育勅語の謄本の「本省への返還」を求めた文部次官通知「教育勅語等の取扱について」（以下、「通知」）を通知した。これは、「国会決議」を受けたものであり、以下のような内容である。

教育勅語等の取扱について

「教育ニ関スル勅語」その他の勅語、詔書等の取扱いに関しては、昭和二十一年十月八日附発秘三号をもって通牒したが、今般衆、参両院において別紙のような決議がなされたから、その趣旨徹底について遺憾なきよう万全を期せられたい。

なお、本省から交付した「教育ニ関スル勅語」等の謄本を基管下学校等において保管中のものを貴職において取りまとめのうえ、左記様式による返還書を添え、至急本省へ返還方処置されたい。

右以外の勅語、詔書等についても前記決議の趣旨に則り適当な処置を講ぜられたい。

「通知」は、教育勅語問題の展開に一定の区切りとなった。1946年の「通牒」は、教育勅語に対する神格化した取扱いを禁じたものの、教育勅語等の謄本は、「今後も引き続き学校に於て保管すべきものである」とされていた。そのため、教育勅語の謄本の返還が求められたことで、1946年の「通牒」が1948年の「国会決議」によって全面的に否定されたとする解釈も生まれた。

しかし、こうした「通知」と「通牒」との関係の捉え方は正しいものではない。例えば、衆議院の「排除決議」の趣旨説明において松本淳造委員長が指摘したのは、「通牒」が「教育勅語をもって我国唯一の淵源とせず、式日等に捧読の慣習をやめる。保管及び捧読に際しては神格化しない」という行政上の措置をとっているが、「その措置がきわめて消極的でありまして、徹底を欠いているうらみがある」というものであった。

ここでは、「通知」が「通牒」を否定して成立したとは述べられておらず、「通牒」の趣旨を徹底するために謄本の回収が必要であるとされていた。この説明は、参議院の「失効確認」決議でも同様であった。

田中の趣旨説明では、教育勅語に対する法制上及び行政上の措置の内容を「未だ十分に認識せず、又その意味を完全に理解せず、習慣的に或いは勅語をまだ神格化して観念したり、それが従来のような我が国の教育の最高指導原理としての性格を今日尚持っておるかのように考える者も絶無とは申されない」、そのため、「この際改めて教育勅語が効力を失っておる事実を明確にすると共に、それらの謄本を回収し、以て国民の思想の中に神がかり的な国家観や、極端な国家主義的理念を最後の一滴も一掃する必要」があるというのが趣旨であった。

つまり松本、田中の趣旨説明は、「国会決議」が「通牒」の徹底のために行われたというものである。強いて言えば、「通牒」にあった、教育勅語等の謄本が「今後も引続き学校に於て保管すべきものである」という点の修正を行ったということである。しかし、それは教育勅語を「神格化」して取り扱わないという「通牒」の骨子に基づくものであり、「通牒」の内容を「全面的に否定」したものではない（貝塚茂樹『戦後日本と道徳教育――教科化・教育勅語・愛国心』）。

教育勅語評価の「二重構造」

本章で見てきたように、「国会決議」の役割は少なくとも先行研究が指摘するほどには重要であったわけではない。それがあたかも重要であると思えたのは、田中耕太郎の言う教育勅語の「法理上の問題」と道徳訓としての位置付けを混同して「国会決議」における評価を論じたことが主な要因である。

教育勅語が「法理上の問題」としては排除されるが、道徳訓としては引き継がれるという、いわば「二重構造」の論理は、その後の文部省の文書の中でも確認できる。例えば、１９５0年12月に文部省がまとめた『日本における教育改革の進展』は、教育勅語から教育基本法にいたる歴史的経緯を次のように論じている。

教育基本法は、こうして全く新しい形式と手続きとにおいて、教育勅語に代って日本教育の根源を明示する地位を持つに至った。そして、この事実を国家的に確認し、疑いの余地を残させないためにさらに1948年6月、衆参両議院において、「教育勅語等の効力排除（失効確認）に関する決議」が決定された。政府はこの決議に基き学校等に死蔵されていた教育勅語の返還処置をとり、この教育勅語に関する問題は、教育上、こうして完全に終結するに至ったのである。

「法理上の問題」としては教育勅語が教育の指導上の原理としては効力を持たず、教育基本法が「教育勅語に代って日本教育の根源を明示する地位を持つに至った」と明言したことは、教育勅語問題の歴史的過程を的確に表現したものと言える。しかも、このことが、「教育勅語体制から教育基本法体制へ」との表現で説明される戦後教育史像の一般的な解釈と呼応することは不思議ではない。

ところが、『日本における教育改革の進展』は、教育勅語については、「あまねく人類に普遍的な、美しい道徳的思想も光を放ってはいる」とも述べている。また、1950年の教育刷新審議会がまとめた『教育改革の現状と課題――教育刷新審議会報告書』でも、教育勅語は、「全体として道徳的なかおりの高いものであり、その文中の一節に宣言されている通り『これを中外に施して悖らず』とも言える内容を含むものである」とされていた。

両者に共通しているのは、教育勅語の内容を評価しつつ、「新しい教育理念を『勅語』という、上からの、天降り形式で確定し、国民に提示することは、民主国家の教育憲章としては、断じて適切な方法ではない」という立場である。それらの文書で示された「二重構造」は、教育勅語の歴史的経緯からすれば当然の帰結であった。

もっとも、「通牒」によって示された方向性あるいは田中に見られる教育勅語認識の論理構造が、必ずしも明確なものであったわけではない。

そのため、教育勅語の内容に対する評価は、これまで充分な定位が与えられないままに、一般には「教育勅語に代る教育基本法」という通史的理解の中に回収されていった。つまり、「教育勅語体制から教育基本法体制へ」との解釈が徐々に一般化される一方で、教育勅語についての内容とその歴史的な意義について検討する視点は総じて希薄となった。そしてこのことが、戦後の教育基本法と教育勅語の関係が「混迷」していく歴史的要因となったのである。

教育勅語の「普遍性」をめぐって

こうした中で、当時、教育勅語の「普遍性」に言及した指摘があったことにも触れておきたい。これまで見てきたように、天野や田中の教育勅語論は、内容と形式に分けて論じるものであった。簡単に言えば、内容には「普遍性」があるが、その形式が時代にそぐわないというものであった。これに対して教育勅語にはそれ自体に「普遍性」を有するというもので、それは敗戦直後の前田多門文部大臣の教育勅語観とも連動するものであった。

例えば里見岸雄は、1951（昭和26）年に「民主主義と教育勅語」と題する論文を発表した（『国体文化』1951年7月〜9月）。ここで里見は、過去の教育勅語解釈には問題があったとしながらも、教育勅語自体は「時代的思想の着色がなく、一方的（イデオロギー）思想的態度のない透明普遍の根源的国民道徳法」と述べた上で、おおよそ次の4点を指摘した（辻田真佐憲「教育勅語肯定論の戦後史――敗戦直後の擁護論から森友学園事件まで」『徹底検証　教育勅語と日本社会――いま、歴史から考える』）。

①　教育勅語は封建的ではない。

近代的憲法である明治憲法と一体として出された教育勅語は封建主義的ではない。「忠孝」という徳目も普遍的な君臣・親子間の道徳をいうのであって、儒教のそれを指すのではない。

②　教育勅語は一方的ではない。

教育勅語は、君臣の道徳を一方的に示すだけではなく、天皇自身も「爾《なんじ》臣民ト倶《とも》ニ拳々《けんけん》服膺《ふくよう》」すると述べていて民主主義的である。「父母ニ孝ニ」の徳目は子供に対する一方的な押し付けではなく、学校教育の場を想定したものである。子供に対する親の慈愛は本能的なものなので、敢えて言及するまでもない。

③　教育勅語は軍国主義ではない。

すべての個人は生存権を持ち、それを守る権利を持つ。これはすべての民族や国民にも拡大できる。「一旦緩急アレハ義勇公ニ奉シ」は、このことを言うのであって、決して軍国主義的ではない。

④　教育勅語は、皇室の利益のためのものではない。

「皇運扶翼」は、日本民族が自覚に基づいて、その有機的統一・歴史的同一性を維持し、自主独立の発展、生命本来の大義を堅持するため自ら作りあげた道徳法である。権力に強制され、皇室の利益を図ることではないので、民主主義に反しない。

その上で里見は、教育勅語の「普遍性」を例示するために、教育勅語の徳目を正反対に示したものを示す。それは、「人民惟《おも》ふに……父母に不幸に、兄弟に不友に、夫婦喧嘩し、朋友相信ぜず、傲奢《しゃごう》己を持し、憎悪衆に及ぼし、学を修めず業を習わず以て智能を退化し不徳の器を成就し、進で公益を広めず世務を開かず、常に国憲を軽んじ国法に遵はず、一旦緩急アレハ卑怯遁走し、以て天壌無窮の皇運を破壊すべし」というものであった。

里見は、教育勅語の徳目を反対にして、それが受け入れられないことを逆説的に示すことで、教育勅語とその徳目の「普遍性」を主張したのである。また、実は家永三郎も1947（昭和22）年12月に発表した「教育勅語成立の思想史的考察」において、教育勅語が「頗《すこぶ》る普遍性豊にして近代的国家道徳を多分に盛った教訓」であったと指摘していたのである。

第4章　戦後日本と道徳教育・愛国心

1　敗戦直後の道徳教育問題の展開

占領軍の修身科評価と「三教科停止指令」

敗戦後の道徳教育問題は、ＧＨＱによる対日占領教育政策とそれに対する日本側の対応という関係構造を視野に入れて検討する必要がある。

戦時期のアメリカでは、戦後の日本占領を想定した教育政策の立案のために、日本で使用されていた国定教科書の分析作業を１９４２年から進めていた。例えば国定修身教科書については、１９３３（昭和８）年改訂の第四期国定修身教科書の内容に「軍国主義的、超国家主義、国家神道主義の繰り返し」が顕著であると分析した。ただし、分析結果の結論は教科書の不適切な部分の改訂を求めたもので、修身科の廃止を前提としたものではなかった。

1945（昭和20）年8月の敗戦後、GHQの民間情報教育局（CIE）も同様の国定修身教科書の分析を行っているが、ここでも修身科の改訂再開の方針は基本的に引き継がれた。その理由は、「修身教科書の詳細な分析は、問題となっている教科書が相対的に無害であることを示しており、全体に及ぶ禁止は適切なものではない」とするものであった。GHQが問題視したのは、戦時期の国定修身教科書に顕著に認められる軍国主義と超国家主義的な内容であり、その排除が目的であった。

GHQは、こうした教科書の分析結果を踏まえて、同年12月31日に「修身、日本歴史及ビ地理停止ニ関スル件」（以下、「三教科停止指令」）を指令した。この指令の目的は、①三教科の課程を直《ただ》ちに停止し、GHQの許可のあるまでこれらを再開しないこと、②三教科の教科書及び教師用参考書を回収すること、③三教科の教科書の代行案を立ててGHQに提出すること、を主な内容とするものであった。その基本的な立場は、あくまでも修身教科書の改訂再開を前提とするものであった。

「三教科停止指令」による修身科の改訂再開という方針は、1946（昭和21）年3月の第一次米国教育使節団の「報告書」の内容にも継承された。

「報告書」の第一章「日本の教育の目的および内容」は、もともと日本の修身科は従順な公民の育成を目的としたが、「この手段は不正な目的と結びついた」ために現在は授業停止の措置が採られている。しかし、「民主主義的制度も他の制度と同様、その真の精神に適合しかつこれを永続せしむべき一つの倫理を必要とする。そしてその特有の徳目はこれを教へることができ、従つてこれは他におけると同様学校においても教へられるべきである」と述べた。

そして「報告書」は、「特別の倫理科を父兄も生徒も期待しているようである。日本人の現在もつているもの即ち礼儀を以つて修身科をはじめるなら、それでよかろう」と勧告した。

「公民教育構想」と修身科

新しい戦後教育のあり方を日本側から模索する動きは、道徳教育の分野において積極的に進められた。これが「公民教育構想」と称されるものである。「公民教育構想」は、１８７２（明治５）年の学制の公布以降、近代教育において道徳教育の中心であった修身科の抜本的な改革をめざしたものであると同時に、戦後の新しい道徳教育の方針を確立しようとするものであった。

文部省は、１９４５年、省内に公民教育刷新委員会を設置し、議論を進めた。委員長には戸田貞三（東京帝国大学教授）、委員には和辻哲郎、大河内一男、田中耕太郎等が名を連ね、約20名で構成された。

この委員会が同年12月に提出した答申は、新しい公民教育が従来の修身科に見られた「徳目ノ教授ヲ通シテ道義心ノ昂揚《こうよう》ト、社会的知識技能ノ修得並ビニソノ実践トヲ抽象的ニ分離シテ取扱フガ如キ従来ノ傾向ハ是正サレルベキデアル」と指摘した。また、従来の修身科が「模型や模倣が説明の手段であることを忘れて、現実の社会生活や模倣できる仕方としてはそれに止まる弊があった」として、「これを反省して模型を現実と誤認させ模倣を当為と混同せぬように注意せねばならぬ」とした。

そして、「道徳ハ元来社会ニ於ケル個人ノ道徳ナルガ故ニ、『修身』ハ公民的知識ト結合シテハジメテ其ノ具体的内容ヲ得、ソノ徳目モ現実社会ニ於テ実践サレルベキモノトナル。従ツテ修身ハ『公民』ト一体タルベキモノデアリ、両者ヲ結合シテ『公民』科が確立サレルベキデアル」とする方針を示し、新しい公民教育がめざすべき「根本方向」を次のように提示した。

① 道徳、法律、政治、経済に関する諸問題についての普遍的一般原理に基づく理解の徹底。
② 共同生活に於ける個人の能動性の自覚。
③ 社会生活に対する客観的具体的認識とそれに基づく行為の要請。

④　合理的精神の涵養《かんよう》、非合理的感情的な態度の排除。
⑤　科学の振興と国民生活の科学化、科学の社会的意義と役割の認識。
⑥　純正な歴史的認識の重視、実証的合理的精神の徹底。

　また答申では、「社会現象（道徳・法律・政治・経済・文化）の相関関係を、多角的綜合的に理解せしめること。しかも問題を網羅的に並列することなく、重要な若干の事項に重点を置き、これを立体的に理解せしめ綜合的な知識を与えること」「道徳・法律・政治・経済に関する抽象的理論的な問題も、具体的な卑近な事象を通して理解せしめ青少年の興味と関心とを喚起するよう考慮すること」が強調された。

　このように「公民教育構想」は、従来の修身科の問題点を指摘した上で、戦後は修身科を廃止し、それに代わる教科として公民科を設置しようとするものであった。しかし、日本側によって進められた道徳教育改革の試みは、占領政策の中で大きく変容していった。このことは、その後に続く道徳教育の「混迷」の起点となったのである。

「公民教育構想」の変容と社会科の成立

新たな「公民科」設置の方針は、修身科の改訂再開を求めた「三教科停止指令」の内容とは相反するものであった。そのためCIEは、「公民科」の設置を「占領政策違反」として問題視し、懸念を示した。

その後、数度にわたるCIEと文部省との折衝の末、両者は修身教科書の暫定教科書は作成せず、公民科の教師用指導書のみを作成することで一度は合意した。

しかし、CIEは1946年4月頃から日本側に「公民科」ではなく、社会科の設置を求めることになる。それは、日本側の作成した教師用指導書の内容が、当時アメリカの一部州で実施されていた社会科と類似していたことや、CIEの担当官が交代したことが直接の要因であった。特に、新しく着任した担当官は、アメリカで社会科を推進した人物であった。

社会科の設置は、「公民教育構想」の大きな変容を意味していた。なぜなら、もともと「公民教育構想」は、修身科に代わる教科としての「公民科」の設置を意図していたものであり、その内容は、歴史、地理を含めた広域総合教科である社会科とは異質のものであったからである。

修身科に代わる「公民科」は道徳教育の役割を担う教科であったが、「公民科」から社会科への転換は、戦後教育において道徳教育を担う明確な教科が教育課程からなくなることを意味していた。

2　天野貞祐の問題提起と道徳教育論争

天野発言と「第二次米国教育使節団報告書」

戦後の道徳教育論争は、教育勅語と修身科に関わる問題を具体的な対象として展開した。端的にこれらは、道徳教育の基準を設定することの是非と道徳教育を担う教科を設置することの是非をめぐる問題であった。

教育勅語については、本書の**第3章**で言及したが、修身科については「公民教育構想」から社会科成立への歴史が深く関係した。

ここで積み残された道徳教育の課題は、第三次吉田内閣で文部大臣となった天野貞祐の問題提起によって表面化し、1950（昭和25）年のいわゆる「修身科」復活論争と、1951（昭和26）年の「国民実践要領」制定論争として活発な議論となった。

1950年11月7日、天野文部大臣は、全国都道府県教育長協議会において、「わたしはもとの修身といったような教科は不必要だと考えていたが、最近各学校の実情をみると、これが必要ではないかと考えるようになった。（中略）そこで、教育の基礎として口先でとなえるものではなく、みんなが心から守れる修身を、教育要綱といったかたちでつくりたい」と発言した。

さらに、天野は、同年11月26日の朝日新聞に「私はこう考える――教育勅語に代るもの――」を掲載し、発言の趣旨を説明した。ここで天野は、従来の教育勅語に掲げられた徳目が勅語という形式において道徳的規準とされることは妥当ではないが、「何か他の形式において教育勅語の果たしていた役割を持つものを考える必要」があると述べた。また、社会科は修身科よりは広い展望を持っているが十分に成果を上げていないとした上で、従来の修身科に復帰するというものでなく、「これまでの修身科と社会科とを契機」とした新しい教科の設置を意図したものであると述べた。

こうした天野の問題提起をめぐって、新聞、雑誌を中心として活発な論争が展開した。もっとも、特に「修身科」をめぐる発言の背景には、同年8月に来日した第二次米国教育使節団による「第二次米国教育使節団報告書」での記述が重要な役割を果たしていたことも重要である。

報告書は、「われわれは日本に来てから、新しい日本における新教育は、国民に対して、その円満な発達に肝要な道徳的および精神的支柱を与えることができなかったということをたびたび聞かされた」と述べ、「道徳教育は、ただ社会科だけからくるものだと考えるのはまったく無意味である。道徳教育は、全教育課程を通じて、力説されなければならない」と勧告した。この勧告は、修身科が廃止されて以降、文部省を中心に模索されてきた、「社会科による道徳教育」「社会科を中心とした道徳教育」という方向性に修正を迫るものであった。

こうした天野の問題提起は、天野個人の教育論によるものであることは事実であるが、天野発言と「第二次米国教育使節団報告書」との関連も無視することはできない。

天野発言に対する世論の反応

戦後教育史研究において天野の問題提起は、世論からの「四面楚歌のような反撃」（船山謙次『戦後道徳教育論史　下』）を受けたために挫折したと評価されてきた。

しかし、実際の論争の推移を辿っていくと、世論は必ずしも天野発言に否定的ではなかった。例えば、「修身科」復活をめぐっては、毎日、読売、東京、日本経済の新聞各紙が社説でこの問題を取り上げたが、この中で天野の問題提起に明確に反対したのは読売新聞の社説のみであり、他の新聞の社説は、発表の形式を問題視したものの、その趣旨には理解と賛意を示した。また、天野には一貫して否定的な立場をとっていた読売新聞も、「修身科復活是か否か」と題する紙上討論形式の世論調査（1950年12月8日）において、「修身科」復活には約64％が賛成という結果を発表していた。

このことは、「国民実践要領」論争においても同様であった。1951年11月26日の参議院文部委員会は、「国民実践要領」に関する公聴会を開催した。先行研究では、公聴会に出席した9人の参考人は、「国民実践要領」に対して総じて批判的であり、その「猛攻撃」によって「国民実践要領」制定が実現しなかったと評価している。

たしかに、参考人のほとんどが、「国民実践要領」の発表形式を問題視したことは事実であるが、「国民実践要領」制定の趣旨に対しては、9人の参考人のうち4人が原則的な賛意を示していた。

つまり、天野の二つの問題提起に対する世論の反応は、少なくとも先行研究が指摘するような「四面楚歌」「猛攻撃」といったものではなかったのである。

「国民実践要領」の内容

ところで、「国民実践要領」は、天野個人の執筆と思われがちであるが、実際には、天野が「京都学派四天王」と称された高坂正顕、西谷啓治、鈴木成高の三人に執筆を委嘱し、最終的に天野が手を加えて完成したものである。文部大臣時代には発表できなかった「国民実践要領」は、1953（昭和28）年に天野個人の名前で発表された。

「国民実践要領」の「まえがき」は、「道義を確立する根本は、まずわれわれひとりびとりが自己の自主独立である人格の尊厳にめざめ、利己心を超えて公明正大なる大道を歩み、かくして内に自らの立つところをもつ人間となることに存する。また他の人格の尊厳をたっとび、私心を脱して互いに敬愛し、かくして深い和の精神に貫かれた家庭、社会、国家を形成することに存する。自主独立の精神と和の精神とは、道義の精神の両面である」と述べ、次のように続けられた。

われわれのひとりびとりもわれわれの国家もともにかかる無私公明の精神に生きるとき、われわれが国家のためにつくすことは、世界人類のためにつくすこととなり、また国家が国民ひとりびとりの人格を尊重し、自由にして健全な成育を遂げしめることは、世界人類のために奉仕することとなるのである。無私公明の精神のみが、個人と国家と世界人類とを一筋に貫通し、それらをともに生かすものである。その精神に生きることによって、われわれは世界の平和と文化に心を向けつつ、しかも祖国を忘れることなく、われわれの国家も、犯すべからざる自主独立を保ちつつ、しかも独善に陥ることなく、俯仰《ふぎょう》天地に愧《は》じない生活にいそしむことができる。ここに道義の根本があり、われわれは心を一つにしてかかる道義の確立に力を尽くさんことを念願する。この実践要領を提示する主旨も、ここに存するのである。

「国民実践要領」は、「個人」「家」「社会」「国家」の全四章から構成され、それぞれ次のような項目が列挙された。

第一章 個人―人格の尊厳、自由、責任、愛、良心、正義、勇気、忍耐、節度、純潔、廉恥、謙虚、思慮、自省、知恵、敬虔

第二章 家――和合、夫婦、親子、兄弟姉妹、しつけ、家と家

第三章 社会―公徳心、相互扶助、規律、たしなみと礼儀、性道徳、世論、共同福祉、勤勉、健全な常識、社会の使命

第四章 国家―国家、国家と個人、伝統と創造、国家の文化、国家の道義、愛国心、国家の政治、天皇、人類の平和と文化

このうち、例えば、戦後教育の課題でもあった宗教教育に関わる「敬虔」については、「われわれの人格と人間性は永遠絶対のものに対する敬虔な宗教的心情によって一層深められる。宗教心を通じて人間は人生の最後の段階を自覚し、ゆるぎなき安心を与えられる。人格

の自由も人間相互の愛もかくして初めて全くされる。古来人類の歴史において、人の人たる道が明らかになり、良心と愛の精神が保たれてきたことは、神を愛し、仏に帰依し、天をあがめた人達などの存在なくしては考えられない」と述べられた。

復活しなかった「修身科」

天野の問題提起した「修身科」復活と「国民実践要領」の制定は、結果としては実現しなかった。「修身科」復活が実現しなかった直接の要因は、教育課程審議会が、1951年1月4日に出した「道徳教育振興に関する答申」において、「道徳振興の方策として、道徳教育を主体とする教科あるいは科目を設けることは望ましくない」とされたことである。そして、「国民実践要領」については、天野自身がその制定を撤回したためであった。特に、天野が「国民実践要領」の制定を断念した背景には、天野発言が具体性を欠き内容が明確でなかったことや、「国民実践要領」を「文部大臣たる天野個人」として発表しようとしたことに強い批判があったためである。

そのため、天野の問題提起の趣旨は十分に理解されることなく、かえって当時の再軍備を正当化するためのイデオロギーとして解釈されたことも否定できない。本来、天野の問題提起は道徳教育の基準を設定することの是非と道徳教育を担う教科を設置することの是非を再検討しようとするものであった。しかし、この時期、国際的には朝鮮戦争や東西の「冷戦」が政治的な緊張をもたらし、国内では「文部省対日教組（日本教職員組合）」の対立が顕著となり始める中で、天野の問題提起の趣旨は理解されず、政治的なイデオロギー対立の中に回収させて論じられることを余儀なくされた。

この点について上田薫は、特に「修身科」復活論争に対して、「今日道徳教育に関しては、きわめて活ぱつな論議がかわされてきているけれども、道徳教育そのものの観点をいかに考えるかという根本の問題は、むしろ等閑に附されている」と指摘し、「現在の道徳教育が、人間性を無視し、個性の進展を阻害した過去の教育の観点をそのまま踏襲してよいはずは絶対にない。しかるに、明白でなければならぬその点に、あいまいなものが混入し、事態を不必要に複雑化することによって、新しい道徳教育の成長をはばんでいる」（上田薫「社会と道徳教育」『6・3教室』）と述べた。これは当時の道徳教育をめぐる状況を的確に表現したものであった。

3　「道徳の時間」設置論争の展開

「道徳の時間」の設置

1952（昭和27）年4月の講和・独立後の道徳教育問題は、社会科と道徳教育との関係をめぐる議論を中心として展開していった。文部省は1953（昭和28）年8月22日、「社会科の改善についての方策」を出して、社会科改訂の方向へと進めていった。この改訂の趣旨は、民主主義の育成に重要な役割を担うという社会科の目標は堅持しつつ、指導計画や指導法の欠陥を是正し、道徳教育、地理、歴史の指導の充実を求めたものであり、基本的に天野の問題提起の延長線上にあったと言える。

1957（昭和32）年8月、松永東《とう》文部大臣は、「地理・歴史を社会科の中におりこみ、修身や倫理というものを独立させる方がよい。父母の多くは、倫理を教育すべきだといっており、このさいはっきりした指針を与える必要からも道徳教育を独立教科にしなければならない」と述べた。

これを受けて教育課程審議会は、翌1958（昭和33）年3月15日に「小学校・中学校教育課程の改善について」を答申した。答申は、道徳教育が社会科をはじめ各教科その他教育活動の全体を通じて行われているが、「その実情は必ずしも所期の効果をあげているとはいえない」と分析した上で、今後も学校教育活動の全体を通じて行うという従来の方針は変更しないが、「現状を反省し、その欠陥を是正し、すすんでその徹底強化をはかるために、新たに道徳教育のための時間を特設する」こと、その道徳の時間は、「毎学年、毎週一時間以上とし、従来の意味における教科としては取り扱わないこと」を提言した。

答申を受けた文部省は、同年3月18日に「小学校・中学校における『道徳』の実施要領について」を通達した。ここで「道徳の時間」設置の趣旨は、「児童生徒が道徳教育の目標である道徳性を自覚できるように、計画性のある指導の機会を与えようとするもの」であり、「他の教育活動における道徳指導と密接な関連を保ちながら、これを補充し、深化し、または統合して、児童生徒に望ましい道徳的習慣・心情・判断力を養い、社会における個人のあり方についての自覚を主体的に深め、道徳的実践力の向上をはかる」ものであると説明された。

同年8月28日に学校教育法施行規則が一部改正され、「道徳の時間」は、小・中学校において教科ではない一つの領域として教育課程の中に位置づけられ、同年9月からの授業が義務づけられた。

道徳教育指導者講習会への妨害活動

「道徳の時間」の設置に伴い、1958年9月、文部省主催の「道徳教育指導者講習会」が開催された。これは全国の5会場（東京・仙台・奈良・徳島・別府）においてそれぞれ4日間の日程で実施されたもので、学習指導要領に基づく「道徳の時間」の趣旨の徹底を図り、都道府県道徳教育講習会の指導者を育成することを目的としていた。

しかし、この道徳教育指導者講習会に対して、日教組、労働組合、共産党、全学連（全日本学生自治会総連合）等の阻止妨害運動が展開され、激しい混乱が生じた。例えば、関東甲信越ブロックの講習会は、当初はお茶の水女子大学での開催が予定されていたが、約2000人の組合員が妨害したため、場所を国立博物館に変更しての実施となった。

こうした混乱は仙台、奈良でも継続した。仙台第二高等学校では、講習会の阻止行動のために学校の授業が支障をきたし、会場への交通も妨害された。また奈良では、「鉄の新しい門戸の破壊、この門戸の代りに丸太で急造したバリケードの破壊、学生の構内侵入等の乱暴な事件」（上野芳太郎「教育内容の改善」『文部時報』）が起こるという状況であった。

「道徳教育指導者講習会」の後、「道徳の時間」の内容を説明する講習会が都道府県ごとに開催された。しかし、ここでも日教組等による講習会参加者に対する妨害活動が繰り返され、複数の会場で警官隊が導入された。

「道徳の時間」設置をめぐる論争

「道徳の時間」をめぐって、日本教育学会教育政策特別委員会は、1957年11月4日に「道徳教育に関する問題点（草案）」を発表した。また、日教組も1958年8月に「時間特設・独立教科による『道徳』教育について」を発表して、「道徳の時間」設置への反対を主張した。

特に後者では、「道徳の時間」の立場を「一部特権階級のための教育――支配者の要求する服従の道徳教育である。彼らの利権を守るための手段としての道徳教育である。この道徳は平和、人権、真実、自主性の人間形成の教育の道徳教育の基本的問題と対決しこれを否定しようとする道徳教育である」と位置づけた。

こうした批判に見られるように、「道徳の時間」設置への反対論の多くは、政治的なイデオロギー論の立場を色濃くしたものであったと言える。

「道徳の時間」設置論争の争点は大きく次の3点に整理できる。

第一は、国家（公権力）が、国民の良心に関わる道徳教育にどこまで関与できるかという点である。この点について日本教育学会の「道徳教育に関する問題点（草案）」は、「近代民主主義政治のもとで、個人の自由と良心の問題である道徳とその教育について、公権力が一定の方向づけやわくづけをすることが、はたして妥当であるか」と疑問を投げかけ、「政府の作業は、国民の間から新しい道徳が生み出されるような条件をつくること」であると批判した。

これに対して文部省は、「道徳の時間」は、戦前の修身科のように国家的徳目（忠君愛国など）を一方的に教えるものではなく、現実に直面する問題に対して、より高い人間のあり方を追究しつつ、いかに生きるかを教師も生徒とともに考え、悩み語らう契機であると説明した。

第二は、「道徳の時間」の目標に関わるものである。端的には道徳教育を学校の教育活動全体を通して行うのか、あるいは特定の教科目を設けて行うのかというものであり、具体的な論争では、「全面主義か特設主義か」と表現された。

しかし、「昭和33年版学習指導要領」において「道徳の時間」の目標は、「学校の教育活動全体を通じて行うことを基本とする」とし、他の教育活動における道徳指導と密接な関連を保ちながら、補充し、深化、統合した組織的で発展的なものと位置付けられていた。この点からすれば、そもそも「全面主義か特設主義か」という二者択一的な争点は成立しないものであった。

そして第三は、特に生活指導と道徳教育との関係についてである。これについても先述の「道徳教育に関する問題点（草案）」は、生活指導は単に善悪の問題のみに止まらず、生活を見つめる確かな目を育てる仕事や、美しいものを感ずる心や愛情を育てる仕事など科学教育や芸術教育への礎地を培う幅広い営みであり、このような幅広い営みによって真の道徳教育も可能になるのではないか、と指摘した。

これに対して、例えば「道徳の時間」設置に役割を果たした勝部真長《かつべみたけ》は、「生活指導はその都度起こった偶発的な事件を扱うために、事件として起こらなければ解決できないという欠点を持つ。そのため、この偶発性を補うためには、道徳の基礎的知識を与える『直接的』方法が必要である」と反論した。勝部は、道徳教育を「道徳の時間」としての「道徳指導」と「生活指導または生徒指導」を統合したものと位置付けており、「生活指導がめざすのは習慣化であるとする。そして、この習慣化が成立するためには、魂の目覚めに目標をおいた内面化の過程が不可欠であり、その役割を果たすのが『道徳の時間』である」と説明した（『特設「道徳」の考え方——特設時間の問題点』）。

「道徳の時間」設置への反対論の多くは、修身科への不信感と批判を展開しながら、生活指導による社会認識能力の育成を主張するものであった。このことは敗戦直後の「公民教育構想」でも課題とされてきた点であり、「道徳の時間」設置論争は、これまでの歴史的過程で積み残されてきた課題を再検討し、それを解決する契機でもあった。

ところが、実際の「道徳の時間」設置論争は、政治的なイデオロギー論の立場からの批判が主流となり、歴史的検証を踏まえた冷静な論議の場は形成されなかった。そのためここでは、「道徳の時間」の内容ではなく、その設置の是非のみが議論の中心となる結果を招いていった。

こうした中で、「道徳の時間」は設置された後も教育現場に十分に浸透することはなかった。例えばこのことは、１９６３（昭和38）年7月の教育課程審議会答申「学校における道徳教育の充実方策について」において確認することができる。

答申は、「教師のうちには、一般社会における倫理的秩序の動揺に関連して価値観の相違がみられ、また道徳教育についての指導理念を明確に把握しない者がみられる。それで、いわゆる生活指導のみをもって足れりとするなどの道徳教育の本質を理解していない意見もあり、道徳の指導について熱意に乏しく自信と勇気を欠いている者も認められる。また、一部ではあるが、道徳の時間を設けていない学校すら残存している」ことが、「道徳教育の充実に大きな障害となっている」と指摘した。

戦後の道徳教育は、特に１９５０年代以降は「文部省対日教組」に象徴される政治的なイデオロギー対立の中で論じられる傾向が強く、道徳教育の本質的なあり方を構築しようとする視点は希薄なままであった。ここで道徳教育は「賛成か、反対か」という単純な対立の論理の中に解消されたのである。

それは戦後教育改革において、教育勅語と修身科に対する検討が不十分のままに歴史的定位を与えることができなかったことを意味していた。

4　戦後日本と愛国心

タブー化した愛国心

敗戦当時、愛国心は保守派はもちろん、左派にとっても決して「タブー」ではなかった。それどころか、左派が唱える「護憲」や「非武装中立」も戦後のナショナリズムに対する一つの表現形式であり、1950年代前半までは、後に「市民」を掲げて「国家」を批判する人々の間でも愛国心はごく自然な感情であった。

しかし、日本を取り巻く国際状況が大きく変動していく中で、愛国心の捉え方も変化していった。1948（昭和23）年10月にアメリカ国務省の政策企画部が作成した「米国の対日政策に関する国家安全保障会議の勧告」では、対日占領政策の重点を「非軍事化・民主化」

から経済復興へと「転換」することが明記された。

これは、中国共産革命の進展、東西ドイツと南北朝鮮の分裂という「冷戦」構造が固定化しつつある中で、日本を「反共の防壁」とし、経済復興を優先させることで自由主義陣営の一員としての役割を果たすことを可能とさせるアメリカの判断があったためである。

1950年6月に朝鮮戦争が勃発すると、マッカーサーは同年7月8日の書簡で7万5000人の警察予備隊の創設を指令し、日本政府は同年8月10日に警察予備隊令を公布した。

当初は再軍備を拒否していた吉田茂首相も、朝鮮戦争以降は早期講和と警察予備隊の設置を急ぎ、独立心と愛国心の回復の必要性を繰り返し発言するようになる。吉田は、同年7月14日の第八回臨時国会の施政方針演説において、愛国心、独立心を強調し、「早期講和を期するにあらずんば、わが国民の愛国心、独立心の維持はむずかしい」と述べ、愛国心を講和の前提と位置付けた。この発言を契機として、愛国心は政治的な文脈の中で論じられるようになり、左右のイデオロギー対立の争点となっていった。

一般に愛国心とは、「人々がその属する国家に自分を同一視することから、これに愛着の心情を抱き、その発展を願って忠誠を尽し、奉仕しようとする意識や感情、態度などの複合体」（市川昭午『愛国心――国家・国民・教育をめぐって』）と定義することができる。近代国家が国民国家を前提としている以上、愛国心は常識的な概念である。

ところが、戦後日本において愛国心は、政治的な言説の中に取り込まれて「タブー視」されていった。ここには、国民に極端な愛国心を要求して戦ったという「戦争の記憶」が、国家に対する心理的な警戒感を喚起したことが大きく影響している。またここには、占領によって政治、経済、教育などのあらゆる分野のシステムの改革を迫られ、軍事的にもアメリカに従属することになった戦後日本が、結果的にはそれによって経済的な「繁栄」を手に入れたことに対する屈折した感情が加わっている。

こうした愛国心をめぐる状況は、戦後日本が国家と正面から向き合うことを困難としていった。その理由について大熊信行は、「戦後の日本国民に大きな精神的空白が生まれ、その空白は埋められていない」ことに求めている。大熊の言う「精神の空白」とは、結局は「国家意識の喪失」ということであるが、それを埋めるためには、国家を個人の向こう側に対峙させ、外在化させてしまうのではなく、国家を「あくまでも個人の内的精神とかかわった主題として論じる」ことが必要であるとした（大熊信行『日本の虚妄—戦後民主主義批判』）。

また、歴史家の林健太郎は、戦後日本の愛国心論は、愛国心を「自己の属する国家に対する愛情及び奉仕の精神である」とし、それは隣人愛、郷土愛が人間の持つ本来の感情であり、「その延長としての国家への愛も当然人々に内在するものである」と定義することでは概ね一致していたと指摘した。

しかし、愛国心の中身については、大きく二つの立場に分かれていたと述べている。第一は、現在の自己の属している国家を愛の対象とし、国家を何等かの意味において運命共同体的なものと見る立場である。この立場の特徴は、国家を民族の文化の共同体性を現実化したものであると捉え、その形成には現存する人間ばかりではなく、我々の祖先もこれに寄与しており、子孫に対して責任を持つものであるという理解を前提としていることにある。

これに対して第二の立場は、あるべき国家の理想を現在の国家以外のところに求めるものである。基本的にこれは、ロックやルソー流の社会契約説を継承したものであり、今日の国家が真に尊重するべき国家でないならば、それを否定するところにこそ愛国主義が成り立つとするものである。

二つの立場は、必ずしも対立するものではなく、それぞれが学問的には十分な理論を基礎としていたものであったが、実際の論議において両者は政治的に対立し、互いに交わることなく推移していった（林健太郎「愛国心の理論と実践」『自由』）。二つの立場は、戦後日本の愛国心論の基本となっている。

天野貞祐の「静かなる愛国心」

愛国心をめぐる二つの立場は、教育においても継承された。特に1950年代以降の教育は、「文部省対日教組」という対立構図を背景として、愛国心をめぐる二つの立場の対立が鮮明となった。

戦後教育において愛国心問題の発端となったのは、天野貞祐文部大臣が、1950年10月17日の記者会見で発表した「文化の日その他国民の行事についての談話」である。

その趣旨は、「文化の日その他の国民の祝日は国民自らが定めたものであり、学生、生徒・児童に対してこれらの祝日の意義を徹底させ、国家及び社会の形成者としての自覚を深く意識させることは必要なことである。このため各学校の行事の際には、国旗を掲揚し、国歌を斉唱することが望ましい」というものであった。この談話の内容は、同日付で地方教育委員会、都道府県知事、国公私立大学長などに通達された。

また、天野は翌1951年2月7日の衆議院予算委員会において次のように答弁した。

私は決して国旗を立て、国歌を歌えば、それで事足ると考えているわけではございません。けれどもごく小さい子供たちが、自分はどこの国の人だかわからないというようでは困るということのために、国旗を立て、また国歌を歌うことが望ましい（中略）愛国心といえば、従来何か戦場に出てはなばなしいことをやるとか、そういう異常な普通でないことが、愛国心であるような考えが、今まで支配的であった。けれども愛国心というものは、そういうものではなくして、ほんとうにこの国土が、この日本が、自分たちの基盤なのである、自分たちはこの国土を離れていないのであって、またこの国土は自分たちを離れてもないのである。そういう自分たちの実体であり、国家の実体がまた自分たちである。そういう精神をどうか植えつけたい。いいかえれば、激越的な愛国心ではなくして、むしろ静かな、ほんとうにこの国を自分の国と考える、自分がこの国であるという自覚を、どうかしてさせたいということを強く考えておるものでありまして、そういうことをさまざまの方法をもって講じようと努めておるわけでございます。

この天野の「静かなる愛国心」や1953（昭和28）年に発表された「国民実践要領」の内容は、天野にとっては自らの国家論に基づく持論の表明であった。そのため、その愛国心論は、吉田首相の言う対日講和や警察予備隊の設置の前提としての愛国心とは異質のものであった。

しかし、文部大臣である天野の発言は、結果としては、当時の再軍備問題などの高度な政治的課題と呼応し、それを補強するものとして評価されるとともに、教員組合への弾圧・干渉、レッドパージに象徴される「逆コース」の一環と位置付けられた。

占領政策と「国旗・国歌」問題

第9章でも触れるが、各学校の行事の際には、国旗を掲揚し、国歌を斉唱することが望ましいという天野発言は、その後に続く「国旗・国歌」問題の端緒となった。この点についても先行研究では、天野の反動性と「逆コース」との関連性の中で論じられることが通例であった。ただし、先行研究の多くは言及していないが、天野のこの発言は、当時の占領政策との関係で捉えると決して特異なものではなかった。

占領が、連合国軍最高司令官の命令下において日本の主権行使に制限を加えることを正当化する性格を持つため、一般にはGHQが「日の丸」、「君が代」を全面的に否定したかのように思われがちである。

実際、先行研究では占領軍が「日の丸」の掲揚と「君が代」の斉唱を禁じたかのような記述が見受けられる。しかし、これは正確ではない。例えば「日の丸」については、占領軍の公式指令によって、1946（昭和21）年の天長節（4月29日）以降、占領軍の許可という制約はあったが、すべての祝日において「日の丸」（指令の中では、「国旗」と表現されている）の掲揚が許可されていた。したがって、占領政策において、「国旗」掲揚が禁止された事実はなかった（佐藤秀夫編『日本の教育課題1』）。

また「君が代」については、占領軍による制約は公式には皆無であった。たしかに、1946年6月に発行された暫定の音楽教科書では、「君が代」をはじめとするすべての祝祭日唱歌が削除された。ただしこれは、占領軍の指示によるものではなく、日本側の「自主的」な判断であり、占領軍は日本側の措置に許可を与えたに過ぎない。

つまり、占領軍の「国旗・国歌」問題に対する基本的な立場は、「自由に表明される日本国国民の意思」（ポツダム宣言）を尊重することであり、この問題には、「とくに関知しない」というものであったのである。

ついでに言えば、占領軍は「君が代」斉唱、「日の丸」掲揚だけでなく、宮城遙拝、御真影への拝礼、教育勅語の奉読、四大節学校儀式（**34頁**）を禁止する指令は出していない。そのため、敗戦直後の学校では戦時中と変わらない学校儀式が実施されていた。

ところが、1947年3月の学校教育法の制定によって、学校儀式等を規定していた「国民学校令」及び関連法規が廃止されたことで、法規上は四大節において学校儀式を行う義務はなくなった。また、1948（昭和23）年7月20日に「国民の祝日に関する法律」が公布・制定され、新たな「国民の祝日」が制定されたことで四大節そのものが廃止された。同法が規定した祝日は、基本的には明治以来の祝祭日を継承したものであったが、学校教育法施行規則によって「国民の祝日」が休日となったことで、四大節での学校儀式は1947年1月1日の儀式を最後に実施されなくなった。

1950年代以降の愛国心問題

1950年代以降の愛国心問題は、政府・自由党の側からの提起として政策課題となっていった。天野文部大臣の後を受けた岡野清豪《きよひで》は、1952（昭和27）年に生活道義科を特設し、歴史科の独立を図ると述べた。また、自由党は同年10月の総選挙に際して、「道義の昂揚、愛国心の涵養」を文教政策に掲げた。

また、大達茂雄文部大臣は、1953年6月の衆議院文部委員会において、「今日わが国の再建にあたって、国民の道義が高揚せられること、また国民の愛国心が振起せられるということは、これが根本である」と述べ、同年8月の教育課程審議会答申「社会科の改善についての方策」の中には、「社会公共のために尽すべき個人の立場や役割を自覚し、国を愛する心情を養う」という表現が挿入された。

こうした愛国心をめぐる動向は、同年10月の「池田・ロバートソン会談」を経て、1958年の学習指導要領改訂による「道徳の時間」の設置、そして日米安全保障条約の改定に反対する「六〇年安保」闘争へと連続していくことになる。

特に、ＭＳＡ（相互安全保障法）協定締結にあたり、吉田茂首相の特使としてアメリカに渡った池田勇人自由党政調会長と米国務次官補ロバートソンによる「池田・ロバートソン会談」での「日本政府は教育および広報によって日本に愛国心と自衛のための自発的精神が成長するような空気を助長することに第一の責任を持つ」という趣旨の内容は、世論からの激しい批判の対象となった。

例えば宗像《むなかた》誠也は、「日本の国民には知らせもせずに、アメリカの首都ワシントンで、外国人との間に愛国心についての取きめのようなものが行われた」ことに「私の自尊心はいたく傷つけられ、私の独立心は反抗心に転化しそうになる」と述べ、ＭＳＡ協定に言及して次のように批判した（宗像誠也「ＭＳＡと愛国心教育――誰にも知ってもらいたい教育の中立性ということ」『改造』）。

私は、愛国心がＭＳＡ受入れの条件にされようなどとは思いも及ばなかった。反対に、愛国心が、ＭＳＡを受け入れるか受け入れないかを決定するものとばかり考えていた。これでは愛国心がＭＳＡの代償としてアメリカに提供されているようなものではないか。（中略）ＭＳＡの本質が、外国の援助にあるのではなくて、アメリカ自身の安全を守ることにあるのは、アメリカの高官が念入りに何度も国内に徹底させているところだからだ。

宗像の言葉には、アメリカに従属することで復興と繁栄を実現しようとするナショナリズムと、それに対する「反米ナショナリズム」というべき二つのナショナリズムを認めることができる。この二つのナショナリズムは、「六〇年安保」闘争の際に激しくぶつかり合うことになるが、ここで確認すべきことは、愛国心問題が朝鮮戦争を直接の契機として次第に左右のイデオロギー対立の争点となったという事実である。

天野貞祐の国家の定義と愛国心論

天野の愛国心論に触れたところで、もう少しその内容を見ておきたい。なぜなら、その内容は現在の道徳教育における愛国心の捉え方に連続するからである。天野は1953年に発表した「国民実践要領」において国家を次のように定義した。

われわれはわれわれの国家のゆるぎなき存続を保ち、その犯すべからざる独立を護り、その清き繁栄と高き文化の確立に寄与しなければならない。人間は国家生活において、同一の土地に生まれ、同一のことばを語り、同一の血のつながりを形成し、同一の歴史と文化の伝統のうちに生きているものである。国家はわれわれの存在の母胎であり、倫理的、文化的な生活共同体である。それゆえ、もし国家の自由と独立が犯されれば、われわれの自由と独立も失なわれ、われわれの文化もその基盤を失なうこととならざるをえない。

こうした国家論に基づき、天野は、「国家生活は個人が国家のためにつくし国が個人のためにつくすところに成りたつ。ゆえに国家は個人の人格や幸福を軽んずべきではなく、個人は国家を愛する心を失なってはならない」とする。そして、「国家は個人が利益のために寄り集まってできた組織ではない。国家は個人のための手段とみなされてはならない。しかし国家は個人を没却した全体でもない。個人は国家のための手段とみなされてはならない。そこに国家と個人の倫理がある」と述べ、国家と個人との関係を説明する。

天野によれば、国家の健全なる発展は、国民の「強靭な精神的結合」を基盤としなければならず、それは「国の歴史と文化の伝統」の上に立脚しなければならない。また、国民の生命力が創造的であるためには、広く世界に向って目を開き、常に他の長所を取り入れねばならない。なぜなら、伝統にとらわれ独善に陥れば、闊達なる進取の気象（気性）を阻み、自らを忘れて他の模倣追随に専念すれば、「自主独立の精神」を弱めることになり、いずれも国家に害を及ぼすことになるからである。

天野にとって国家とは「固有なる民族文化」の発展を通じて、独自の価値と個性を発揮しなければならないが、その個性は排他的で狭いものであってはならず、その民族文化は、「世界文化の一貫たるにふさわしいものでなければならない」ということになる。そして天野は、愛国心を次のように定義した。

国家の盛衰興亡は国民における愛国心の有無にかかる。われわれは祖先から国を伝え受け、子孫へそれを手渡して行くものとして国を危《あやう》からしめない責任をもつ。国を愛する者は、その責任を満たして、国を盛んならしめ、且つ世界人類に貢献するところ多き国家たらしめるものである。真の愛国心は人類愛と一致する。

また天野は、「自己を国家の一契機として、国家を自己の言わば母胎として、自己において国家活動の一契機を認め、国家活動において自己を見るという静かな落ちついた心情と認識」こそが愛国心であるとも表現している。

こうした天野の愛国心論は、先に示した林健太郎の愛国心の立場のうち、国家を何等かの意味において運命共同体的なものと捉える第一の立場にあったと言うことができる。

「期待される人間像」の「向上的愛国心」

天野の愛国心論は、１９６６年10月31日に公表した中央教育審議会答申別記「期待される人間像」にも連続するものであった。

「期待される人間像」はまず、「当面する日本人の課題」として、①自然科学と産業技術を現代の特色とした上で、産業技術の発達は人間性の向上を伴わなければならないとして「人間性の向上と人間能力の開発」であること、②日本人は世界に通用する日本人、日本の使命を自覚した世界人であることが大切であり、真によき日本人であるとは、「真の世界人となること」であること、③日本人は、民族共同体的な意識は強かったが、個人の自由と責任、個人の尊厳に対する自覚が乏しかったため、確固たる個人の自覚を樹立し、かつ日本民族としての共同の責任を担うことが重要であること、の三つを指摘し、愛国心を次のように定義した。

今日世界において、国家を構成せず国家に所属しないいかなる個人もなく、民族もない。国家は世界において最も有機的であり、強力な集団である。個人の幸福も安全も国家によるところがきわめて大きい。世界人類の発展に寄与する道も国家を通じて開かれているのが普通である。国家を正しく愛することが国家に対する忠誠である。正しい愛国心は人類愛に通ずる。真の愛国心とは、自国の価値をいっそう高めようとする心がけであり、その努力である。

「期待される人間像」の草案は高坂正顕によって執筆されたものであり、高坂の愛国心論が強く反映されている。

高坂は、愛国心を自然的愛国心、対抗的愛国心、そして向上的愛国心の三つに分類して説明している。このうち、自然的愛国心と対抗的愛国心は、自然に起こってくるものであり、特に奨励する必要はなく、排他的な行き過ぎに注意すれば十分であるとする。その上で高坂が最も重要視したのが、「日本を愛するに値する国にする」という向上的愛国心であり、これこそが「期待される人間像」のめざすべき愛国心であると説明している。

また高坂は、「今日の世界の不幸は、国家が最大の権力と権威を持っていることであり、この絶対主権の考え方が世界を不安定にしている。そのため、国家が自己の絶対主権を制限することが必要であり、世界人類を愛し、世界平和を実現するためにも誤った国粋主義を排した向上的愛国心が正しく教えられるべきである」と述べている。

天野の「国民実践要領」と「期待される人間像」の愛国心の捉え方は基本的に同じものである。特に、「期待される人間像」が、「正しい愛国心は人類愛に通ずる」と述べ、愛国心の延長線上に「人類愛」が位置付けられていたことは、「国民実践要領」が、「真の愛国心は人類愛と一致する」と述べたことに連続していた。

先述したように、「国民実践要領」は、高坂正顕、鈴木成高、西谷啓治、高山岩男の「京都学派四天王」によって執筆され、最後に天野自身が手を入れて完成したものであった。その高坂が「期待される人間像」を起草したのであり、両者の愛国心の定義が共通するのは当然であった。しかも、「期待される人間像」の作成過程では、天野自身が中央教育審議会の委員として審議に参加していたことを踏まえれば、両者の連続性は明らかであった。

ところが、「国民実践要領」「期待される人間像」で展開された愛国心の内容については、ほとんど議論の対象とはならなかった。「文部省対日教組」という対立図式が固定化するなかで、目標とされる愛国心の内容が論じられる以前に、愛国心や国家それ自体が否定すべき対象とされたことで、その内容を積極的に検討する気運は醸成されなかったのである。

しかし、「期待される人間像」の内容は、それ以後の学習指導要領や臨時教育審議会の答申へと反映されていった。例えば、１９７７（昭和52）年に改訂された「中学校学習指導要領」では、「我が国の国土と歴史に対する理解と愛情を育て」という表現や「日本人としての自覚をもって国を愛し」という表現が加えられ、「君が代」という表現は、「国歌」に改められた。さらに、「平成元年版中学校学習指導要領」では、「平和的な国際社会に貢献できる主体性のある日本人」の育成が目標に加えられ、その内容には、「日本人としての自覚をもって国を愛し、国家の発展に尽くすとともに、優れた伝統の継承と新しい文化の創造に役立つように努める」という記述が明記された。

これらの記述は、現行の学習指導要領においても継承されている。

第5章　教育の政治的中立性と教科書裁判

1　教育行政の再編と教育委員会制度

経済復興と「アメリカニゼーション」

1950（昭和25）年の朝鮮戦争により、日本にも「朝鮮特需」がもたらされ、1955（昭和30）年からは朝鮮復興資材の輸出などによって「神武景気」と呼ばれる好景気となった。1956（昭和31）年7月、『経済白書』の「もはや戦後ではない」という宣言は、戦後復興期から高度成長期へと移りつつあった日本経済の発展ぶりを象徴するものとして理解される。

しかし、「もはや戦後ではない」という言葉の意味は、この時点の経済成長が、戦前の1935（昭和10）年前後の水準へ復帰したことを表現するとともに、「経済の回復による浮揚力はほぼ使い尽くされた」として、欧米先進国を目標とする経済社会構造の「近代化」を求めたものであった。

つまり、「もはや戦後ではない」という言葉は、これからの「苦痛」を伴う構造改革に向けた日本人の覚悟を促す文脈の中で用いられていたのであり、1960年代の高度経済成長へのスタートを意味していた（安田常雄編集『変わる社会、変わる人々――20世紀のなかの戦後日本』）。

経済復興が進むにつれて、高等学校、大学の進学率はともに上昇し、石原慎太郎の小説『太陽の季節』（1956年）での解放的な若者文化を表現した「太陽族」が流行した。また、高度経済成長期に開花する「アメリカニゼーション」の先駆けとして、アメリカ的生活様式が徐々に日本の国民生活にも浸透し始めていった。学校給食によって育った世代を中心としてパン食、ミルク、チーズなどの嗜好《しこう》が普通となり、巨大な冷蔵庫、洗濯機、テレビの「三種の神器」を揃えることが国民の願望となっていった。1958年には東京タワーが完成し、国民は1959（昭和34）年4月の皇太子・皇太子妃の「世紀のご成婚パレード」の中継を見るために競って白黒テレビを購入し、受信契約数は200万を突破した。

また、玄関・客間・床の間といった日本家屋が敬遠される一方で、ソファーのあるリビングが庶民の夢となった。ロングスカート（1948年）、アロハシャツブーム（1949年）

をはじめ、衣・食・住のあらゆる分野に「アメリカニゼーション」の波が押し寄せ始め、「アメリカのものなら、なんでも美しいという考え方が、日本列島を吹き抜けていた」（中村政則ほか編『戦後思想と社会意識』）。

しかし、経済復興が進み、「アメリカニゼーション」が浸透していく中で、戦争の記憶は急速に色褪せ、戦前と戦後との意識の上での断絶が顕著となっていった。

法律主義の確立と文部省の再編

戦後日本は、１９４６（昭和21）年に制定された日本国憲法を最高法規として、法律によって諸制度の基本を構築する法律主義が確立した。教育においても１９４７（昭和22）年３月に教育基本法と学校教育法が制定され、法律に基づく教育法の体系が整備されていった。法律主義の採用は、近代教育行政における勅令主義からの抜本的な転換を意味していた。

教育行政の具体的な改革は、１９４６年８月に設置された教育刷新委員会（**55頁**）を中心に議論され、①従来の官僚的画一主義と形式主義の是正、②教育における公正な民意の尊重、③教育の自主性の確保と教育行政の地方分権化、④学校教育と社会教育の間の緊密化、⑤教育における研究調査の重視、⑥教育財政の整備、などを基本方針として刷新することが提言された。

これは、同年3月に来日した第一次米国教育使節団が、その「報告書」の中で国家主義的な中央集権制を批判し、公選制の教育委員会制度に基づく地方分権への制度改革を勧告したことに対応するものであった。

なかでも、戦後の教育行政改革の柱の一つが文部省の再編であった。1949（昭和24）年5月、文部省設置法が制定されて戦後の新たな中央教育行政の組織と任務が明確にされた。同法は、文部省の機構を簡素化し、従来の中央集権的監督行政を一新して、「教育、学術、文化のあらゆる面について指導助言を与え、またこれを助長育成する機関足らしめる」ことをめざすものであった。

同法の趣旨は、その第4条で「教育委員会、大学、研究機関（他の行政機関に属するものを除く。以下同じ。）その他教育に関する機関に対し、専門的、技術的な指導と助言を与えること」「民主教育の体系を確立するための最低基準に関する法令案その他教育の向上及び普及に必要な法令案を作成すること」などが明記され、「文部省は、その権限の行使に当つて、法律（これに基く命令を含む。）に別段の定がある場合を除いては、行政上及び運営上の監督を行わないものとする」（第5条）と規定された。

同法に基づき、同年6月に発足した新しい文部省は、大臣官房、初等中等教育局、大学学術局、社会教育局、調査普及局、管理局から構成され、従来の「監督」を基本とする教育行政制度は、専門的・技術的な「指導・助言」を行うものへと転換された。また、全国的な教育水準の維持向上を図るために、教育の基準設定と財政的援助を行うことが任務とされた。

文部省の政策立案には、様々な審議会による検討と助言を経る場合が多い。なかでも、文部省設置法に基づいて1952（昭和27）年に設置された中央教育審議会は、文部大臣の諮問に応じて、教育、学術または文化に関する基本的な重要施策について調査審議し、これらの事項に対して文部大臣に建議することを目的として設置された、文部大臣の最高諮問機関である。

また、教育財政については、1952年8月に義務教育費国庫負担法が制定された。同法は、義務教育費無償の原則にしたがい、国が必要な経費を負担することにより、教育の機会均等の水準の維持向上を図ることを目的としたものである。具体的には、義務教育学校の経費のうち、各都道府県が負担した教職員の給与等の実支出額の2分の1を負担するという仕組みであった（2006年度からは3分の1となった）。

教育委員会法の成立

教育刷新委員会は、地方教育行政について、①地方公共団体に公民の選挙による教育委員会を設けること、②委員会は教育長を選任して執行の責任者とすること、③教育委員会及び教育長は、管内の学校行政及び社会教育をつかさどること、④府県間の教育内容、教育財政の不均衡を是正し、人事の適正化を図るため、都道府県を一単位とする地方教育委員会および地方教育研究所を設けること、などの提言を行った。

これらの提言を踏まえ、1948（昭和23）年7月15日に教育委員会法が制定された。同法は、教育行政の民主化、地方分権、自主性確保を根本理念としたものであり、①教育委員会が地方公共団体の行政機関であり、かつ合議制の独立的な機関であること、②都道府県教育委員会は7人の委員で、市町村教育委員会は5人の委員で組織し、そのうち1人は地方議会の議員が互選で選び、残りの6人または4人は住民が投票して選ぶこと、などを規定した。

教育委員会法に基づき、1948年10月5日に第1回の教育委員の選挙が行われ、同年11月1日に教育委員会制度が発足した。ただし、第1回教育委員選挙の投票率は全国平均で56・5％であり、同じ時期に実施された他の公職選挙に比べると低かった。

日本教職員組合（日教組）の結成

1955（昭和30）年に、日本社会党の統一と保守合同による自由民主党の結成によって、二大政党が誕生した。理念の上では自由主義（資本主義）と社会主義の対立であったが、政策の上では自由民主党（保守勢力）が憲法改正（改憲）と再軍備、対米依存の下での安全保障を求めたのに対して、日本社会党（革新勢力）が憲法擁護（護憲）と非武装中立を主張した。一般にこの対立の構図は、「五五年体制」と言われた。

「五五年体制」によって自由民主党と日本社会党の二大政党の時代となった。しかし、日本社会党は改憲を阻止できる議席を確保していたが、その議席数は自由民主党の2分の1程度であり、「疑似二大政党」とも言われた。保革対立を基本としながらも保守一党（自由民主党）優位の体制が維持されたのが「五五年体制」の実相であった。

こうした中で、政府・文部省主導による戦後教育制度の再編の動きが加速し、日本教職員組合（日教組）はこれに激しく反対した。「五五年体制」を背景とした両者の対立は、「文部省対日教組」と言われた。

１９４７年に結成された日教組は、教職員の組織する最大の団体となっていた。１９４８年からは闘争重点主義（闘う日教組）を強く打ち出すとともに、１９５２（昭和27）年6月、第9回定期大会で「教師の倫理綱領」を制定して以降、階級闘争の立場から政府・与党批判をさらに強めた。また、同年8月には日本教職員政治連盟（通称は日政連）が結成され、日教組と一体の関係を保持しながら政治活動を行い、日教組推薦の者を国会や地方議員として送り出していった。

「教師の倫理綱領」は、「教師は教育の機会均等のためにたたかう」「教師は団結する」「教師は親たちとともに社会の頽廃《たいはい》とたたかい、新しい文化をつくる」など10か条が掲げられた。なかでも、「教師は労働者である」という条項は「教師労働者論」という教師像の提示であり、従来の「教師聖職者論」を否定するものとして理解された（**第6章**）。

「教師の倫理綱領」の中では、「教師は科学的真理に立って行動する」という条項が、日教組の立場を明確に象徴するものであった。ここで言う「科学的真理」とは、当時にあっては、「科学的社会主義」としての共産主義を指したものであったからである。つまり、「教師の倫理綱領」は、日教組を「共産主義を標榜する団体」として自己規定したと理解された（森口朗『日教組』）。

これに対して文部省は、1952年7月、初等中等教育局の中に、主に日教組を担当する地方課を設置して対応した。地方課には将来を嘱望された文部官僚が配置され、地方課勤務は省内のエリートコースと言われた。

2　戦後教育再編と政治対立の固定化

占領解除後の「教育制度の改革に関する答申」

１９５２年４月、サンフランシスコ講和条約の発効によって日本の占領は解除され、独立国としての地位を回復した。しかし、米ソを中心として展開する東西両陣営の「冷戦」はますます激しさを増していった。米ソ両国は、原子爆弾から水素爆弾、大陸間弾道ミサイル（ICBM）の軍拡競争を激化させ、両者の競争はソ連の人工衛星スプートニクの打ち上げ（１９５７年）、アメリカの宇宙船アポロ11号の月面着陸（１９６９年）へと進んでいった。

対日占領政策の「転換」と「冷戦」構造の激化は、戦後日本の教育改革を見直す必要性と気運を醸成させていった。占領下の教育政策において、アメリカ型の民主主義を基調とした戦後教育の骨格が形成されたが、これらの政策は民主主義的な教育制度を整えることが優先されたために、日本の文化や実態とは合致しない部分もあった。また、戦後の復興が急速に進む中で、変動する社会や産業構造の変化に教育が適切に対応することができず、現状のままでは十分な成果が期待できないものもあった。

こうした状況に対して、戦後教育改革期において実現した教育制度の見直しと是正が、講和・独立後の政策課題となった。1951年5月、占領解除後の政治、経済、社会のあり方を再検討する目的で政令改正諮問委員会（吉田首相の私的諮問機関）が設置され、同11月16日に「教育制度の改革に関する答申」を発表した。

答申は、占領教育改革に基づく民主的教育制度が、「国情を異にする外国の諸制度を範とし、徒に理想を追うに急で、わが国の実情に即さない」とした上で、具体的に中学校教育課程のコース制や文部省による標準教科書の作成、教育委員の公選制から任命制への移行と文部大臣の権限強化、五年制専修大学（現在の高等専門学校）の設置などの大綱を示した。また、教育内容に関して答申は、戦後教育改革によって進められた経験主義に基づく教育課程から系統主義的な教育課程への転換を要請した。

政令改正諮問委員会の答申を受け、文部省は1951年11月に「文部省の権限について考慮すべき事項」をまとめた。この中では、「教育内容に関する最低基準を定めること」を明記し、1955（昭和30）年10月の高校教育課程に関する全国都道府県指導部課長会議において、学習指導要領が教育課程の基準として法的拘束力を有するという見解を正式に表明した。

教育の政治的中立性と「教育二法」

「文部省対日教組」の対立が激しくなる中で、日教組は政令改正諮問委員会などの政府・文部省主導による戦後教育制度の再編の動きに激しく反対した。この時期の日教組の加入率は高く（例えば、１９５８年度は86・３％であった）、教育界への影響力は大きかったが、その対立を象徴したものの一つが「偏向教育」問題であった。

「偏向教育」問題は、１９５３年６月の、いわゆる「山口日記事件」を起点としていた。「山口日記事件」は、山口県教職員組合が自主教材として編集した『小学生日記』と『中学生日記』が政治的に偏向していると指摘されたことが発端であった。例えば、『小学生日記』の「再軍備と戸じまり」と題された欄外記事には次のような記述があった。

日本人の中には、「泥棒が家にはいるのをふせぐためには、戸じまりをよくし錠前をかけねばならない」といって、ソ連を泥棒にたとえて戸じまりは再軍備と同じだという人がいます。これは正しい話でしょうか。再軍備という錠前は、例年高いお金を出してますます大きくしますが、どうも泥棒はまだ来ないのです。錠前が大きくなったから泥棒がおそれて来ないというのかもしれません。ところがどうでしょう。表の錠前を大きくしてばかりいて、裏の戸をあけっぱなしにしているので立派な紳士がどろ靴で上がって、家の中の大事な品物を806個も取ってしまいました。それでも日本人は気がつきません。とられた品物は何かよく見ると、それが日本の軍事基地だったのです。一体、どちらが本当の泥棒か、わからなくなってしまいますね。

一般に「偏向教育」とは、教育の政治的中立性を侵害し、党派的な利益を代弁するか、あるいはそれを支持または反対させるための教育と定義される。そのため「偏向教育」問題は、教育の政治的中立性をめぐる議論として展開した。

「山口日記事件」に続いて問題となったのは、1954年の「旭丘中学校事件」である。この事件は、京都市立旭丘中学校で行われていた「偏向教育」に対して、京都市教育委員会が是正勧告と三名の教員に対する転任勧告を行ったことによる事件であった。これは転任勧告を拒否した三人の教員の懲戒免職処分及び教員組合と京都市教育委員会による分裂授業に発展し、1954年6月に全教員を入れ替えるという異例の措置によって一応は終結した。しかし、三教員の処分撤回を求める裁判はその後も継続し、最高裁判所が1968（昭和43）年に原告敗訴の判決を出して結審した。

「偏向教育」による教育の政治的中立性が問題化する中で、文部省は1953年7月8日に全国の知事・教育委員会に対して「教育の中立性の維持について」を通達した。また、中央教育審議会は、１９５４年１月に「教員の政治的中立性維持に関する答申」を出し、その内容は同年6月3日に公布された「教育公務員特例法の一部を改正する法律」「義務教育諸学校における教育の政治的中立の確保に関する臨時措置法」の二つの法律（「教育二法」と称された）の制定を促した。

前者は、国家公務員に課せられている政治的行為の制限・禁止（国家公務員法第１０２条、人事院規則第14－7）の規定を教育公務員の政治的活動に対しても適用させることを目的としたものである。また後者は、「学校の職員を主たる構成員とする団体又はその連合体の組織を通じ、または活動を利用し、義務教育諸学校の教育職員に対し、その勤務する児童又は生徒に対し、教育基本法第八条第二項の規定により禁止される政治教育を行うことを教唆し、又はせん動してはならないものとすること」と規定された。これは、特定の政党などを支持させ、または反対させるための教育を教唆・煽動した者に「相当の罰則を規定すること」を明記したものである。

「教育二法」の制定に尽力した文部大臣の大達茂雄は、その理由を次のように述べている（大達茂雄『私の見た日教組』）。

日教組のいろいろの動きを綜合的に判断すれば、階級的な立場に立ち、教育を通じて革命を目指すものであると判断することは私は決して間違ってはいないと思う。（中略）いうところの教育の自由なるものは、日教組は傘下多数の先生方を駆って容共的な教育を行わせる必要上、まずもって教育にかぶせられている国家的制約ないし法律的な枠を外すための合言葉に過ぎない。（中略）日教組が階級政党的な立場をとることが良いか悪いか、これは暫く別問題としても、そのいわゆる民族的課題とやらを解決するために教育を道具に使うことだけは、絶対にやめて貰わねばならぬ。いな、絶対にやめさせなければならぬのである。

これに対して日教組は、「教育二法」が、「教師の基本的人権を奪うのみならず、学校教育に警察権力の介入をさせるものである」として激しい反対闘争を展開した。「教育二法」には、教員に対する罰則規定は設けられておらず、制定当時はその効果を疑問視された。

しかし、実際には「旭丘中学校事件」の後、「偏向教育」を主因とする学校の紛争が起こっていないのも事実であった。このことで、「教育二法はいわば〝伝家の宝刀〟的存在になっている。しかし、サヤから抜かないところに、〝伝家の宝刀〟の価値があるように、教育二法は教師に無言の圧力をかけた」（日本教育新聞編集局編『戦後教育史への証言』）と評された。

地教行法の成立

１９５２年11月１日、すべての都道府県と市町村に教育委員会が設置されたことで、地方自治に立脚した地方教育行政制度は一応の完成を見た。しかし、地方教育委員会の全面実施によって、設置単位や委員の選任方法、教育委員会の性格などをめぐる是正の議論はさらに活発となっていった。

文部省は教育委員会の制度改革の議論を進め、１９５６（昭和31）年には、国会で１９４８年制定の教育委員会法を廃止して「地方教育行政の組織及び運営に関する法律」（以下、地教行法）が制定された。

地教行法制定の趣旨は、教育委員会法の基本理念を踏襲しつつ、地方公共団体における教育行政と一般行政との調和を進めるとともに、教育の政治的中立と教育行政の安定を確保することを目標とし、国・都道府県・市町村を一体とした教育行政制度を樹立することであると説明された。

地教行法の主な内容は、①都道府県、市町村すべてに教育委員会を設置すること、②教育委員会の選任方法については、直接公選制を改め、地方公共団体の長が議会の同意を得て任命すること、③都道府県の教育長は文部大臣の、市町村の教育長は都道府県教育委員会の承認を得て、それぞれ教育委員会が任命すること、④教育委員会の予算・条例原案の送付権を廃止し、教育財産の取得・処分権、教育事務関係の契約権等は地方公共団体の長の権限とすること、⑤文部大臣は都道府県および市町村に対し、都道府県教育委員会は市町村に対し、それぞれ教育事務の適正な処理を図るために必要な指導、助言、援助を行う。また、文部大臣は、地方公共団体の長または教育委員会の教育事務の処理が違法または著しく不適切な場合には、必要な是正措置を要求できること、などである。

なかでも地教行法の大きなポイントは、教育委員の公選制を廃止し任命制としたことにあった。地教行法の制定には日教組を中心に激しい反対もあったが、教育委員の任命制をはじめ、地教行法の方針は大きな混乱もなく定着している。

日教組の「勤評」闘争

「教育二法」の制定と地教行法による教育委員会制度の再編に続いて、「文部省対日教組」の対立を象徴したのが、1956年から1960(昭和35)年にかけて問題となった教員の勤務評定(勤評)であった。勤務評定の是非をめぐって文部省と日教組は激しく対立し、法廷闘争にまで発展した。

公立小学校・中学校・高等学校教員に対する勤務評定については、地教行法第46条において、「都道府県教育委員会の計画の下に、市町村委員会が行うものとする」と規定されていた。これは地方公務員としては当然のものであったが、愛媛県教育委員会による勤務評定の実施を皮切りに反対運動が全国に広がった。

文部省は地教行法に基づき、勤務評定の目的は「政治的中立性の確保」であるとしたが、日教組は「勤評は戦争への一里塚」というスローガンを掲げ、勤務評定が、①教職員の組合活動を抑制し、教育への権力統制を強化すること、②教職員の職務の特性になじまないこと、などを理由に激しく反対した。

なかでも、1958年4月の東京都教職員組合が実施した「一斉十割休暇闘争」は、福岡、和歌山、高知、大阪でも行われ、同年9月15日には正午で授業を打ち切る「全国統一行動」が実施された。また、保護者に頼んで自分たちの要求が通るまで子供を学校に行かせないという「同盟休校」も行われた。

勤評闘争は、日教組ばかりでなく、総評（日本労働組合総評議会）などの労働組合などを巻き込むことで政治的な保革対立の争点へと発展する。政府・文部省はこれを政治の中立性の逸脱と批判し、革新側は権力支配と学校管理強化に対する「教育民主化闘争」と位置付けた。

勤務評定が実施された後も勤務評定に抵抗する校長も少なくはなかった。全国に先駆けて勤務評定を実施した愛媛県では、当初は７００名に及ぶ校長が勤務評定を拒否した。また、勤務評定に応じた校長も一律に「勤務成績良」と評定したほか、神奈川県では、教員自身の自己反省記録を提出させ、校長は助言者、相談相手として教員の教育活動を評定しないことが制度化された。

こうした中で、１９５９（昭和34）年に高知県で開催された日教組の第21回定期大会は、勤評闘争に止まらず、道徳教育や教科書検定への反対闘争へと拡大させることを確認した。「文部省対日教組」という図式で表現される政治的対立は、１９６１（昭和36）年に文部省が実施した中学校全国学力調査（学テ）に対する学力調査裁判（学テ裁判）へと連続した。日教組は、学力調査が教育内容の国家統制、教育課程押し付けの手段であると反対し、その実施に強く抵抗した。

さらに日教組は、１９６２（昭和37）年の第24回定期大会において経済闘争に重点を置く戦術転換を行い、１９６６（昭和41）年から１９７１（昭和46）年までの間、人事院勧告の完全実施、給与の大幅引き上げ要求と、安全保障条約破棄、沖縄返還協定反対などの政治目的を結び付けて7回にわたるストライキを実施した。これには約１１２万人の教職員（組合員）が参加し、うち延べ約28万人の教職員が懲戒処分を受けている。

しかし、勤評闘争が長引いたことに加えて、ストライキや「同盟休校」という子供や地域社会を巻き込んだ手法が徐々に非難の対象となり、日教組に対する世間の視線は厳しくなっていった。組合員の日教組からの脱退も進み、１９５８年度に86・３％であった組織率は、１９６５年には63・３％、１９７５年には55・９％にまで低下し、１９８５年には49・５％と初めて過半数を割り込んだ。

「教育勅語体制から教育基本法体制へ」という通説

第３章で述べたように、教育基本法の制定によって戦後の教育理念は明確にされたが、１９４８年６月19日の「国会決議」によって、教育基本法と教育勅語の関係は再び不安定なものとなった。特に衆議院の「国会決議」が、教育勅語を日本国憲法に違反する「違憲詔勅」としての立場から行われたことは、教育勅語が道徳訓としても排除され、「通牒」の内容を否定するものであるかのように受け止められてきた。

こうした中で、「国会決議」をもって教育勅語問題に「決着をみた」とする堀尾輝久は、この点を「教育勅語体制から教育基本法体制へ」と位置づけ、次のように述べた（堀尾輝久『教育理念』）。

帝国憲法＝教育勅語体制から憲法＝教育基本法体制への転回は、教育目的における忠君愛国から個人の尊厳へ、軍国主義的人間から平和と正義を希求する人間への人間像の変化を決定づけたが、さらにそれは教育の構造、そのあり方全体の変化を意味していた。それは天皇主権から国民主権への転換に照応するものであり、教育基本法体制は、かつて教育において勅語が占めていた次元それ自体を否定するものであり、その意味で、勅語体制から基本法体制への転回は、まさに、教育のコンスティテューション、すなわち、その仕組みや体質の転換を意味したのである。

ここに示された「教育勅語体制から教育基本法体制へ」という解釈は、現在の戦後教育史の通説と言うべきものである。ここでは教育基本法が肯定的に評価される一方で、教育勅語は否定され、克服されるべき対象とされることが特徴である。こうした解釈においては、「国民実践要領」や「期待される人間像」は教育勅語に類するものと批判され、「実質的な教育基本法改正」「教育基本法への挑戦」と位置付けられた。

堀尾は「教育勅語体制」について、天皇を「道徳の源」とし「道徳教育（修身）を中心に据えた国民道徳涵養のための方式」と定義する。しかし、「教育勅語体制から教育基本法体制へ」という解釈では、そもそも日本国憲法が象徴天皇制に立脚していることには触れられず、「国民実践要領」や「期待される人間像」が教育基本法の改正を否定した上で提示されたという点にも言及されていない。

戦前の勅令主義から戦後の法律主義への転換において、「教育勅語体制から教育基本法体制へ」という解釈は分かりやすく必ずしも間違いではない。しかし、これまで見てきたように、その解釈の内実は、「教育勅語体制から教育基本法体制へ」と単純化できるほど簡単ではなかったことも否定できない。

教育基本法評価のねじれ

「教育勅語体制から教育基本法体制へ」という通説的な解釈は、戦後教育改革期において成立したものではない。現在ではあまり知られていないが、教育基本法の制定当時、教育基本法への評価は決して高くはなかった。

実際に日教組は、「教育基本法という法律は『人格の完成』というきわめて抽象的な原理宣言を公にしているが、それでは教育の目的は明らかにならない」（「解説・教師の倫理綱領」1951年）としていた。

また日高六郎は、教育基本法の理想が「あまりにも明るすぎ、あまりにも見事であり、あまりにも安楽椅子的でありすぎ」と述べ、「教育基本法が新しい人間像として指定した『人格の完成』も、『個人の価値』も、『自主的精神』も、すべて単純な人格主義や、個人主義や、独立自尊主義では、『育成』できない（中略）貧乏も、道徳的な無政府状態も、戦争の危機も、『人格の完成』や『個人の価値』だけでは突破できない」（勝田守一ほか編『岩波講座　教育』第3巻）と述べていた。

こうした指摘は、日教組講師団として中核的な存在であった宗像誠也も同様であった。宗像は、教育基本法が「近代市民社会の教育理念をはじめて明確に表現した」点を評価するとしながらも、二十世紀の半ばになる現時点では、「歴史の発展からみたずれ」があり、「例えば教育の機会均等の宣言も実質的な裏づけのない空な言葉であって、すでに時期はずれなのである。すなわち教育基本法は踏み越えられるべき一段階に過ぎぬといえるであろう」（『教育学辞典』朝倉書店、1952年）と述べていた。

これに対し、教育基本法の趣旨と普及の徹底に努めたのは文部省の側であり、教育基本法の制定時、文部省教育法令会編『教育基本法の解説』（1947年）をはじめ、教育基本法の解説書は文部省関係者によって執筆されたものであった。

市川昭午によれば、教育基本法とこれの起案にあたった教育刷新委員会に向けられた評価は、「左翼にゆくほど厳しいもの」であった。しかし、こうした教育基本法への評価は1954（昭和29）年の「教育二法」制定の頃から変化し始めた。

それは1955（昭和30）年に第三次鳩山内閣で文部大臣となった清瀬一郎が教育基本法

への不満を述べたことを経て、1960（昭和35）年の荒木万寿夫文相が教育基本法改正の意図を表明することで、完全に「逆転」したと指摘する（市川昭午「教育基本法の評価の変遷」）。教育基本法に対する清瀬や荒木の不満の趣旨は、第1条に国に対する忠誠心、父母・祖先に対する報恩感謝の念などの日本の伝統的な徳目がなく、コスモポリタン的であるというもので、どこの国の教育基本法であるかわからないというものであった。

こうした動向に対して、日本教育学会は1960年に「教育基本法研究委員会」（委員長は宗像誠也）を発足させた。日教組もこれまでの教育基本法への評価を一転させ、教育基本法改革阻止闘争を展開した。例えばそれは、「教育基本法は踏み超えられるべき一段階に過ぎない」としていた宗像が、1961（昭和36）年に刊行した『教育と教育政策』では、「アメリカ教育使節団報告の教育理念、それをだいたい継承し凝集させ、さらに平和を鮮明に打ち出すことによっていわば一層高めたといえる教育基本法の教育理念」と評価を大きく転換させたことに象徴されている。

市川によれば、昭和三十年代前半に教育基本法に対する評価が入れ替わり、ついには教育基本法に対する「一切の批判を許さぬという雰囲気が教育界に生じてくる」ことになる。これによって教育基本法は、「文部省対日教組」という政治対立のメルクマールとなり、その議論は冷静さを失っていくのである。

3　家永教科書裁判とその意義

左翼的偏向教科書の調査

１９４７年３月制定の学校教育法第21条において、教科書は「監督庁」の検定を経たものを用いると規定され、教科書制度は検定制となった。翌１９４８年には「教科用図書検定規則」が定められ、１９４９年度から検定教科書が使用された。また、学校教育法施行規則では、学校教育法第21条中の「監督庁」は「文部省」と読み替えると規定していたが、後の改正によって「監督庁」は「文部大臣」と改められた。

先述したように、１９５３年６月の「山口日記事件」以降、教科書の記述内容をめぐる「偏向教育」が大きな課題となっていた。特に、日本民主党（１９５５年に自由党と合同して自由民主党となる）の教科書問題特別委員会は、左翼的偏向教科書の調査と教科書検定制度のあり方について検討し、１９５５年に「うれうべき教科書の問題」と題する３冊のパンフレットをまとめた。

ここでは、偏向教科書の例として、①教員組合をほめたたえるタイプ、②急進的な労働運動を煽るタイプ、③ソ連・中共を礼賛するタイプ、④マルクス・レーニン主義の平和教科書、と分類した上でそれぞれの内容を政治的中立性の観点から激しく批判した。

「うれうべき教科書の問題」の発刊を契機として、検定制度の見直しが求められた。文部省は中央教育審議会の答申に基づき、１９５５年に教科書法案を国会に提出した。しかし、この法案は廃案となったため、文部省は専任の教科書調査官を配置するなどの行政措置によって検定制度の整備・拡充を図った。

こうした動きに対して、関係教科書編著者や日教組は激しい反対運動を展開し、その対立は家永教科書裁判へと連続した。

家永教科書裁判の争点

家永教科書裁判は、東京教育大学（現在の筑波大学）の教授であった家永三郎が自著の高等学校用社会科教科書『新日本史』に関する検定を不服として、国又は文部大臣を相手に提訴したものであり、第一次訴訟から第三次訴訟まで三つの訴訟で争われた。

『新日本史』は、１９６２（昭和37）年の教科書検定で不合格となり、翌年の検定で条件付き合格となった。1965（昭和40）年、家永はこれらの不合格処分と条件付き合格処分が違憲・違法であるとして、国に対してこの検定過程で受けた精神的打撃に対する損害賠償請求訴訟を起こした（第一次訴訟）。

その後、1966年に先の検定での修正意見に対して修正した箇所の改訂申請を行ったが、6箇所が改訂不許可（不合格）となったため、家永は翌1967（昭和42）年、文部大臣を相手に不合格処分取消訴訟を起こした（第二次訴訟）。

そして、1984（昭和59）年には、『新日本史』の1980（昭和55）年度検定において付された検定意見及び1983（昭和58）年度の改訂検定で付された検定意見等によって表現の自由や学問の自由を侵害されたとして、国を相手に損害賠償請求訴訟を提起した（第三次訴訟）。

教科書裁判の争点は多岐にわたるが、主要な争点は3点である。

第一は「制度違憲」の問題であり、教科書検定制度それ自体が違憲・違法であるかどうかという点である。具体的には、憲法第21条（表現の自由、検閲の禁止）、同23条（学問の自由）、同26条（教育を受ける権利）、同31条（適正手続き）、教育基本法第10条（教育行政）等の規定に違反するかどうかが争われた。

第二は「適用違憲」の問題であり、検定制度自体は合憲であるとしても、その運用（検定諸法令）レベルで違憲となるかどうかという点である。これは裁量権濫用と重なる場合が多いが、理論的には区別される。例えば検定当局が特定の思想的立場に立ち、これに反する教科書記述を排除するような検定処分を行う場合は、裁量権濫用というよりもむしろ適用違憲になる。

そして、第三は「裁量権の逸脱・濫用」の問題である。これは、検定は違憲でないとしても、検定についての文部大臣の裁量権の範囲を逸脱しており違法ではないかという点である。

教科書裁判の判決

教科書裁判は、地方裁判所、高等裁判所、最高裁判所において、合計10の判決が出されている。教科書裁判の経過と判決の内容は以下の表の通りである（**図6**）。

この表から明らかなように、制度違憲とした判決は一つもなく、検定制度はどの判決においても合憲とされた。ただし、第二次訴訟第一審の杉本判決のみが教科書検定を適用違憲としている。杉本判決は、「国民の教育の自由」という観点から家永側の主張をほぼ全面的に認めたものとして注目された。家永教科書裁判において、裁量権の逸脱・濫用があるとしたのは、高津判決、畔上判決、加藤判決、川上判決、大野判決である。鈴木判決と可部判決は、家永側の主張をすべて退けた。

図6　家永教科書裁判の経緯と判決内容

	第1次訴訟	第2次訴訟	第3次訴訟
請求内容	国家賠償請求 1965(昭和40)年 6月12日提訴	不合格処分 取消請求 1967(昭和42)年 6月23日提訴	国家賠償請求 1984(昭和59)年 1月19日提訴
第1審 (東京地裁)	1974(昭和49)年 7月16日 (高津判決) 制度・適用合憲 裁量権一部濫用あり	1970(昭和45)年 7月17日 (杉本判決) 制度・適用違憲 不合格処分取消し	1989(平成元)年 10月3日 (加藤判決) 制度・適用合憲 裁量権一部濫用あり
第2審 (東京高裁)	1986(昭和61)年 3月19日 (鈴木判決) 制度・適用合憲 裁量権濫用なし	1975(昭和50)年 12月20日 (畔上判決) 裁量権濫用あり 不合格処分取消し	1993(平成5)年 10月20日 (川上判決) 制度・適用合憲 裁量権一部濫用あり
第3審 (最高裁)	1993(平成5)年 3月16日 (可部判決) 上告棄却 (訴訟終結)	1982(昭和57)年 4月8日 (中村判決) 東京高裁に差戻し	1997(平成9)年 8月29日 (大野判決) 制度・適用合憲 裁量権一部濫用あり (訴訟終結)
差し戻し 控訴審 (東京高裁)		1989(平成元)年 6月27日 (丹野判決) 訴えの利益なし 却下(訴訟終結)	

[『教育課程を学ぶ』ミネルヴァ書房、2015年]

家永教科書裁判は、「国家権力と教育との根本問題を問う訴訟」（家永三郎）として教科書制度の違憲論から始まって、国の教育権限の否定にまで及ぶ幅広い教育権論争を展開したが、最終的にはいずれもが否定された。いずれにしても家永教科書裁判は、1950年代からの「文部省×日教組」という政治的な対立を象徴するものであった。

中韓との外交問題に発展した「教科書誤報事件」

1980年代に入ると、教科書問題は外交問題へと発展することとなった。その象徴的なものが、1982（昭和57）年6月に起こった、いわゆる「教科書誤報事件」である。これは、1981（昭和56）年度の高等学校用教科書の検定に関して、文部省が日中戦争（支那事変）における中国への「侵略」という表現を「進出」に書き換えさせたと、日本のマスコミが報じたことを発端としている。

この報道に対して中国と韓国から抗議を受けたものの、実際にはそうした書き換えはなかった。文部省は、国会で書き換えの事例はないことを再三にわたって説明した。例えば、当時の文部省初等中等局長であった鈴木勲は、1982年の参議院文教委員会で、1981年の検定において、「侵略を進出に改めさせたという記述については現在のところ見当たらない」と明確に答弁している。しかし、中国からの批判は止まず、韓国のマスコミも日本の教科書検定への激しい批判を繰り返した。

中国・韓国からの批判を受けて、政府、外務省、文部省の間で激しい折衝が続けられたが、同年8月26日に鈴木善幸首相の判断によって官房長官談話が発表された。この談話には、中国、韓国等の批判に対して、「政府の責任において是正する」とし、「検定調査審議会の議を経て検定基準を改正して行う」ことが明記された。

官房長官談話に基づき教科書検定審議会での検討が行われ、教科用図書検定基準が一部改正された。これによって社会科の（選択・扱い）項目に「近隣のアジア諸国との間の近現代の歴史的事象の扱いに国際理解と国際協調の見地から必要な配慮がされていること」という規定（近隣諸国条項）が付け加えられた。また、新たな検定基準による検定を早期に行うため、次期改訂のための検定が1年繰り上げて実施された。

教科書問題は、１９８６（昭和61）年の高校教科書『新編日本史』（原書房）についても問題となった。『新編日本史』は同年5月に検定合格していたが、中国と韓国が「『新編日本史』は不快」と、「近隣諸国条項」を根拠とした抗議を繰り返し行った。

これに対して文部省は、「超法規的措置」をとり、数度にわたり異例の修正を行った。これによって、『新編日本史』は最終的に合格したが、一度検定合格した教科書に対する「超法規的措置」に対しては、教科書検定制度を否定するものとして批判された。

第6章　教師像の模索と大学紛争

1　高度経済成長と「教育内容の現代化」

高度経済成長と国民の意識変化

1960年代に入ると経済成長はさらに進んで高度経済成長の時代を迎えた。高度経済成長とは、1950年代の半ばから1970年代初頭にかけて経済が飛躍的に成長を遂げた時期を指している。この時期には、第一次産業から第二次産業・第三次産業への構造転換が加速度的に進展し、日本の国民の多くが物質的な豊かさを享受した。

1960（昭和35）年に成立した池田勇人内閣は、向こう10年間で国民所得を倍増させるという所得倍増計画を掲げた。ところが、実際の高度経済成長のスピードは計画を大きく上回り、1955（昭和30）年から1960年までの実質平均成長率は8・7%、1960年から1965（昭和40）年では9・7％、1970（昭和45）年までの5年間には11・6％まで伸張し、1969（昭和44）年には日本の国民総生産（GNP）はアメリカに次いで世界第2位となった。

高度経済成長は教育にも大きな影響を及ぼした。多くの青年が首都圏、中京圏、近畿圏の三大都市圏の大学に進学し、その大部分がそこで就職した。

例えば、1955年から1970年までの15年間に、三大都市圏では人口が約1500万人に増加し、日本の総人口の4分の3が都市部に住むという状況となった。国民の所得水準も向上し、1955年を100とすると、1970年の名目賃金は412・5、消費者物価指数は194・3、実質賃金も212・3と激増した（正村公宏『図説戦後史』筑摩書房）。

所得水準の向上を反映して、1960年代を通じて、自家用車（Car）、クーラー（Cooler）、カラーテレビ（Color television）の、いわゆる「新三種の神器」が一般家庭にも普及していった。

高度経済成長による産業構造の変化は、都市化を加速させる一方で農山村地域での空洞化を招いていった。1950年には全就業者に占める農業従事者は約48％であったが、1970年には約20％まで落ち込み、農業の兼業化が急速に進んでいった。農業の兼業化によって、農業の主たる従事者が「かあちゃん・じいちゃん・ばあちゃん」となったことから「三ちゃん農業」などとも言われた。

これに対して都市部での労働力不足は深刻となり、特に大都市圏での労働需要を補うために、地方の農山村の中卒者（特に農家の二男、三男）は、東京・大阪・名古屋などの大都市圏に「集団就職」という形で就職していった。「集団就職」で大都市圏へと向かう青少年は「金の卵」と称され、高度経済成長を支える貴重な労働力として歓迎された。

１９５４（昭和29）年に開始された集団就職列車は、国鉄（現在のＪＲ）が用意した臨時電車で途中駅には止まらず目的の大都市に直行した。地方からの中卒者が「金の卵」と呼ばれた背景には、都市部では学歴志向が強まり、若い世代の就職者が減少したためである。東北や九州などからの中卒者の求人倍率は、１９５２年に1倍を超え、「団塊の世代」が中学校を卒業した１９６３（昭和38）年から１９６５（昭和40）年の求人倍率は、男女ともに３倍を超えた。

１９６４（昭和39）年に発売されてヒットした「あゝ上野駅」（歌：井沢八郎）は、主に東北地方から上京した「集団就職」の様子を伝えている。この歌詞には、遠く離れた故郷への哀愁とともに、将来の夢と希望が織り交ぜられたが、上京した青少年の現実は厳しい場合も多かった。

「集団就職」で大都市に就職した青少年には、家庭の経済的理由で全日制高校進学が困難となった者も多く、働きながら定時制高校・通信制高校に進学した者や、大学の夜間学部・通信教育部に進学する者もいた。

しかし、彼らに与えられた仕事は単純労働で給与も低く、仕事と学業の両立が難しくなったことから、学校と仕事を辞めて故郷へ帰る者も少なくなかった。

「滅私奉公」から「滅公奉私」の時代へ

高度経済成長は1973（昭和48）年まで継続し、国民意識にも変化をもたらした。例えば、1975（昭和50）年刊行の『図説・戦後世論史』は、この変化を「社会より個人を重視し、現在を楽しみ、核家族化を志向し、私生活安定を支える基盤として高学歴化を目指す意識の傾向が含まれる。これらはいずれも戦後変化してきた傾向であり、しかもその変化はほぼ〈私生活優先〉の考え方を拡大・〃強化〃するものであったと考えられる」と記述している。

また日高六郎は、こうした日本人の意識の質的な変化は、イデオロギー上の論争よりもさらに深いところで生じており、「高度経済成長がつくりだした現在の生活様式を維持拡大したいということが、ほとんどの日本人の願望となった」と述べた。日高はこれを、総力戦体制下のスローガンであった「滅私奉公」から「滅公奉私」への変化と評することで、高度経済成長による国民の意識変化を表現した（日高六郎『戦後思想を考える』）。

国民意識の変化は、大衆文化にも及んだ。１９６０年代前半の映画や漫画では、エゴイズムの克服と連帯の形成が主なテーマであったが、１９６０年代後半になると都会の青年の孤独な心象風景が多く取り上げられるようになった。

例えば、１９６４（昭和39）年に連載が開始された漫画『サイボーグ００９』では、当初は9人のサイボーグ戦士たちの「チームワーク」が強調されていたが、内容が徐々に変質して、「チームワーク」の欠如が問題とされるようになっていった。

小熊英二は、１９６７（昭和42）年の漫画『サイボーグ００９』での次のような会話が、その変質を象徴的に表現していると指摘している（小熊英二『〈民主〉と〈愛国〉――戦後日本のナショナリズムと公共性』）。

「幽霊島から逃げ出したころのあたしたちはよかったわ。ほんとうにチームワークが取れていた……。それなのにいまはどう？　みんなばらばらじゃない……」

「……いったいなぜだろう？　なにがげんいんかな？」

「みんなしあわせになったからだよ」

「え？　しあわせに……？」

「……みんな自分の生活を手に入れてしまったからだ」

高度経済成長は、国民の経済的な「豊かさ」を実現する一方で、その代償とも言うべき公害被害を各地にもたらした。一般にこれは「豊かさの中の貧困」と指摘された。経済的な「豊かさ」を手に入れた国民は、日常の「私的な欲求」に多くの関心を注ぐようになり、社会から公共性が失われていったことが問題視された。

「教育爆発の時代」の到来

戦後教育改革によって、戦後日本の学校制度は単線型学校体系となり、大学進学までの制度上の障壁は取り除かれた。また高度経済成長は、急速な経済的再建を実現し、国民の所得水準を押し上げていった。高等教育進学者の増大と日本の伝統的な学歴尊重の傾向とが重なり合うことで、国民の高等教育への進学は加速度的に高まりを見せていった。特に、科学技術の急速な進歩や社会の情報化の進展によって、理工系学科を中心とする卒業者に対する幅広い産業社会からの要請が生み出された。

こうした国民の高等教育に対する関心に呼応して、高等教育機関は拡充・発展し、高等学校及び大学の進学率も急激に上昇していった。高等学校の進学率は１９５０年が42・５％であったものが、１９５５年に51・５％、１９６５年には70・７％となり、１９７４年には初めて90％を超えた。

また、１９５５年には10・１％であった大学・短大の進学率は、１９７５年には38・４％となり、20年間で約４倍の伸びとなった。１９７１年度における大学及び短大の入学者の同一年齢層に占める比率は26・８％に達した。これを学校数の推移で見ると、１９５３年度に大学２２６校、短大２２８校であったものが、１９７１年度には、大学３８９校、短大４６８校となった。そのうちの大部分は私立学校であった。

１９５３年度と１９７０年度の学生数を比較すると、大学の学部学生は約44万人から約１４３万人と３・２倍に増加し、短大生も約６万４０００人から約27万５０００人と４・３倍となり、大学院生も約５８００人が約４万２０００人へと７・２倍に増加した。

高度経済成長による経済的な「豊かさ」を基盤として、戦後日本は世界にもまれに見る「教育爆発の時代」を迎えたのである。

なかでも女子学生の割合の増加は著しく、大学では11・４％から18・６％、短大では、48・９％から83・１％へと増加した。女子大学生の増加は、「女子学生亡国論」といった社会的大論争を巻き起こし、女子学生による教室独占が大学を亡ぼすといった極論まで現れた。女子学生の増加は、高度経済成長を背景とした教育状況の変化の一部を象徴していた。

「教育内容の現代化」運動

高度経済成長を背景として、教育政策の基軸は経済成長を支える人材の育成に置かれた。1963（昭和38）年に内閣に設置された経済審議会人的能力部会は、「経済発展における人的能力開発の課題と対策」を答申し、学校や社会における能力主義の徹底を提起した。答申は急激な技術革新の時代にふさわしい人材の確保を課題とし、国民一般の基礎的能力の向上とともに、「経済に関連する各方面で主導的な役割を果たし、経済発展をリードする人的能力」、すなわち「ハイタレント・マンパワー」の養成の重要性を指摘した。答申が掲げた科学・技術教育の振興、学校体系の多様化、産業界と大学との関係強化（産学協同）の推進は、経済成長を支える人材の育成に関する経済界からの強い要求を背景としたものであった。

高度経済成長と、科学技術の進展に資する人材の育成をめざした教育政策が結びつくことで、学校の教育内容は理数系科目を中心に「教育内容の現代化」が図られていった。一般に「教育内容の現代化」とは、1960年代に盛り上がりを見せた初等・中等教育における理数系教科内容の改革を意味するが、これはアメリカでの教育動向とも密接に関連していた。1957（昭和32）年10月に旧ソ連（現在のロシア連邦）が世界で初めて人工衛星（スプートニク1号）の打ち上げに成功した。これに衝撃を受けたアメリカでは（「スプートニク・

ショック」と呼ばれた）、科学教育の在り方をめぐる論議が活発となり、経験主義教育に対する激しい批判が展開された。

1959（昭和34）年に科学教育の改善を目標としたウッズホール会議が開催され、その議長を務めたブルーナーは、会議の共同討議をまとめて翌1960年に『教育の過程』（*The Process of Education*）を刊行した。『教育の過程』は、知識を「構造」として学習する「発見学習」の理論や「学問中心カリキュラム」の構想を提言し、日本でも1962（昭和37）年に翻訳本が出版された。このような理論や構想が各国の教育改革に影響を与え、「教育内容の現代化」と呼ばれる運動に発展していった。

日本では、民間の教育研究団体である数学教育協議会（委員長・遠山啓《とおやまひらく》）が「教育内容の現代化」を最初に主張し、現代数学の成果と方法を数学教育に積極的に取り入れようとした。1960年に遠山を中心に提唱された「水道方式」による計算指導の体系は、「教育内容の現代化」の成果を典型的に示したものとして注目を集めた。

また、教育学者の板倉聖宣《いたくらきよのぶ》が提唱した「仮説実験授業」は、すべての子供たちが科学を理解し、好きになるような授業をめざすという科学教育に関する授業理論であった。「仮説実験授業」は、実験の結果を児童生徒に予想させ、その予想について討論した後、実際に実験を行って、どの予想が正しかったかを解明していくという方法である。

「教育内容の現代化」を図った「昭和43年版学習指導要領」

教育課程審議会は1967（昭和42）年10月に「小学校の教育課程の改善について」を答申し、翌年6月に「中学校の教育課程の改善について」を答申した。二つの答申の主眼は、「調和と統一のある教育課程の実現」であり、これらの答申に基づき、1968（昭和43）年7月に「小学校学習指導要領」が改訂された（中学校は1969年、高等学校は1970年に改訂）。「昭和43年版学習指導要領」では「教育内容の現代化」が図られ、特に小・中学校の算数・数学・理科における教育内容が精選されるとともに、全体的に高度な内容が教育課程に盛り込まれた。

「昭和43年版学習指導要領」の主な改訂は、①授業時数を従来の最低時数から標準時数に改めたこと、②小・中学校の教育課程は、「各教科」「道徳」「特別活動」の3領域となり、高等学校については「各教科に含まれる科目」「各教科以外の教育活動」の2領域となったこと、③小・中学校の算数・数学、理科で「教育内容の現代化」を図ったこと、④高等学校で「数学一般」、「基礎理科」、「初級英語」、「英語会話」を新設し、女子の「家庭一般」を必修化したこと、などが特徴であった。

なかでも、より一層の現代科学の成果を反映させるための高度で科学的な教育を進める「教育内容の現代化」が重視された。例えば理科では、従来の学習指導要領を「基本的な科学概念の理解の重要性が強調されていない」と批判し、①科学の方法の習得と創造的な能力の育成、②基本的な科学概念の理解と自然に対する総合的、統一的な考察力の要請、③科学的な見方や考え方と科学的自然観の育成などを方針とした。

「教育内容の現代化」は、経験主義的教育課程か系統的教育課程かという対立を解消し、その両者の長所を統合した教育課程をめざしたものであった。そのため、教育内容が精選され、全体的に高度な知識が教育課程に盛り込まれると同時に、子供の個性・能力に応じた指導が重視された。

しかし、こうした「教育内容の現代化」の趣旨は十分には浸透せず、「昭和43年版学習指導要領」がめざした方向は、学力重視や「詰め込み教育」を助長するとして批判された。

2　戦後における教師像の変遷

「教師聖職者論」と「教師労働者論」

第5章で述べたように、日教組は1952（昭和27）年に10か条の「教師の倫理綱領」を制定した。このうち「教師は労働者である」という条項は、「教師労働者論」として注目され、それは「教師とは天職であり聖職である」という近代教育において形成されてきた「教師聖職者論」とは対立するものと受け止められた。

「教師労働者論」は、日教組の「教師の倫理綱領」が、「教師は親たちとともに社会の頽廃と戦い、新しい文化をつくる」「教師は平和を守る」「教師は正しい政治を求める」などを主張したことで政治的な意味を持つものと理解された。しかも、日教組が「勤評闘争」、「特設道徳」反対、全国一斉学力調査（学テ）反対を掲げ教育政策への対決姿勢を強めていくにつれて、「教師労働者論」はもっぱら教育政策への「抵抗者」という意味として受け止められた。

「文部省対日教組」という政治的な対立が鮮明となり、「教師聖職者論」と「教師労働者論」が二項対立的に論じられる中で、戦後日本のあるべき教師像を冷静に議論する余裕は失われていった。

「デモシカ教師」と「サラリーマン教師」

教師像をめぐる対立は、1969（昭和44）年の「超過勤務手当請求訴訟」において、東京高等裁判所が教師も労働基準法に規定する意味での労働者であり、超過勤務の対象者になるという判決を下したことで制度的には徐々に落ち着いていった。

しかし、日教組によるストライキなどの闘争手法に対しては、教師が政治的な問題に深く関与すべきではなく、世俗的な利害によって左右されるべきではないという批判もあり、「教師聖職者論」を支持する議論も根強かった。

その一方で、1950年代から1970年代までの時期には、教員不足が深刻となっていた。特に、教員の待遇が民間企業に比べて低く抑えられていたことは、教師を積極的に志望する者の減少に拍車をかけていった。

こうした状況の中で、「教師にでもなるか」、「教師にしかなれない」ことを意味する、いわゆる「デモシカ教師」と称される教師の存在が問題視された。また、教師としての使命感に乏しく、生活の中心を仕事よりも私生活に置く教師も増加し、教師としての熱意に欠け、勤務時間を消化するだけの「サラリーマン教師」の存在も多くの批判を受けた。

「デモシカ教師」「サラリーマン教師」の出現は、教師が将来を担う子供を教育する特別の使命を持った仕事であるという「教師聖職者論」を根底から揺り動かすこととなった。それは、教職を通して自己の人間性や人間としての生き方を実現していくという考え方を後退させると同時に、教師の権威性を低下させる要因ともなった。

「教師専門職論」の登場

「教師聖職者論」と「教師労働者論」の対立を超え、新たな教師像として注目されたのが「教師専門職論」である。「教師専門職論」を打ち出したのは、1966年にILO（国際労働機関）とユネスコ（国際連合教育科学文化機関）が共同発表した「教師の地位に関する勧告」であった。

この勧告は、「教師は、専門職と認められる」と明記した上で、専門職としての教師の役割を明確にし、教師の社会的地位の向上と処遇改善を求めたものであった。この勧告を契機として「教師専門職論」の議論が積極的に展開された。例えば、専門職としての特質は次のようにまとめられた（真野宮雄・市川昭午編『教育学講座18　教師・親・子ども』）。

①　教職は高度に複雑な知的技術を中核とする人間関係の仕事であり、就職前後を一貫した長期の知的な専門教育を必要とする。
②　個人としても職能集団としても、彼ら自身の最上の判断と技術を自由に行使する広範な自律性を持つ。
③　その自律性の範囲においてなした判断や行為については、広範な責任を負う。
④　奉仕の精神で営まれる公共的な仕事であり、高度の職業倫理を必要とし、自ら律する職能団体を持つ。
⑤　以上のことの総合的な結果として、高い社会的評価を受ける。

ここでいう自律性とは、教師及び教師集団の恣意的な活動や判断に基づくものではなく、社会的に是認されたものであり、教師には教育内容・方法に関する高い専門性が必要であるということを意味する。しかも、教師は子供を相手としているために、他の専門職以上にその行使した結果について広範な責任を持つことが強く求められるというのが、「教師専門職論」の意味であった。

「教師の地位に関する勧告」を受けて、後述する1971年の中央教育審議会答申「今後における学校教育の総合的な拡充整備のための基本施策について」(「四六答申」)は、教師を「高い専門性と職業倫理によって裏付けられた特別の専門的職業」と位置付けた。また、1987(昭和62)年の臨時教育審議会の「教育改革に関する第四次答申(最終答申)」は、「教育者としての使命感、人間の成長・発達についての深い理解、幼児、児童・生徒に対する教育的愛情、教科等に関する専門的知識、広く豊かな教養、そしてこれらを基盤とした実践的指導力」を持つことが、今後に求められる教師像であるとした。

こうした教師像は、1997(平成9)年の教育職員養成審議会答申「新たな時代に向けた教員養成の改善方策について(第一次答申)」にも引き継がれた。同答申も求められる教師の資質能力として、「教育者としての使命感、人間の成長・発達についての深い理解、幼児・児童・生徒に対する教育的愛情、教科等に関する専門的知識、広く豊かな教養、これらを基盤とした実践的指導力等」を挙げた。

3　高等教育の量的拡大と大学紛争

「団塊の世代」と「戦争の記憶」

日本人の出生数は、1947（昭和22）年から1949（昭和24）年の3年間で、それぞれ250万人を超え、合計すると約800万人となった。特に、1949年の出生数は269万6000人を超えた。これが「第一次ベビーブーム」であり、この間に生まれた世代は「団塊の世代」と呼ばれた。

1971年から1974年までは「第二次ベビーブーム」の時期にあたるが、これは「団塊の世代」が出産年齢に達したことによるものである。「団塊の世代」の成長にともなう就職、進学や都市への移動は、社会構造と教育課題に大きな変化を与えた。

また「団塊の世代」は、1960年代後半の大学紛争の担い手でもあった。「戦争を知らない子供たち」という歌が流行し始めたのは1968（昭和43）年であるが、大学紛争の担い手は、高度経済成長の下で育ち、右肩上がりの生活水準の上昇を身体化している世代であり、一方では学校教育を通じて過酷な競争を経験することで、「管理社会」への強い不満を抱えた世代でもあった。

「団塊の世代」は、戦争による喪失感とは縁のない世代であり、エリートのための大学から大衆化していく大学への変化の中で、いわゆるエリート意識を欠落させた世代でもあった。例えば渡邉昭夫は「団塊の世代」について、「国民的な記憶、家族の絆《きずな》、企業とのつながり、社会との連帯感など、およそ組織とか制度なるもの一般への帰属意識が希薄化し、その結果、地理的にも時間的にも定まった位置を見つけられなくなった（あるいはそうしたものを見つける意志がはじめからない）若者」（渡邉昭夫『日本の近代8　大国日本のゆらぎ　1972―1995』）と表現した。

高度経済成長期に育った「団塊の世代」にとって、戦後日本はすでに管理社会化した国家であり、「国家」や「民族」は彼らを抑圧する体制と映った。また、「六〇年安保」闘争やベトナム反戦運動の広がりを支えた原動力は、戦争を経験した世代の「戦争の記憶」であり、二度と戦争は起こさないという強い思いであった。しかし戦争経験のない「団塊の世代」にとって、戦争体験者が共有する記憶は、もはや「閉鎖的な感傷共同体」にしか映らず、世代間の埋めようのない断層は時間を経るごとに拡大していった（小熊前掲書『〈民主〉と〈愛国〉――戦後日本のナショナリズムと公共性』）。

「六〇年安保」闘争後の学生運動

「六〇年安保」闘争に組織をあげて取り組んだ全学連（全日本学生自治会総連合）は、「六〇年安保」闘争後には指導理論をめぐる分裂を繰り返した。

日本共産党の指導のもとにあった民主青年同盟（民青）は、１９６２（昭和37）年８月に「安保反対、平和と民主主義を守る全国学生連絡会議」（「平民学連」）を結成し、１９６４（昭和39）年12月には、いわゆる民青系全学連を再建した。

また、これに対抗する過激派三派（中核派、社学同諸派、社青同解放派）は、１９６６年12月に、いわゆる三派系全学連を発足させた。これに従来の全学連執行部を掌握していた革マル系と合わせて、「六〇年安保」闘争時代の全学連は大きく三つの組織に分裂した（文部省編『学制百年史（記述編）』）。

１９６３（昭和38）年から翌１９６４年にかけての日韓条約反対闘争以後、三派系全学連は過激な政治闘争の方針を強く打ち出した。１９６７（昭和42）年10月８日の「総理のベトナム訪問阻止」をスローガンに機動隊と衝突した「第一次羽田闘争」を皮切りに、「第二次羽田闘争」（１９６７年）、「エンタープライズ寄港阻止闘争」（１９６８年）、「４・28沖縄闘争」（１９６９年４月）へと連続した。火炎ビン、石塊《いしくれ》を用いた機動隊との闘争は、警察施設や交通機関にも及び一般市民にも危害を加えた。

また、民青系全学連と反民青系の団体は、大学の学園問題に闘争の重点を移していった。これらの団体は、1966（昭和41）年の早稲田大学の学費値上げと学生会館の管理権をめぐる紛争をはじめ、明治大学、中央大学での学費値上げ闘争を展開し、バリケード封鎖など全学生を巻き込んだ闘争へと組織化していった。

戦後の日本の学生運動は、敗戦とその後の占領政策の影響や世界的な共産主義思想の流行によって、左翼運動が中心となった。

しかし、左翼中心の学生運動への危機感と反発から、民族派学生組織（民族派）と呼ばれる右派の学生組織も次々と結成された。民族派学生組織の多くは、民青系全学連などの大学のバリケード封鎖に反対して、「学園正常化」を掲げ、左翼系の運動と対立した。

民族派学生組織は、敗戦後の米軍による「日本弱体化」政策（ポツダム支配）と、米ソによる世界分割支配である「ヤルタ体制」を厳しく批判する運動を展開した。主な民族派学生組織には、日本学生同盟（日学同）、全国学生自治体連絡協議会（全国学協）、全日本学生文化会議などがある。

大学紛争の拡大と東大安田講堂事件

1968（昭和43）年1月の東大医学部の研修医問題に端を発した大学紛争は、同年5月の日本大学全共闘会議の結成を契機として急速に全国の大学へ波及した。１９６８年度は67大学、翌１９６９（昭和44）年度は１２７大学で大学紛争が発生した。

日大紛争のきっかけは、１９６８年４月に表面化した20億円の使途不明金問題であった。同年5月23日、日本大学の学生が東京の神田三崎町の大学近くで敢行したデモは、水道橋駅まで約２００メートルの隊列を組み、シュプレヒコールをあげながら進んだ。

１９６８年１月に始まった東京大学での紛争（東大紛争）は、医学部の学生ストライキをきっかけとして、東京大学附属病院の医局長を学生たちが長時間拘束する事件へと発展した。医学部教授会は学生17名の退学を含む懲戒処分としたが、医学部全学闘争委員会は処分撤回を求めて卒業式を中止に追い込み、同年６月15日には安田講堂を占拠した。

これに対して、大河内一男総長は、安田講堂を占拠した学生の排除を機動隊に要請した。この措置をめぐって学生は強く反発し、大河内総長は辞職した。

東大紛争の渦中で、１９６８年11月４日、林健太郎文学部長が１７３時間にわたって学生に軟禁されるという事態が起こった。全共闘の学生に囲まれながらも毅然と対峙した林の態度は賞賛を浴びた。この時、機動隊の指揮をとった佐々淳行は、林の救出の際の状況を次のように証言している（佐々淳行『東大落城――安田講堂攻防七十二時間』）。

五日の晩から革マル派指導部は林夫人に着替えや身のまわり品の差入れを許すことになった。警備部としてはこの機会に差入れの中にメモを忍ばせて『機動隊が救出しますので、救出後不法逮捕監禁罪の被害者調書作成に御協力下さい』と、御本人の意思確認をした上で強行救出をやろうと考えた。(中略)やがて林文学部長の返事だというメモが私の手元に届いた。みると、『安田講堂など東大封鎖解除のための機動隊要請に賛成。私の救出のための出動、無用。只今、学生を教育中』とある。メモを読んだ人々の心を感動が揺さぶる。偉い人だね、これは……。

東京大学の大学紛争はその後も混迷し、学長代行となった加藤一郎は、1969年1月、安田講堂を封鎖占拠する学生の排除を機動隊に要請した。同年1月18日から2日間で35時間に及ぶ激しい衝突の末、籠城学生は抵抗を止め、安田講堂は解放された。東大安田講堂事件では377名の学生が逮捕され、そのうち80名を超える東大生が起訴された。しかし、この事件の後も大学秩序の回復は順調には進まず、1969年度の東京大学の入学試験は中止された。

安田講堂の封鎖解除によって、東大紛争は徐々に落ち着きを見せたが、大学紛争は全国の大学に広がっていった。各キャンパスにはバリケードが築かれ、いわゆる「アジ演説」が繰り返された。警察庁のまとめでは、1968年に大学施設の封鎖や占拠が行われた大学は計31校であり、1969年には149校に増加した。また、東京教育大学（現在の筑波大学）でも体育学部を除いて、1969年度の大学入試が中止された。

大学紛争の背景

大学紛争は日本だけのものではなかった。フランスでは1968年、パリ大学の学生の反乱がゼネストに発展して「五月革命」が起き、アメリカのコロンビア大学ではベトナム戦争反対を主張する学生が大学を封鎖占領した。

日本での大学紛争の背景には、戦前から継続する共産主義と、1966年から実施された中国の文化大革命の影響が大きかった。特に、大学紛争の主導権を握った左翼学生にとって、毛沢東はカリスマ的な存在であった。毛沢東の説く「造反有理」（反逆にこそ正しい道理がある）は、大学紛争の暴力を正当化するスローガンとなり、例えば、東京大学の正門には、毛沢東の肖像とともに「造反有理」の立て看板が掲げられた。

加えて、1960年代の学生数の急激な増加と大学の大衆化という状況もあった。小熊英二は、大学紛争の背景を理解するためには、①高度経済成長による都市への人口集中と農村の過疎化、進学率の急上昇やベトナム戦争などの時代状況が若者に与えた影響、②幼少期には高度成長期以前の社会に育ち、青年期には高度経済成長の爛熟期に生きた「団塊の世代」が経験した幼少期と青年期の生活・文化・教育のギャップと彼ら自身の「とまどい」、③日本が高度経済成長によって先進国に変貌していく状況の中で、当時の若者たちが感じたアイデンティティの不安・未来への閉塞感・リアリティの希薄さといった「現代的不安」、つまりは社会の激変が、若者たちをどんな心理的状況に追い込んでいたのかという観点への注目が必要であるとした（小熊英二『1968〈上〉―若者たちの反乱とその背景』）。

また小熊は、1960年代の教育状況がこうした背景を二つの意味で支えたと指摘した。一つは、彼らが「戦後民主主義」の理念を内面化していればいるほど、眼前の受験競争や学校の姿は、現実の政治が「戦後民主主義」の理念を裏切っていると見えたことである。そのため彼らにとっては、「戦後民主主義」それ自体が「欺瞞」に映ることになるが、同時にそれは自らに内面化している価値観を「欺瞞」としなければならないというアンビヴァレンスを含んでいた。

もう一つは、受験競争が学校や教師という「体制」への反感を植えつけたというものである。つまり、各大学での学費値上げや学生会館の管理権問題は、あくまでも「契機」に過ぎなかった。

とりわけ、「戦後民主主義」を標榜し、「体制」への批判を説いてきた大学（教授）が、大学紛争の渦中にあって、「体制」側にある機動隊に事態の収拾を委ねたことは、彼らにとってはこの上なく「欺瞞」と映った。

例えば、1969年3月号の『文藝春秋』に掲載された「安田トリデ籠城記〈全共闘学生座談会〉」では次のようなやりとりがあった。

B：民青よりひどいのが、東大の教官だな。

一同：異議なし！（中略）

E子：林健太郎は、筋が通っているから、それなりに偉いよ。こっちに都合のいいことといわないもの。右顧左べんしないところ、敵ながらアッパレ。

C：あとは、たいていぶん殴ってやりたいのばかし。

A：ほんとだ、ほんとだ。ことにいわゆる進歩的文化人な。いつもは非武装中立論なんかで書いて稼いどいてサ、テメエの学校に問題がおこったら、さっさと学校側について警察の力を借りてやがる。非武装中立でなんとか解決してみたらどうだ。（笑）

また竹内洋は、大学紛争とは「過去」の学歴貴族に付与された大卒者としての地位に基づく期待心理と、想定されるサラリーマンとしての「未来」から生じた「摩擦《まさつねつ》熱」であったとしながら、次のように続けた（竹内洋『〈日本の近代12〉学歴貴族の栄光と挫折』）。

かれらの大衆的サラリーマンという人生行路からすれば、学歴貴族文化は無縁な文化である。学歴貴族文化はもはや身分文化ではない。かれらはこういいたかったのではないか。「おれたちは学歴貴族文化など無縁のただのサラリーマンになるのに、大学教授たちよ、おまえらはそこでのうのうと高踏《こうとう》的な言説をたれている。いいご身分だよな」、と。かれらは、理念としての知識人や学問を徹底して問うたが、あの執拗《しつよう》ともいえる徹底性《ラディカル》はかれらのこうした不安とルサンチマン（怨念《おんねん》）抜きには理解しがたい。内面化した物語（教養知識人）と現実（ただのサラリーマン）の不整合から生じたアノミー（価値や欲求の不統合状態）だった。（中略）教養主義という学歴貴族文化への「絶望的求愛」である。

「大学の運営に関する臨時措置法」の制定

１９６８年11月、全国に広まった大学紛争に対して、文部大臣は中央教育審議会に「当面する大学教育の課題に対処するための方策について」を諮問した。中央教育審議会は、大学紛争の要因、大学教員のあり方、大学管理者の役割と責任、政府の任務、学生の地位と役割等について検討し、翌１９６９年４月、特に行政措置のみでは十分な効果を期待し得ない事項については、最小限度の立法措置が必要であるという内容の答申を行った。

これを受けて、同年8月、国会で「大学の運営に関する臨時措置法」が5年の時限立法として成立・施行された。この法律は、大学による自主的な紛争収拾のための努力を求めた上で、大学の自治能力が失われるような事態に陥った場合には、設置者が教育研究機能を停止する措置を取り得ることを定めたものであった。

同法の制定には批判と反発があり、制定直後には紛争校の数も増加したが、大学紛争は次第に収束し鎮静化していった。そこには、過激派学生のエスカレートする行動が世論の厳しい眼に晒されたことや、深刻な事案に対しては、大学当局が警察力によって暴力を排除する姿勢をとったためであった。同年12月以降、大学紛争の件数は大幅に減少していった。

大学改革の模索

大学進学率の上昇による高等教育の急激な膨張は、大学の大衆化をもたらし、伝統的な大学の姿とはかけ離れた状況を招いた。また、科学技術の革新と高度経済成長による社会の変貌は、従来の伝統的な大学のあり方に抜本的な変革を求める契機であった。

ところが、大学の教育・研究体制と管理・運営体制は旧態依然としたままであり、大学を取り巻く社会と国民意識の変化に的確に対応することができないままであった。たしかに、一部学生の過激な暴力行為は問題だとしても、大学紛争の拡大と長期化、そしてその収拾をめぐる混乱の責任は、大学の教育・研究体制や管理・運営のあり方と無関係ではなかった。

1971（昭和46）年の中央教育審議会の「四六答申」は、これまでの高等教育に対する考え方や制度的枠組みが、高等教育の大衆化と学術研究の高度化、高等教育の内容に対する専門化と総合化といった高等教育全体にわたる新たな要請に対応できなくなったと指摘した。

その上で答申は、高等教育の開放、高等教育機関の規模と管理・運営体制の合理化、教員の人事制度、処遇の改善、私立の高等教育機関に対する国の財政援助の充実及び高等教育計画の樹立などの具体的な改革提案を行った。

高等学校の学園紛争

大学紛争の波は高等学校にも押し寄せ、各地の高等学校で学園紛争が頻発した。民青系も反民青系もともに大学生だけでなく高校生による運動の組織化にも力を入れていた。警察庁のまとめでは、1969年の高校生による学校封鎖は75件、警官の出動は12都道府県で、検挙された生徒数は78人であった。

また、1970（昭和45）年の卒業式では、全国の354校の高等学校で学園紛争が起きている。高等学校の学園紛争では、学校当局に生徒の要求を突き付けることが一般的であり、その内容は、「処分反対」「掲示・集会の許可制反対」「試験制度反対」「カリキュラム編成の是認」「政治活動の是認」などであった。多くは大学紛争を模倣したものであったが、高校生たちを学園紛争へと突き動かした心情の底には、受験体制に組み込まれた学校生活への不満があった。

文部省は、1969年10月31日に「高等学校における政治的教養と政治的活動について」を通知し、高校生が違法な政治的活動に参加したり、学校の授業の妨害、あるいは学校を閉鎖する行為に対しては、必要に応じて警察力の導入も含めた厳しい措置をとるとした。また、「このようなことを未然に防止するとともに問題に適切に対処するためには、平素から、教育・指導の適正を期することが必要であるが、特に高等学校教育における政治的教養を豊かにするための教育の改善充実を図るとともに他方当面する生徒の政治的活動について適切な指導や措置を行なう必要がある」とした。

この通知によって、高等学校の学園紛争も徐々に鎮静化していった。

大学紛争後の学生運動

大学紛争が鎮静化へと向かう一方で、新左翼の一部は武装化の動きを強めていった。なかでも、武力革命を掲げた赤軍派（共産主義者同盟赤軍派）は過激な行動を加速化させ、各地の警察署や交番を襲撃し、国際反戦デーでは手製爆弾も使用した。また、１９７０年３月には日本航空機の乗っ取り事件を起こし、犯人は朝鮮民主主義人民共和国（北朝鮮）に亡命した（「よど号ハイジャック事件」）。

さらに赤軍派は、同年７月に革命左派と合体して連合赤軍を結成し、山岳での軍事訓練を敢行した。１９７２年２月に長野県軽井沢町の「あさま山荘」に人質を取って立て籠もり、10日間にわたる機動隊との銃撃戦の末、５人が逮捕された（「あさま山荘事件」）。これによって人質は無事に解放されたが、10日間に延べ３万５０００人の警察官が動員され、警視庁の機動隊員２人が被弾して殉職した。

「あさま山荘事件」で５人が逮捕された同年２月28日、NHKは10時間以上にわたって機動隊と犯人の攻防を生中継した。平均視聴率は50・８％を記録し、犯人逮捕の時間帯ではNHK民放各社を合わせた視聴率は89・７％となった。

「あさま山荘事件」の後、連合赤軍による仲間内での凄惨なリンチ殺人が明らかとなり、群馬県榛名《はるな》山の山中などから合計14名の遺体が発見された。

１９７０年代に入ると、中東に渡った赤軍派のメンバーは「日本赤軍」を旗揚げし、海外で数々のテロやゲリラ事件を引き起こしていった。なかでも１９７２年５月の「テルアビブ空港乱射事件」では無差別乱射を行い、一般市民を含めて100人以上の死傷者を出した。
こうした実態を目の当たりにすることで、国民の学生運動に向ける眼差しはさらに厳しいものとなっていった。

「フォークゲリラ」と『いちご白書』をもう一度」

大学紛争が高まりを見せる中で、毎週土曜日の夕方、新宿駅西口の地下広場にはフォークソングを歌う若者たちが集うようになった。「フォークゲリラ」と呼ばれた運動は次第に拡大し、1969年1月の東大安田講堂事件の後は、全共闘の若者たちも参加するようになり、見ず知らずの若者が話し合う光景が終電まで続いた。

しかし、大学紛争が鎮静化して以降は、若者たちの関心も徐々に政治から遠ざかり、大学や日本社会にはある種の虚無感が漂っていった。例えば、1975（昭和50）年にヒットした荒井由美（松任谷由美）作詞・作曲の「『いちご白書』をもう一度」の歌詞は、こうした学生たちの心象風景を織り交ぜている。

『いちご白書』は、アメリカのコロンビア大学で起きた学生運動を題材としたノンフィクションで、1970年に映画化された。「『いちご白書』をもう一度」での、映画のリバイバルを観るという設定の歌詞には、「僕は無精ヒゲと髪をのばして　学生集会へも時々出かけた就職が決って髪を切ってきた時　もう若くないさと　君に言い訳したね」という部分があった。

実際に大学紛争に参加した多くの学生たちは、鎮静化されていく学生運動への虚脱感を抱えながらも大学を卒業し、就職していった。「反体制」を掲げた学生運動の戦士が、いつしか体制側の「企業戦士」へと変貌したと皮肉交じりに言われることもあった。

大学紛争によって表面化した高等教育の課題は、義務教育段階で顕在化した「教育荒廃」への対応とも相俟《あいま》って、新たな教育改革への関心を促していった。その中心となったのが、1984（昭和59）年に設置された臨時教育審議会である。

第7章　教育荒廃と臨時教育審議会

1　「大衆教育社会」と「教育荒廃」

「新しい子供たち」の登場

　１９７０（昭和45）年、第一次産業に従事する就業者の比率が約19％まで低下する一方、第三次産業の就業者比率は約46％にまで上昇し、平均寿命も世界のトップ・レベルとなった。しかし、１９７３（昭和48）年10月の第四次中東戦争をきっかけとして原油価格が高騰し、日本経済は戦後初めてマイナス成長となり、高度経済成長は終焉した。

　この間、６・３制の義務教育制度は、１９６０（昭和35）年頃までにほぼ定着した。１９５８（昭和33）年に小学校児童数は戦後最大となり、中学校生徒数も１９６２（昭和37）年にピークを迎えた。また、進学率の急激な上昇によって、高等学校は１９８０年代には大多数の生徒が進学する教育機関として定着した。

高度経済成長は、国民の社会生活と国民意識を大きく変化させた。1975（昭和50）年には第三次産業就業人口が過半数を越え、重工業中心の社会からポスト産業社会へと移行した。核家族化が進む中で、1975年には子供の数が減少し始め、婚姻率が戦後最低となる一方で、離婚件数は過去最高の約11万9000件に達した。人々の生活は生産中心のライフスタイルから消費中心のライフスタイルへと変化し、日常生活における「消費」の比重は飛躍的に増大した。

さらに、高度情報化社会の出現により、文字中心の知識よりも映像中心の情報が生活の中に広く浸透していった。1975年にはカラーテレビの普及率が90％近くとなり、翌1976（昭和51）年には戦後生まれが人口の過半数に達し、国民の9割が自らを「中流」と意識するようになった。

もっとも、こうした「中流」意識をもたらした「豊かな社会」の現実は、長時間労働、サービス残業、長距離通勤とラッシュアワーなどに支えられたものであり、「うさぎ小屋」と揶揄《やゆ》される狭隘《きょうあい》な家に住み、「エコノミック・アニマル」と称せられる猛烈な労働による結果でもあった。

また、1970年代半ばからは、コンビニエンスストア（コンビニ）が全国各地に急速に広がり、ファスト・フード、ファミリーレストランなど外食産業も急成長した。インスタント食品の急速な浸透は、日本人の食生活と家族のあり方に変化をもたらした。

物質的な豊かさを背景に、家族の成員それぞれが自身のライフスタイルを追求するようになり、それは家族の「個人化」をもたらしていった。１９７０年代後半以降、子供部屋をもつ世帯が増加し、子供部屋を与えられる時期も年を追うごとに低年齢化していった。また一家に一台であったテレビの数は徐々に増え、子供たちは自分の部屋にこもって一人でテレビを見るようになった。それに伴い、仕事や習い事で家族それぞれの生活時間がバラバラになり、子供たちの「孤食」が問題となった。

情報化社会の進展に伴うコンピューター産業の成長は、子供たちの文化に画期的な変化をもたらしていった。１９７９（昭和54）年にはインベーダー・ゲームがブームとなり、ソニーのヘッドフォンステレオ「ウォークマン」で音楽を聞きながら行動する若者が一種の社会現象となった。また、１９８３（昭和58）年には任天堂が家庭用テレビゲーム機「ファミリーコンピュータ」（ファミコン）を発売し、『スーパーマリオブラザーズ』や『ドラゴンクエスト』（ドラクエ）シリーズといったゲームソフトに子供たちは熱狂した。

１９８３年に千葉県浦安市に「東京ディズニーランド」が開園し、同年7月には長崎県に「長崎オランダ村」も開業したことで、１９８３年は「テーマパーク元年」と呼ばれた。

しかし、情報化の進展と子供の遊びの変化の一方で、子供たちの読書に対する関心や意欲は急速に衰え、「活字離れ」が指摘された。１９８４（昭和59）年末にはマンガ雑誌『週刊少年ジャンプ』の売り上げが４００万部を突破し、１９８８（昭和63）年末には５００万部を超えた。この間、『キン肉マン』『北斗の拳』『キャプテン翼』『ドラゴンボール』などが子供たちの間で大人気となったが、これも「活字離れ」と表裏の関係にあった。子供たちの「活字離れ」は、１９９０年代以降の携帯電話やインターネットの普及により一段と拡大した。

「私生活優先」の価値観

情報化の進展と消費中心のライフスタイルの浸透は、子供の世界を大きく変えた。個人の欲望（ニーズ）を満たすことに関心が向けられるにつれて、企業は子供を大人と同等の消費者として扱うようになっていった。

諏訪哲二は、１９６０年頃までを「農業社会的近代」、１９７０年代中頃までを「産業社会的近代」、それ以降の時期を「消費社会的近代」と整理し、特に１９８０年代に入ってから、高度情報消費社会を背景とする「新しい子どもたち」が登場したと指摘した。諏訪によれば、「消費社会」では家庭生活のすべてがお金でまかなわれるようになり、家庭の経済力が増したことで、子供は「ものを買うもの」（消費主体）として自立し、「商品交換」的な発想や考え方が強くなっていったと指摘した（諏訪哲二『オレ様化する子どもたち』）。大人と子供との差異がなくなったのである。

「商品交換的」な発想や考え方が染みついた「新しい子供たち」は、自分の好みや欲望に合わないものは受け付けず、自分の価値基準を絶対視し、幼稚的全能感を残したまま自己を「特別」と意識するようになった。

高度情報消費社会の進展によって、「豊かさ」と「便利さ」を手に入れたことで、子供だけでなく多くの人々の価値観は「私生活優先」となった。

こうした社会の変化は公教育としての学校のあり方と学校への視線を大きく変えていった。学校とは本来的に公教育を担う場であり、そこに「私生活優先」の価値観が流入されれば摩擦と対立が生じるのは必然であったからである。

学校・教師は教育「サービス」の提供者となり、サービスの受け手（顧客）である子供や保護者のニーズを満たすことが求められるようになった。学校の公教育としての役割と機能は後退し、学校・教師は次第に子供や保護者に従属するようになった。

その傾向は、「教師＝子供の支援者」という考え方が広まった1990年代以降はさらに顕著になっていった。高等学校の教師であった諏訪は、子供たちの「変容」を次のように証言している（読売新聞昭和時代プロジェクト編『昭和時代　一九八〇年代』）。

１９８０年代に入って、勤務していた高校で急に生徒指導がうまくいかなくなった。子供が変わったと感じ、挫折感を味わった。（中略）一人ひとりが悪気なく悪事をするようになった。不良の時代から非行の時代に入った。その後、中学校で陰湿ないじめが出てくるようになった。（中略）戦中派が自由に育てたのが団塊の世代で、その子供たちが高校に入ってきた時期だった。生徒に問題があって親を学校に呼んでも、親は謝らずに文句を言う。本音で生きる時代になったとも言える。

「大衆教育社会」の完成

高度経済成長に伴う教育の量的拡大と進学率の上昇した１９７０年代半ばの時期、日本では、いわゆる「大衆教育社会」が完成したと言われる。

教育社会学者の苅谷剛彦によれば、「大衆教育社会」とは、「教育が量的に拡大し、多くの人びとが長期間にわたって教育を受けることを引き受け、またそう望んでいる社会」「教育の大衆的拡大を基盤に形成された大衆社会であり、メリトクラシー（業績主義）の価値が、大衆にまで広く浸透した社会」（苅谷剛彦『「学歴社会」という神話』）を意味する。メリトクラシーとは、才能や努力、業績によって人々の選抜が行われる社会制度のことであり、ここでは「何であるか」ではなく「何ができたか」が重要な基準となる。つまり、多くの人々が教育を通じて個人の努力と能力によって社会的な成功を獲得しようとすることが「大衆教育社会」の特徴であった。

もちろんそのためには、どのような家庭に生まれたかに左右されるのではなく、一人ひとりを公平に扱い、評価するという「平等」の教育システム（学校）が不可欠であった。しかし、日本の「大衆教育社会」では、ともすれば形式的な「平等」に注意が向けられる傾向が強く、親の学歴や職業の社会階層間の格差がもたらす不平等は可視化されにくかった。

フランスの社会学者ブルデューの指摘する文化的再生産（親から子へと伝達される階層分化を媒介として、社会的な不平等の構造が再生産されるメカニズム）が現実には日本でも進行していたにもかかわらず、日本の「大衆教育社会」はそれを隠蔽するように作用していった。「子供には無限の可能性がある」「やればできる」という子供の能力の「平等」が強調される一方で、子供の学業成績と家庭環境を結び付けて論じること自体が差別的であるかのように理解される傾向が強かった。

実はそれは、表面的には「平等」に見える教育システムが特定の社会階層に有利に働いていることが実感できないほどに、大衆化が浸透したことでもあった。

「学歴社会」と受験競争の激化

「大衆教育社会」の基盤を支えたのは、社会的な評価や選抜、配分において学歴を重視する志向である。「成員の社会的地位を決定する学歴の力が相対的に大きい社会」（麻生誠『日本の学歴エリート』）を意味する「学歴社会」は、「総中流社会」と並んで、高度経済成長期の日本を象徴するものであった。

「学歴社会」への関心は、高校・大学への進学率の上昇を促し、受験競争の激化をもたらしていった。「団塊の世代」が大学進学を迎えた1965（昭和40）年〜1967（昭和42）年には、大学・短大の合格率（大学・短大入学者数／大学・短大志願者数で求められる「合格のしやすさ」の指標）は約62％となり、大学・短大への進学が最も困難な時期となった。

また、「中学浪人」も大量に生み出される状況の中で、学習塾ブームや受験雑誌ブームが巻き起こった。1976（昭和51）年に文部省が実施した調査では、小学生の約12％、中学生の約38％が学習塾に通っており、通塾する子供たちの低年齢化が指摘された。「乱塾時代」という言葉が流行したのはこの時期である。

1970年代半ばには、週刊誌が競い合うように有名大学の高校別合格者数や大学の偏差値などを掲載し、「よい塾の選び方」などを特集した。また、受験雑誌の『蛍雪時代』から生まれた「受験地獄」「受験戦争」という言葉が社会に浸透し、「4時間しか眠らず努力する者は合格するが、5時間も眠る怠け者は不合格となる」ことを意味する「四当五落」というキャッチフレーズも受験生の間に広まった。受験競争の激化は、子供たちの間に競争意識を蔓延させた。

ところが一方では、この時期、学校の授業の内容を理解している子供たちは、小学校では7割、中学校では5割、高校で3割（「7・5・3」と言われた）と指摘され、いわゆる「落ちこぼれ」が問題となった。

1979（昭和54）年には、国公立大学入学志願者のために共通一次学力試験（共通一次試験）が導入された。共通一次試験は、受験競争の激化を解消することをねらいとしたものであり、受験競争の激化を背景とした入試問題の「奇問・難問」の改善も意図していた。

しかし、全国一律に実施された共通試験制度は、偏差値による各大学の入試難易度の比較を可視化することで大学を序列化し、それは中学校や高等学校に及んだ。このことは、さらに受験生の偏差値依存をもたらしていった。

共通一次試験が導入された1979年、東京下町の中学校を舞台としたテレビドラマ「3年B組金八先生」の第1シリーズがスタートした。「3年B組金八先生」は、これ以降20年以上にわたってシリーズ化され、それぞれの時代で学校教育が抱えた課題を浮き彫りにした。第1シリーズでは受験にまつわる話題が圧倒的に多かった。また同年には、東京大学をめざす中学生とその家族の人間模様を描いた城山三郎の小説『素直な戦士たち』がドラマ化されて話題となった。

「教育荒廃」の顕在化

教育の著しい量的拡大は、多くの子供たちに教育の機会を提供する一方、子供たちの実態は多様となり、学校教育はこうした子供たちの変化に対応せざるを得なくなっていった。特に、高度経済成長の中で、物質的に豊かな社会に生まれ育った子供たちの価値観の多様化と耐性、社会の規範意識の低下が問題視された。

高等学校の進学率が90％を超えた1974（昭和49）年から1980年代半ばにかけて、集団単位での非行や校内暴力、家庭内暴力などの「教育荒廃」が社会問題となっていった。1979（昭和54）年7月の『警察白書』は、少年非行の一般化と低年齢化を指摘し、万引き、窃盗、シンナー、覚せい剤犯と対教師暴力が多発し、青少年の中に攻撃的で「危険な兆候」が加速していると分析した。

特に校内暴力は、1970年代半ばから各地の中学校で発生し、80年代に入って急激に増加した。1980（昭和55）年10月には三重県尾鷲市の中学校で多数の生徒が教師に暴力を加え、24人の生徒が検挙される事件が発生した。

１９８３（昭和58）年2月には東京都町田市の中学校で、男性教師が金属製玄関マットを振り上げて襲ってきた生徒を果物ナイフで刺すという事件も起こった。果物ナイフは日常的に生徒から暴力を振るわれていた男性教師が護身用に持っていたものであった。

この事件に対するマスコミの報道は、総じて学校・教師の責任を追及するものであったが、生徒の暴力に耐えかねた教師の「正当防衛」であると同情的に見る世論も少なくなかった。

町田市の事件を契機として、文部省は校内暴力についての全国調査を実施し、１９８２（昭和57）年から１９８３年までの1年間に、公立中学校の7校に1校の割合で校内暴力が発生し、対教師暴力は約１４００件にのぼると公表した。この年、戦後日本の少年犯罪は「第三のピーク」を迎えたと言われた。

戦後の少年犯罪は、その発生数においていくつかのピークがあるとされる。「第一のピーク」は、１９５１（昭和26）年であった。これは戦後の経済的困窮を背景として、食料や衣類などの生活必需品の窃盗などが圧倒的多数を占めていたことによるもので、「生活（生存）型非行」と類別された。

「第二のピーク」は、１９６４（昭和39）年をピークとするものであり、暴力、傷害、脅迫、恐喝などの反社会的非行が増加したことを特徴としていた。その背景には、高度経済成長の進展に伴う経済的格差や管理社会に対する反発があったとされており、「反抗（粗暴）型非行」

と類別された。

これに対して1970年代後半から顕在化する「第三のピーク」は、経済的な豊かさを享受した世代の子供たちが軽い気持ちで行う比較的軽微な犯罪（万引きや乗り逃げなど）が中心となっており、「遊び型非行」と言われた。遊び感覚の延長で非行を繰り返す子供たちには罪悪感が希薄であることが特徴であると指摘された。

学校・教師へのバッシング

「教育荒廃」が社会問題となる状況の中で、学校へのまなざしは大きく変化していった。1970年代半ばまでの学校は、子供たちの将来を保障し、人生を豊かにするための重要な場と理解され、多くの人々にとって価値のある存在であった。しかし、「教育荒廃」が深刻化する中で学校・教師への批判は厳しさを増した。

「教育荒廃」に対し、学校は校則の強化や厳格な生徒指導で対処しようとしたが、こうした学校・教師の対応はマスコミや保護者から逆に「管理教育」として批判され、「教育荒廃」への対応は混迷していった。「教育荒廃」に適切に対応できない学校・教師は厳しい批判に晒され、子供や保護者の学校不信は高まっていった。

学校・教師に対する批判の矛先は、画一的な教育方法と偏差値に基づく進路指導、旧態依然とした学校の体質、さらには教師の「管理」に基づく権力性に向けられた。上級学校への進学率が上昇し、子供の能力・適性・関心が多様化しているにもかかわらず、学校・教師がそうした変化に十分に対応できていないというのが、「教育荒廃」に対する批判のポイントであった。

また、こうした「教育荒廃」をめぐる状況は、学校・教師と家庭との力関係を逆転させていった。1960年代までの学校は、多くの人に教育機会を提供し、社会の成熟化を促す機能を持つものと理解され、その権威性は社会的に担保されていた。ところが、「教育荒廃」によって、学校・教師の権威性は根底から揺さぶられ、「学校バッシング」「教師バッシング」と言われる状況が加速度的に浸透するにしたがい、学校・教師の権威性は低下した。

学校・教師への批判は、新聞やテレビなどのマスコミによってさらに助長されていった。1972（昭和47）年10月から朝日新聞に連載された「いま学校で」（後に5巻の単行本として刊行された）は、管理教育や体罰をはじめ学校や教室内での非常識な慣行を取り上げた。また、「3年B組金八先生」の第2シリーズ（1980〜1981年）は校内暴力に焦点を当て、子供たちの「学校不適応」の状況と学校・教師の閉鎖的な体質を批判的に指摘した。

こうした背景には、進学率の上昇によって親世代の学歴が相対的に高くなり、学歴による教師との差異が縮小したことも影響した。教師はかつてのような尊敬の対象ではなくなり、学校・教師に対する視線は厳しくなっていったのである。

2 「ゆとり」路線の学習指導要領

「ゆとりと充実」の学習指導要領

「昭和43年度版学習指導要領」の教育課程は、科学・産業・文化等の進展への対応を主眼としたものであった。理数系科目を中心とした「教育内容の現代化」では、教育内容が精選され、全体的に高度な知識が教育課程に盛り込まれた。

しかし、学習内容の量的な増加と高度化が求められる中で「教育荒廃」が深刻化したことは、子供たちの側に立った教育課程の「人間化」「人間性の回復」への転換を促す根拠となった。教育内容の負担が「教育荒廃」をもたらした要因であると理解されたからである。

1976（昭和51）年12月、教育課程審議会は「小学校、中学校及び高等学校の教育課程の改善について」を答申した。この答申を受けて、1977（昭和52）年に「小学校学習指導要領」「中学校学習指導要領」の全面改訂が告示された。この改訂では次のような点がねらいとして改善が図られた。

①　道徳教育や体育を一層充実し、知・徳・体の調和のとれた人間性豊かな児童・生徒の育成を図ること。

②　各教科の基礎的・基本的事項を確実に身に付けられるように教育内容を精選し、創造的な能力の育成を図ること。

③　ゆとりあるしかも充実した学校生活を実現するために、各教科の標準授業時数を削減し、地域や学校の実態に即して授業時数の運用に創意工夫を加えることができるようにすること。

④　学習指導要領に定める各教科等の目標、内容を中核的事項にとどめ、教師の自発的な創意工夫を加えた学習指導が十分に展開できるようにすること。

「昭和52年版学習指導要領」は「教育内容の現代化」によって進められた知識偏重の学校教育のあり方を見直し、「ゆとりと充実」をキャッチフレーズに掲げた。これを契機として、教育課程は「ゆとり」路線へと大きく転換した。

「昭和52年版学習指導要領」は、ゆとりのある充実した学校生活を実現するために、各教科の指導内容を精選し、大幅な授業時数の削減を行った。

授業時数については、小学校では従前と比べて第4学年で70単位時間、第5・第6学年で140単位時間が削減された。また、中学校では第1・第2学年で140単位時間、第3学年で150単位時間を削減した。

「昭和52年版学習指導要領」による教育課程全体の授業時数は、「昭和43年版学習指導要領」に比べて約1割削減され、教育内容の大幅な精選が行われるとともに、学習指導における各学校・教師の裁量部分が増加した。また、授業時数の削減によって生み出された時間は「ゆとりの時間」（学校裁量時間）と位置づけられ、各学校の創意工夫で活用できるものとされた。ただし、「ゆとりの時間」は学習指導要領には明記されていなかった。

習熟度別学級編成の導入

1978（昭和53）年に改訂された高等学校の教育課程では、①学校の主体性を尊重し、特色ある学校づくりができるようにすること、②生徒の個性や能力に応じた教育が行われるようにすること、③ゆとりある充実した学校生活が行われるようにすること、④勤労の喜びを体得させるとともに徳育・体育を重視すること、などが方針として示された。

これによって教育課程編成の大幅な弾力化が進められ、①卒業単位数を85単位から80単位に削減すること、②すべての生徒に履修を求める必修教科・科目の単位数を卒業必要単位の3分の1に削減することなどが示されるとともに、生徒の個性や能力に応じた教育方法として、戦後初めて習熟度別学級編成が導入された。

習熟度別学級編成をめぐっては、「能力主義か平等主義」かの議論を喚起する一方、大学入試における知識偏重の選抜方法が変わらなければ、習熟度別学級編成の効果はないという指摘もされた。

一般的に世論は「ゆとりと充実」をめざした教育課程を好意的に評価したが、予備校や塾が氾濫している状況は続いた。また、教育課程の「人間化」「人間性の回復」の理念が必ずしも十分に理解されていたとは言えなかった。

校内暴力・いじめ問題の顕在化

1970年代後半から顕著となった「教育荒廃」は、1980年代に入るとさらに深刻となった。校内暴力・家庭内暴力は1980年代から増加傾向となり、1983（昭和58）年には1397件とピークを迎えた。

なかでも、1980（昭和55）年11月に川崎市在住の予備校生が就寝中の両親を金属バットで撲殺した事件（金属バット両親殺害事件）は社会に衝撃を与えた。１９８０年代から大学入学の浪人生が増加する中で、受験によるストレスが子供たちを蝕んでいることが背景にあると指摘された。

青少年の非行年齢は低年齢化し、１９８１（昭和56）年に検挙された者のうち約半数を中学生が占めた。１９８２（昭和57）年8月にＮＨＫが実施した「中学生・高校生の意識調査」によると、「学校の先生に殴られたことがある」と答えた生徒は、中学生で約31％、高校生で約41％であり、「先生を殴ったことがある」と答えた生徒は、中学生で約１％、高校生で約２％だった。また、「先生を殴ってやりたいと思ったことがある」と答えた生徒は、中学生約22％、高校生では約33％にのぼった。

特に、校内暴力の背景には暴走族などの関与もあった。１９８２年の『警察白書』は、「校内粗暴集団の背後には、悪質な校外粗暴集団」があるとし、暴力団を模倣したピラミッド型の組織が校内暴力に関与しているケースがあると指摘した。１９８１年11月末の時点で、警察が把握していた暴走族の数は全国で７７０グループにのぼり、過去最高となっていた。文部省は、１９８３（昭和58）年3月、緊急に全国の中学校の総点検をするなどの各種の対応策を各都道府県に通知した。

こうした対策によって校内暴力は徐々に鎮静化へと向かった。しかし、それと反比例するように、今度はいじめ問題が大きな社会問題となっていった。

1986（昭和61）年2月、東京都中野区の中野富士見中学校2年の男子生徒が、盛岡駅前のデパート地下のトイレで首を吊って自殺しているのが発見された。岩手県はこの生徒の父親の故郷であった。自殺の原因は学校でのいじめであり、遺書には「俺だってまだ死にたくない。だけどこのままじゃ『生きジゴク』になっちゃうよ」と書かれていた。また、同級生のみならず担任の教師までが加わって、男子生徒の「葬式ごっこ」をやり、「追悼」の寄せ書きまで作製したという状況が明らかとなるにしたがい、いじめへの世論の関心は高まっていった。

1990年代に入ってからも、いじめ問題は解決の兆しが見えず、深刻さを増していった。1993（平成5）年1月には山形県新庄市で、中学1年の男子生徒がいじめを受け、体育館収納室のマットに包《くる》まれて窒息死するという事件が起きた（山形マット死事件）。1994（平成6）年11月には、愛知県西尾市の中学2年の男子生徒がいじめを苦に首つり自殺する事件が起き、文部省は全国の公立学校などに対して「いじめの総点検」を通知した。

校内暴力など他の逸脱行動とは異なり、いじめは可視性が低く、その実態を把握することが非常に困難である。そのため、いじめ問題が表面化するのは、いじめが自殺と結びついた最悪の場合がほとんどであった。逆にいえば、実際に学校で陰湿ないじめが行われていても、被害者が自殺しなければ、いじめの事実が明るみに出ないということでもあった。

1980年代半ば以降、いじめを苦にして子供たちが自らの命を絶つという深刻な状況が続き、いじめによる自殺が決して特異なケースではなくなっていった。

社会問題としての不登校

1980年代以降、いじめと並んで大きな社会問題となったのが、不登校と高校の中途退学であった。学校の集団生活に適応できない子供のうち、特に「学校ぎらい」を理由に年間50日以上欠席した子供の数は増加の一途を辿っていた。

一般に不登校とは、病気などの外圧的・偶発的な要因から生じた欠席ではなく、「学校教育といういとなみにはらまれるなんらかの要素との関連において長期欠席が生じ、そこに悩みや不安や葛藤が生まれているもの」（滝川一廣『学校へ行く意味・休む意味　不登校って何だろう?』）と説明される。

この現象は1970年代までは登校拒否と称され、意図的に学校を拒否することや学校を心理的に忌避する「登校拒否症」という病理的な意味合いを持つものとされてきた。

ところが実際は、学校に行かない子供たちの状況は、無気力型、情緒混乱型、あそび・非行型など、その様態は多様であり「登校しない」という事実のみが共通点と言えるものであった。また、「登校しない」ことのきっかけも、①友人や教師との関係といった学校生活に関するもの、②親子関係に関するもの、③本人自身の問題などに分類され、その原因や背景も複合的である場合がほとんどであった。

そのため、1980年代以降は「登校拒否」ではなく、よりニュートラルな呼称である「不登校」が使用され、1990年代には「不登校」が一般化した。

歴史的に不登校の推移を見ると、1960年代の高度経済成長期では、進学率が上昇するのにしたがって長期欠席（長欠）率が下がったが、進学率が90％に達した1970年代半ばからは長欠率が上昇に向かい、1980年代に入って急上昇し、1990年代に入ってからも増加の一途を辿った。1975（昭和50）年に小・中学生合わせて1万人弱だった不登校の子供の数は、1990（平成2）年には5万人を超え、2001（平成13）年には約13万9000人にまで達した。

不登校は当初、一種の個人的な病理であり、再び登校させることこそが「治癒」であるという認識が一般的であった。ところが、その要因を個人的な問題に求めるだけでは不登校の急激な増加を説明することはできず、批判の目は次第に学校教育のあり方へと向けられるようになった。

すなわち、「病んでいる」のは学校に行けない子供たちではなく、むしろ学校の方であり、

「病んでいる」学校を忌避する不登校は子供たちの「正常」な反応であるという主張がなされるようになったのである。

1992（平成4）年3月、文部省の協力者会議が「不登校は誰にでも起こりうる」という認識を示したことで、不登校は現代の教育病理がもたらす必然的な帰結であるという見方が一定の説得力をもち、不登校を子供たちの「逸脱性」の観点から捉える見方は次第に弱まっていった。

不登校の増加等への対策として、文部科学省は1995（平成7）年から公立学校にスクールカウンセラー（大部分は、日本臨床心理士資格認定協会認定の臨床心理士）を配置する制度を導入した。1999（平成11）年からは、教職経験者や大学生・大学院生、地域住民らが「心の教室相談員」として中学校で不登校等の子供たちへの相談業務にあたるという制度も始まった。

これにより、小規模校を除くすべての公立中学校で、スクールカウンセラーもしくは「心の教室相談員」のいずれかが配置されることになった。ただし、スクールカウンセラーによる不登校に対する効果については十分な検証が行われているとは言えず、不登校はその後も増加していった。

3　臨時教育審議会と教育改革

「第三の教育改革」と「四六答申」

中央教育審議会は、1971（昭和46）年6月に「今後における学校教育の総合的な拡充整備のための基本的施策について」（以下、「四六答申」）を答申した。「四六答申」は、戦後20年を経た技術革新の急速な進展と、社会が複雑化する時代の中で、これまでの学校教育の実績を再検討し、その問題点を明らかにすることで、今後の学校教育の総合的な拡充整備のための基本的方策を検討することを目的としたものであった。

「四六答申」は、明治初期の教育改革（第一の教育改革）、第二次世界大戦後の教育改革（第二の教育改革）に次ぐ「第三の教育改革」を標榜した。中央教育審議会会長の森戸辰男は、第一と第二の教育改革の課題を次のように評価した（森戸辰男『第三の教育改革』）。

①　教育改革が政治革命の一環として急速に、かつ時に権力的に強行されたため、教育上

の諸問題は、教育自体の立場から十分に考慮・策定されなかったという事情があった。

②　両改革は、いずれも西洋の、後者（第二の教育改革―筆者註）にあっては特にアメリカの思想・制度をモデルとし、かつ急速にその実行を企てたため、日本の伝統は軽視されざるをえず、時には敵視されることもあった。

③　教育改革が主として外国制度の導入であったため、いきおい観念的・思想的に流れ、その適用される現実の基礎への配慮がきわめて不十分であった。

「第三の教育改革」においては具体的に、①経済・産業の高度成長、②情報化社会の到来、③民主主義の大衆化、④国際社会の多極化、という社会の変化に対応して、「生涯学習の立場」「東洋の基盤に立つ新しい教育の立場」「先導的試行の立場」について検討し、学校教育全般の問題として、「学校教育に対する国家社会の要請と教育の機会均等」「人間の発達段階と個人の能力・適性に応じた効果的な教育」「教育費の効果的な配分と適正な負担区分」を検討の観点とした。

「四六答申」が示した改革案の多くは、その後の教育改革で実現したが、初等中等教育制度の改革などは１９８４（昭和59）年に設置された臨時教育審議会に引き継がれた。その意味で「四六答申」は、「臨時教育審議会の先導的役割を果たし、改革構想の輪郭を構成した」（下村哲夫『実感的戦後教育史』）と位置付けることができる。

臨時教育審議会の発足

高度経済成長が終息した後、1970年代末から1980年代初頭にかけて、日本の財政は危機的な状況となった。1981（昭和56）年に第2次臨時行政調査会（以下、臨調）が発足し、「増税なき財政再建」を掲げて公共事業費の抑制、許認可事務の整理・統合、日本国有鉄道などの分割や持ち株会社の実現といった歳出抑制策を中心とした財政合理化案を打ち出していった。

しかし、臨調の進めた「増税なき財政再建」に対して、財界を中心に「小さな政府」論が強まり、自主性、自主・自律、自由競争への構造転換が求められていった。それは、イギリスのサッチャー政権やアメリカのレーガン政権で進められていた規制緩和や民営化の新保守主義的、新自由主義的な潮流と連動するものであった。

特にアメリカでは、教育庁長官の諮問機関において学校教育についての審議が行われ、1983年に『危機に立つ国家――教育改革への至上命令（A Nation at Risk）』が報告書としてまとめられた。この報告書に基づき、アメリカでは中等教育を中心に抜本的な改革が進められていった。

1982（昭和57）年11月、「戦後政治の総決算」を掲げる中曽根内閣が発足した。中曽根は臨調路線に基づく行財政改革を進める一方、1984（昭和59）年8月に内閣総理大臣の諮問機関として臨時教育審議会（会長は岡本道雄。以下、臨教審）を発足させた。

内閣総理大臣直属の審議機関は、戦後では教育刷新委員会を前身とした中央教育審議会が教育改革の中心であったが、臨教審の設置は文部省の枠を越えて、政府全体の責任で長期的な展望から教育改革に取り組むことを意味していた。臨教審は、「教育の荒廃」などによって学校への不信感が高まっていく危機的な状況に対して、大胆な教育改革の断行によって抜本的な解決を図ろうとするものであった。

臨教審の教育改革は、1872（明治5）年の学制改革、第二次世界大戦後の戦後教育改革に次ぐ、「第三の教育改革」と位置付けられた。先述のように、「第三の教育改革」は、「四六答申」で掲げられたスローガンであったが、臨教審が改めて「第三の教育改革」を掲げたのは、「四六答申」の政策提言が十分に実現されていない状況があったためである。

例えば臨教審の委員であった黒羽亮一は、「四六答申」について、「高等教育については新構想大學の設置などが行われ、教員の待遇改善については、教員人材確保法*1の成立をみたりしたが、その初等中等教育の制度と内容の改革はほとんど着手されなかった」（『臨教審――どうなる教育改革』）と述べている。たしかに、「四六答申」が提言した6・3・3制の学校体系を見直そうとする議論は、その後は進展していなかった。そこには、「四六答申」自体が大学紛争の過熱した中で提出されたために、教育行政がその対応に追われたことも影響していた。

＊1　1974年に「学校教育の水準の維持向上のための義務教育諸学校の教育職員の人材確保に関する特別措置法」（人材確保法）が成立した。同法の目的は、教員の給与を一般の公務員より優遇することを定め、教員に優れた人材を確保し、義務教育水準の維持向上を図ることを目的とすることにあった。ただし、ここには日教組対策という政治的な意味もあったと言われる。法案を取りまとめた自民党の西岡武夫は、党内の賛同を得るために、「ゲップが出るほど金をやり、一挙に日教組を骨抜きにする」「日教組を事実上解体する費用としては安いものではないか」と説得したと言われる（田原総一朗『日本の官僚1980』文藝春秋、1979年）。

高度経済成長の負の副作用

「戦後教育の総決算」を掲げた臨教審は、1984年8月7日の臨時教育審議会設置法の成立によって、内閣総理大臣の諮問機関として設置された。同法において臨教審の設置目的は、「社会の変化及び文化の発展に対応する教育の実現の緊要性にかんがみ、教育基本法の精神にのっとり、その実現を期して各般にわたる施策につき必要な改革を図ることにより、同法に規定する教育の目的の達成に資する」（第1条）こととされた。

臨教審は四つの部会より構成され、21世紀に向けた教育のあり方について審議した。臨教審はまず、「高度経済成長の負の副作用」として主に次の点を指摘した。

① 物質的・人間的環境の変化・破壊の結果、自然との触れ合いの喪失、直接体験の減少、実生活体験と学校教育の分離、頭脳・身体を補う便利が増大し、本来人間が持っていた資質が退行し、幼稚化し、モラトリアム人間化していること。

② 豊かな社会は、貧しさ、不便さ、抑圧、不平等などの逆境をなくし、自立心、自己抑制力、忍耐力、責任感、連帯感、思いやりの心、感謝の気持ち、祖先への尊敬、自然・超越的なものへの畏敬の心、宗教心などを衰退させてしまったこと。

③ 近代工業文明は、家庭・地域社会の人間関係を崩壊させ、ばらばらの個人と大衆社会化状況を造出して、価値意識の多様化、相対化、伝統的社会規範の弱体化、社会統合力の低下等の事態を現出したこと。

こうした認識に基づきながら、臨教審は1987（昭和62）年までに四つの答申を行った。

この間、会議の開催は総会90回を含めて合計668回、公聴会は全国各地で14回、団体・有識者へのヒアリングは483人に及んだ。また、審議の経過は積極的に国民に公開され、教育改革に対する国民的な関心と論議を喚起していった。

1985（昭和60）年6月の臨教審の第一次答申は、教育改革の基本方向と審議会の主要課題を検討し、具体的な改革として、①学歴社会の弊害の是正、②大学入学選抜制度の改革、③大学入学資格の自由化・弾力化、④六年制中等学校の設置、⑤単位制高等学校の設置について提言した。

翌1986（昭和61）年4月の第二次答申は、教育改革の全体像を明らかにしたものであり、①生涯学習体系への移行、②初等中等教育の改革（徳育の充実、基礎・基本の徹底、学習指導要領の大綱化、初任者研修制度の導入、教員免許制度の弾力化）、③高等教育の改革（大学教育の充実と個性化のための大学設置基準の大綱化・簡素化等、高等教育機関の多様化と連携、大学院の飛躍的充実と改革、ユニバーシティ・カウンシルの創設）、④教育行財政の改革（国の基準・認可制度の見直し、教育長の任期制・専任制の導入など教育委員会の活性化）などを答申した。

また、1987年4月の第三次答申は、生涯学習体系への移行のための基盤整備、教科書制度改革、高校入試の改善、高等教育機関の組織・運営の改革、スポーツと教育、教育費・教育財政のあり方などの提言を行い、同年8月の第四次答申（最終答申）は、文部省の機構改革（生涯学習を担当する局の設置等）、秋季入学制について提言するとともに、第三次答申までの総括を行った。

特に第四次答申（最終答申）は、教育改革を進める視点として三点を示した。

第一は「個性重視の原則」である。答申は教育の画一性、硬直性、閉鎖性を打破して、個人の尊厳、自由・規律、自己責任の原則を確立することを強く求めた。

第二は「生涯学習体系への移行」である。答申は学校中心の考え方を改め、生涯学習体系への移行を主軸とする教育体系への総合的再編成を図る必要があるとしている。その主眼は、学校教育のみで教育が完結するかのような従来の考え方から脱却して、人間の評価が形式的な学歴に偏っている状況を改め、学習は学校教育の基盤の上で各人の責任において自由に選択し、生涯を通じて行われるべきものであるとしている。

そして第三は「変化への対応」である。なかでも答申は国際化・情報化など変化への対応が今後の社会において重要な課題であったとしている（文部科学省編『学制百五十年史』）。

教育の「自由化」論をめぐる議論

臨教審において注目されたのは、第一部会の提唱した教育の「自由化」論をめぐる議論であった。教育の「自由化」論を推進した第一部会の委員には、「世界を考える京都座会」（座長は松下幸之助）のメンバーが含まれていた。
「世界を考える京都座会」は1984（昭和59）年3月、①学校の設立自由化と多様化、②通学区域の大幅緩和、③意欲ある人材の教師への登用、④学年制や教育内容・方法の弾力化、⑤現行の学制の再検討、⑥偏差値偏重の是正、⑦規範教育の徹底、を提言していた。日本の「教育荒廃」の原因が教育制度の画一化と硬直化にあり、学校間・教師間の競争や親による学校選択の自由といった競争原理を導入することが必要であるという主張は、子供の個性にふさわしい教育を実施することをめざした第一部会の教育の「自由化」論へとつながっていった。

第一部会の香山《こうやま》健一は、「今次教育改革で戦略的に重要なのは、教育行政改革による教育の自由化の断行」であると主張し、①教育行政における各種規制の見直し、②教育分野への民間活力の導入、③学校の民営化・塾の合法化、④選択の自由の拡大と競争メカニズムの導入を強く主張した。こうした教育の「自由化」論はアメリカの経済学者フリードマン（Milton Friedman）の提唱する新自由主義思想に基づくもので、教育の分野で行政的規制を緩和し、競争原理を導入することによって、教育界の停滞と非効率性を打破することを意図したものであった（菱村幸彦『戦後教育はなぜ紛糾したのか』）。

第一部会の教育の「自由化」論に対しては、臨教審の第三部会が異論を唱えた。臨教審の会長であった岡本道雄は、第三部会の反論の趣旨を以下のように整理している（岡本道雄『立派な日本人をどう育てるか』）。

① 教育荒廃の原因を従来の学校教育の画一性、硬直化にのみ帰することは短絡である。それよりも原因は、戦後教育の主体であるアメリカの占領政策を基盤とした教育政策や占領教育思想にある。さらに重大なのは、日教組の教員の組合運動の影響である。

② 経済理論のみで教育を論じるのは間違っている。特に新自由主義経済学者フリードマンの教育理論は、かつて一部を英国サッチャー政権も米国レーガン政権も取り入れたが、いまは廃止している。

③ 経済学では自由化が競争を生み、国を繁栄させ得ることが定説であっても、教育には強制も必要である。また競争のみでなく共存もあるなど、経済学とは違う教育固有のものがある。

④ 公教育や国民教育、義務教育をどう考えるか。これらには自由化になじまない強制があり、また文化伝統といった国民として必須のものもある。

⑤ 「自由」という言葉を用いたとき、これが自由勝手といった方向に流れると、現在の荒廃した教育に、火に油を注ぐ結果になるのではないか。少なくとも「自由化」という

危険な言葉を使わず、「規制緩和」とか「個性を尊重する」などの言葉にしたらどうか。

こうした反論の中で、第一部会の提唱した教育の「自由化」論は、「個性主義」「個性重視」という表現へと改められていった。答申が掲げた「個性重視の原則」という表現は、臨教審での特に第一部会と第三部会の見解の妥協の接点でもあった。

したがって、個性とは、「人間の生命は過去・現在・未来と結ばれており、また、各個人は家庭、学校、地域、国家など各レベルにおいて複雑な相互依存関係のなかに生きている」ものであり、「個人の個性のみならず、家庭、学校、地域、企業、国家、文化、時代の個性をも意味している」と定義された。また、自由とは、「放縦や無秩序、無責任、無規律とはまったく異なる」とし、共同体的な関わりの中で捉えるべきものであることが強調された。

生涯学習体系への移行

臨教審の第三次答申で提言された「生涯学習体系への移行」は、1966（昭和41）年の中央教育審議会答申「後期中等教育の拡充整備について」、1971（昭和46）年の「四六答申」や社会教育審議会答申「急激な社会構造の変化に対処する社会教育のあり方について」においてすでに提言されたものであった。また、1981（昭和56）年の中央教育審議会答申「生涯教育について」は、生涯教育の観点から家庭教育及び社会教育の各分野を横断して教育を総合的にとらえ、家庭教育の充実、初等中等教育における生涯教育の観点の重視、高等教育における成人の受け入れや、社会教育の推進など教育全般にわたって提案した。

こうした生涯教育の考え方に影響を与えたのは、1965（昭和40）年、ユネスコの成人教育推進国際委員会で提唱されたラングランの主張である。この英訳は、Life integranted education であり、「生涯にわたって統合された教育」と訳される。

教育の機会や機能を人間の誕生から死に至るまで全生涯にわたって統合していくことを理念とした生涯教育は、その後、1970年代のリカレント教育や継続教育として具体化されていった。これらは、教育と労働・余暇などの社会活動とを交互に行う施策であり、青年の社会参加を早めると同時に、労働経験が学習動機となって教育の成果をあげることをめざしたものであった。

なお、臨教審の答申では、生涯教育ではなく「生涯学習」という用語が用いられた。それは、そもそも学習とは、学習者が自由な意思に基づいて自分にあった手段や方法によって行うべきものであることを明確にしたためである。

また、臨教審は学習を学校や社会の中で意図的・組織的に行われる学習活動のほか、スポーツ活動、文化活動、趣味・娯楽、ボランティア活動、レクリエーション活動などを含めたものと定義した。臨教審の答申以降、教育政策においては「生涯学習」が一般に使用される用語となった。

臨時教育審議会答申の実施と展開

四次にわたる臨教審の答申を受けて、政府はその実施に向けて、臨教審の改革提言を具体的に実現するための法律等の制定や改正を実施した。

生涯学習関係では、1988（昭和63）年7月、文部省に生涯学習局が設置されるとともに、都道府県の生涯学習体制の整備が進められ、1990（平成2）年6月に「生涯学習の振興のための施策の推進体制等の整備に関する法律」が制定された。

初等中等教育関係では、1988年3月に単位制高等学校が創設され、高校生等の海外留学の制度化、帰国子女等に関する高等学校等への入学・編入学機会の拡大が図られた。また、1989（平成元）年度から教員新規採用後1年間の初任者研修制度が創設されるとともに、教育職員免許法の改正により教員免許状の種類及び免許基準の見直し、教員への社会人活用等の免許制度化改善が実施された。

さらに教科書制度については、審査手続きの簡略化と検定基準の重点化・簡素化、検定・採択周期の延長などの措置が図られた。高等教育関係では、1985年9月に文部大臣が指定する専修学校高等課程の修了者に対して大学入学資格を付与し、大学入学者選抜については、1990年度入学者選抜より国公私立大学が利用できる大学入試センター試験が実施された。

臨時教育審議会の評価

臨教審の提言は、教育に関して市場原理の自由化・競争・民営化を導入することで、教育の活性化を図るという新自由主義的な志向と方向性を持つ一方で、伝統文化とナショナリズムを強調して国家への帰属意識を高めようとする新保守主義的な考え方を基調とするものであった。それは、「小さな政府」論と文化的伝統主義とが共存すると同時に、教育の自由化と個性化、そして国際化が打ち出されるという複雑な特質を持っていた。

そのため、臨教審の答申に対する評価は多様で幅のあるものとなった。例えば、臨教審を設置した中曽根康弘は、臨教審による教育改革が「教育改革の哲学・思想がひ弱で柱となる基本方針がはっきりせず、本質論の弱い技術論が中心の寄せ集めの結論になった」と述べ、結果的には「中途半端に終わった」と評価している（中曽根康弘『日本人に言っておきたいこと――21世紀を生きる君たちへ』）。

また岡本道雄も「臨教審では教育の自由化について、理念の検討に入らず、むしろ学校制度の自由化の具体的事項を明示し、それに対する功罪を議論するという方向に流れてしまった。その賛否を問うなかで、『自由化』という言葉が独り歩きを始め、それ自身が大きな反発を招く結果になってしまった」と振り返った（岡本前掲書『立派な日本人をどう育てるか』）。

臨教審の発足当初、中曽根には教育基本法の改正が念頭にあったが、それを阻止したい野党は「臨時教育審議会設置法」案の国会提出の条件に「教育基本法の精神にのっとり」という文言を明記することを強く要求した。国鉄の民営化などの重要法案を抱えた政府は、結局はこの要求を呑まざるを得ず、臨時教育審議会設置法には教育基本法の遵守が規定された。そのため、臨教審による教育改革の基本方針は必ずしも明確ではなかった。「中途半端に終わった」という中曽根の評価はこの点と無関係ではなかった。

戦後教育史研究において、臨教審に対する評価は多様であるが、臨教審の答申がその後の教育改革の起点となったことでは一致している。また、臨教審によって、それまでの「文部省対日教組」という二項対立的枠組みは色褪せ、教育政策の立案は、官邸主導・政治主導になるという新しい潮流が形成されると同時に、日教組の1989年の分裂とその後の退潮を加速させる要因ともなっていった。

第8章 「ゆとり教育」と公教育の変質

1 「新しい荒れ」と道徳教育の充実

子供たちの「新しい荒れ」

1997（平成9）年、神戸市須磨区で連続児童殺傷事件が発生し、中学3年生の男子生徒が逮捕された。男子生徒は、自身が通学していた中学校の校門に切断した男子児童（小学6年）の頭部を置き、「さあ、ゲームのはじまりです…ボクは殺しが愉快でたまらない 人の死が見たくて見たくてしょうがない……」との紙片を添えた。「酒鬼薔薇聖斗」と名乗った男子生徒は、「透明な存在であるボクを造り出した義務教育、義務教育を生み出した社会に対する復讐も忘れていない」と宣言した犯行声明文を地元の新聞社に送りつけてもいた。

また、1998（平成10）年1月には、栃木県黒磯市の黒磯北中学校で、英語担当の女性教諭が同校1年の男子生徒に刺殺される事件が起きた。この男子生徒は、教諭から遅刻を注意されてカッとなり、いきなりバタフライナイフで刺したとされる。

この事件をきっかけに、非行とは結び付かない「普通の子」が些細なことで「ムカつき」、突然「キレる」行動が問題視された。これは1970年代から1980年代にかけての「教育荒廃」とは異質のものであり、「新しい荒れ」として注目された。

2000（平成12）年には、豊川主婦殺人事件（5月）、西鉄高速バス乗っ取り事件（5月）、岡山県金属バット殴打・母親殺人事件（6月）が連鎖的に発生した。こうした状況は、少年非行が新たな段階に入ったことを実感させるとともに、その対応として少年法の改正や道徳教育の充実などの論議が活発となっていった。

「学級崩壊」の問題化

「新しい荒れ」の典型として大きな社会問題となったのが「学級崩壊」である。一般に「学級崩壊」とは、突発的な行動をとる子供に周りの者が同調・便乗することで、教室内の秩序が一気に崩れ、学級の秩序が維持できなくなることである。

1998（平成10）年6月に放送されたNHKの番組（NHKスペシャル「広がる学級崩壊」）は、大阪府堺市の小学校で発生した「学級崩壊」の実状を報道して大きな話題となった。番組では、「立ち歩き」「私語」「ノートを取らない」「物を投げる」という「幼児がえり」したような「無秩序」な教室の様子が映し出され、この放送を契機にテレビ、新聞、雑誌等でも「学級崩壊」が頻繁に取り上げられた。

「学級崩壊」に直面した教師は、欲望を衝動的に爆発させる児童生徒を「宇宙人」「アメーバー」と評し、自分たちのこれまでの指導法が通じないことに苦慮した。また、こうした「新しい荒れ」に対しては、若い教師よりもベテランの教師の方が的確な指導ができないという指摘もあった。

「新しい荒れ」の背景には、「ゆとり教育」の中で育った世代がその幼少の頃に受けた「子育て法」に関係するとも言われた。例えば、1970年代までは赤ちゃんの添い寝は「よくない行為」とされてきたが、1980年中頃には一転して「よい行為」と扱われるようになり、「親主導から子供中心」の子育てへと大きく転換した。これは、従来からの親主導の子育てが否定され、「抱いてもらいたい」「お乳を飲みたい」「一緒に寝たい」という赤ちゃんの要求には、できるだけ親が付き合うべきであるという子供中心の子育てが奨励されたことを意味していた（品田知美『〈子育て法〉革命』）。

こうした子供の欲求を積極的に「受容」していこうとする姿勢は、「個性尊重の原則」を掲げた当時の教育政策と親和的であった。例えば、1989年改訂の「幼稚園教育要領」によって「自由保育」が注目されたが、「自由保育」での「時間割を作らない、園児の自由にしたいようにさせておく」という内容が、「学級崩壊」を引き起こしたという指摘もされた。「自由保育」の環境に慣れた子供たちが、時間ごとのカリキュラムによって活動が制限される小学校の生活に入った時、その生活に適応できないという指摘は一定の説得力を持つものであった（菅野仁『教育幻想――クールティーチャー宣言』）。

その意味で「学級崩壊」は、子供と心が通わないのではなく、心を通わせる段階にまで子どもたちが成長していない、ということでもあった。「学級崩壊」を起こしている子供たちの親の世代は、１９７０年代後半からの「ゆとり」を重視した教育を受けた世代である。「個性尊重の原則」「子どもの自主性を尊重する」ことをスローガンとした教育の中で育った世代が、１９８０年代中頃から顕著となった子供中心の「子育て法」を違和感なく受け入れ、この親に育てられた子供たちが「学級崩壊」を引き起こしたと見ることもできる。

道徳教育の充実方策と「心のノート」

中央教育審議会が１９９６（平成８）年7月に答申した「21世紀を展望した我が国の教育の在り方について（第一次答申）」は、これからの学校教育の在り方として、「ゆとり」の確保と「生きる力」の育成という理念を掲げた。具体的に答申は、「生きる力」を「自分で課題を見つけ、自ら学び、自ら考え、主体的に判断し、行動し、よりよく問題を解決する資質や能力」、「自らを律しつつ、他人とともに協調し、他人を思いやる心や感動する心など、豊かな人間性」、「たくましく生きるための健康や体力」と定義し、「ゆとり」の中での「生きる力」の育成をめざすという観点から、教育内容の厳選と基礎・基本の徹底、「総合的な学習の時間」の設置、完全学校週五日制の導入などを提言した。

さらに、神戸の連続児童殺傷事件を契機として、中央教育審議会は1998年6月に「新しい時代を拓く心を育てるために――次世代を育てる心を失う危機」(「心の教育」答申)を答申した。

答申は、次代を担う子供たちが、未来への夢や目標を抱き、創造的で活力に満ちた豊かな国と社会をつくる営みや地球規模の課題に積極果敢に取り組む必要性を強調した。また、世界の中で信頼される日本人を育成するために、社会全体で「生きる力」を身に付ける取り組みを進めることが大切であるとした。

また答申は、「生きる力」の核となる「豊かな人間性」について、①美しいものや自然に感動する心などの柔らかな感性、②正義感や公正さを重んじる心、③生命を大切にし、人権を尊重する心などの基本的な倫理観、④他人を思いやる心や社会貢献の精神、⑤自立心、自己抑制力、責任感、⑥他者との共生や異質なものへの寛容、などの感性や心であると定義した。

文部科学省は、2001（平成13）年1月に「21世紀教育新生プラン――レインボープラン〈7つの重点戦略〉」を発表した。その中の道徳教育充実策として作成・配布されたのが「心のノート」であった。

「心のノート」作成の趣旨は、「子どもが、自ら道徳性を発展させる窓口となる内容、すなわち学習指導要領に示された道徳の内容を、子どもにとって分かりやすく書き表した」ものであり、「子どもが道徳的価値について自ら考えるきっかけとなり、道徳的価値の大切さに気付き、勇気付けられ、発展させていくことができることを願って編集したもの」と説明された。

「心のノート」は、小学校の低・中・高学年用3種類と中学校用の計4種類が作成され、2002（平成14）年度から全国の小・中学生に配布された。その内容は、小・中学校の「学習指導要領」に基づいて構成され、子供が道徳的価値に気づいたり、自らを振り返ったりするイラストや写真、詩や文章、自らの思いを記入する欄などがあることを特徴としていた。

「心のノート」に対しては、これが国家による「心」の統制を助長するものであるという批判とともに、あらゆる問題の解決を個人の「心」の問題に還元しようとする「心理主義的」な内容に対する危惧も指摘された（高橋哲哉『「心」と戦争』）。また、これらの批判では、「心のノート」を教育基本法改正の動向と連動させて論じることが特徴であった。

2 「ゆとり教育」と「学力低下論争」

「新しい学力観」の提示――「平成元年版学習指導要領」

校内暴力、いじめ、不登校などの「教育荒廃」の顕在化は、学校と教育内容の「人間化」と「個性化」を促していった。特に教育内容の「人間化」は「ゆとり教育」を志向し、「個性化」は能力・適性に応じた教育を求めていった。臨時教育審議会以降、①心豊かな人間の育成、②自己教育力の育成、③基礎・基本の重視と個性教育の推進、④文化と伝統の尊重と国際理解の推進、が教育課程改革の基調となった。1987（昭和62）年12月の教育課程審議会答申は「自ら学ぶ意欲と社会の変化に主体的に対応できる能力の育成を重視すること」や「国民として必要とされる基礎的・基本的な内容を重視し、個性を生かす教育の充実を図ること」などがねらいとして掲げられた。

この教育課程審議会の答申に基づいて改訂された「平成元年版学習指導要領」は、教育内容の「ゆとり」路線を引き継ぐとともに、自ら学ぶ意欲や思考力、判断力などを基本とした「新しい学力観」（以下、「新学力観」）を提示した。

「新学力観」とは、知識・理解・技能の習得以上に、児童生徒の関心・意欲・態度を重視し、思考力・判断力・表現力に裏づけられた自己教育力を獲得する学力観を理念とするものであった。「平成元年版学習指導要領」の特徴は、具体的に以下の点であった。

① 学校教育が生涯学習の基礎を培うものであることを考慮し、体験的学習や問題解決学習を重視した。
② 入学式、卒業式等における国旗・国歌の取り扱いを明確化した。
③ 小学校低学年において「社会科」と「理科」を廃止し、「生活科」を新設した。
④ 中学校において選択教科の履修幅を拡大し、習熟度別指導の導入を奨励した。
⑤ 高校の「社会科」を「地理歴史科」と「公民科」に再編した。
⑥ 高校の「家庭科」を男女必修とした。

「新学力観」は、思考力・判断力・表現力、そして自己教育力を構成要素とするものであり、知・徳・体のバランスを重視するものであった。しかし、「競争原理」を導入する新自由主義的な政策志向の中で、個性化や「新学力観」のめざす能力・適性・意欲を重視する教育は、結果として「競争原理」に包括されて論じられる側面もあった。

また、子供たちが自ら主体的に学び、生涯にわたって学び続ける自己教育力のある人間を育成するということが強調される中で、教師の役割は子供たちを「指導」することではなく、子供たちの学びを「支援」することであるとされ、一人ひとりに合わせた授業が求められた。

ところが実際には、子供たちの「やる気」と主体性を前提として、「自ら学ぶ」姿勢を重視する授業の方法は、少数の学ぶ意欲のある子供たちにとっては適したものであったが、学ぶ意欲の乏しい子供にとってはかえって教育効果を低下させる結果となった。

「ゆとり教育」の教育課程――「平成10年版学習指導要領」

中央教育審議会が示した「ゆとり」と「生きる力」という新たな教育理念に基づき、1998（平成10）年7月の教育課程審議会は、①豊かな人間性や社会性、国際社会に生きる日本人としての自覚を育成すること、②自ら学び、自ら考える力を育成すること、③ゆとりある教育活動を展開する中で、基礎・基本の確実な定着を図り、個性を生かす教育を充実すること、④各学校が創意工夫を生かし特色ある教育、特色ある学校づくりをすすめること、を内容とする答申を行った。

この答申を受けて、1998（平成10）年12月に「平成10年版学習指導要領」が改訂され、2002（平成14）年4月より全面実施された。また、高等学校と盲・聾・養護学校（現・特別支援学校）の改訂は1999（平成11）年3月に行われ、高等学校については、2003（平成15）年4月から全面実施された。

「平成10年版学習指導要領」の主な特徴は、①「総合的な学習の時間」の新設、②授業時数の大幅削減と教育内容の3割削減、③授業時数や授業の1単位時間の弾力的な運用、④中学校の「外国語」を必修とした（英語の履修が原則）、⑤高等学校の普通教科に「情報」、専門教科に「情報」と「福祉」の新設、⑥盲・聾・養護学校の「養護・訓練」を「自立活動」に改めること、などであった。なかでも、「総合的な学習の時間」の設置は、従来の教科の知識体系による縦割り型の学力に対して、それを横断的に総合化して課題対応型の学力を付けることをめざすものと説明された。

中央教育審議会が掲げた「ゆとり」の中で「生きる力」を育成するという理念と、それを具体化するための「総合的な学習の時間」の設置や教育内容の削減といった一連の措置は「ゆとり教育」と呼ばれた。

一般に「ゆとり教育」と括弧書きされるのは、文部省がこの用語を使用していなかったためである。教育行政が「ゆとり」の重要性を提唱したのは確かであるが、あくまでもそれは「ゆとりある学校生活」や「ゆとりある教育活動」という表現であった。

しかし、すでに述べたように、1977（昭和52）年7月の学習指導要領改訂では「ゆとりと充実」という方策が打ち出され、教育が「ゆとり」路線を推進していたことは事実であった。したがって、当時の文部省の説明はどうあれ、「平成10年版学習指導要領」が「ゆとり」路線を継承、徹底させたものであることは明らかであった。

「学力低下」批判の展開

「ゆとり教育」は、児童生徒の「学力低下」と結びつけて論じられた。その端緒となったのが、「分数計算ができない」「まともな日本語が書けない」「簡単な英文が読めない」などの大学生が増えていることを指摘した『分数ができない大学生――21世紀の日本が危ない』『小数ができない大学生――国公立大学も学力崩壊』（いずれも東洋経済新報社）などの著書の刊行であった。これらの著書では、大学生の学力低下の原因が、小学校から高校までの「ゆとり教育」にあるとされた。

こうした指摘を契機として、「学力低下論争」に拍車をかけたのが、国際学力調査の結果であった。具体的には、2003年に欧米諸国や日本などが加盟するOECD（経済協力開発機構）が行った生徒の学習到達度調査（ＰＩＳＡ）とＩＥＡ（国際教育到達度評価学会）が行った国際数学・理科教育調査（ＴＩＭＳＳ）の結果であった。

ＰＩＳＡでの日本の成績は、参加40カ国のうち数学的リテラシーが6位、科学的リテラシーが2位、問題解決能力が4位であり、それぞれ前回の調査を下回った。特に、読解力リテラシーは14位とＯＥＣＤの平均値まで低下した。また、国際数学・理科教育調査の成績は、参加46カ国のうち数学が小学校で3位、中学校で5位、理科は小学校3位、中学校6位であり、中学校の成績はいずれも前回を下回った。

一方で、国際学力調査の結果は諸外国に比べても決して低いものではないという指摘もあった。実際、２００９年と２０１２年にはＰＩＳＡ調査の読解力の順位は上昇しており、「学力低下」の根拠についても疑問視された。

そうした中で、苅谷剛彦が中高生の学習時間の減少を示す調査結果において、子どもの学習離れを明らかにした結果は注目を集めた。この調査では、高校2年生の学校外での学習時間は、１９７９（昭和54）年から１９９７（平成9）年の間に大きく減少していることが明らかとなった。また、3時間以上勉強した生徒は16・8％から8・4％へとほぼ半減し、1時間から3時間以内の生徒も40・2％から35・0％へと減少した。一方、勉強時間が0分という生徒は22・3％から35・4％へと増大した。苅谷による調査結果は、勉強をする層としない層が二極化していることを示すものであった。

「学力低下」への懸念が広がる中で、学校で削減された授業時間を補うための塾通いの子供たちが増加し、特に都市部では中学受験が過熱化した。ここでは、子供を通塾させられる世帯とそうでない世帯との経済格差が、結果的に教育格差をもたらす状況を形成していった。また、「ゆとり教育」は子供たちばかりでなく、学校・教師にとっても、かえって「ゆとり」を奪う結果を生み出す側面があった。授業時数が削減される中でも、定められた教育内容を消化しなければならないために教師の負担は大きくなったからである。こうした状況は「ゆとりゆとりでゆとりなし」と皮肉を込めて言われた。

学習指導要領の「方向転換」

教育内容の削減による「学力低下」への批判の高まりを受けて、文部科学省は2002（平成14）年1月に「確かな学力の向上のための2002アピール――学びのすすめ」（以下、「学びのすすめ」）を公表した。

「学びのすすめ」は、「きめ細かな指導で、基礎・基本や自ら学び自ら考える力を身に付ける」「発展的な学習で、一人一人の個性等に応じて子どもの力をより伸ばす」など五つの事項を提示し、個に応じたきめ細かな指導（少人数授業・習熟度別指導）の実施、補充的な学習や家庭学習の充実といった方策を掲げるとともに、学習指導要領が最低基準であることを明確にした。「学びのすすめ」が示した方向性は、「昭和52年版学習指導要領」から続いた「ゆとり」路線からの「方向転換」を意味するものであった。

「学びのすすめ」を踏まえ、2003（平成15）年12月に「学習指導要領」の一部改訂が告示され、小・中学校で「確かな学力」の定着をめざすことを主眼として次のような改訂点が提示された。

①「学習指導要領」の基準性を踏まえた指導の一層の充実。「学習指導要領」は「最低基準」であり、これを超えた内容を加えて指導できることを明確にした。
②「総合的な学習の時間」の一層の充実。
③個に応じた指導の一層の充実。学習内容の習熟の程度に応じた指導（小学校）、補充的な学習や発展的な学習（小・中学校）などの教育方法を例示した。

多くのマスコミは、「学びのすすめ」を「ゆとり教育」から学力重視の教育内容への「方向転換」と報じたが、文部科学省は従来の方針の再確認と整備が目的であると説明した。たしかに、「学習指導要領」が「最低基準」であることは「昭和33年版学習指導要領」においいてすでに規定されていたが、２００３年の一部改訂によって学力重視へと「方向転換」したことは明らかであった。実際、これによって「ゆとり教育」に対する批判も一気に鎮静化していったからである。

「ゆとり教育」論争の論点は多岐にわたるが、①教科教育における基礎・基本の重視が再認識されたこと、②学力を論ずるためには基本的データが必要であることが再認識され、40年ぶりに全国学力調査が実施されたこと、③地方主導による学力向上への取り組みが活発となったこと、などが主な成果であった。

再び学力重視へ――「平成20年版学習指導要領」

中央教育審議会は２００８（平成20）年1月に「幼稚園、小学校・中学校、高等学校及び特別支援学校の学習指導要領等の改善について」を答申した。これを受けて、同年3月に小・中学校、翌２００９（平成21）年3月に高等学校及び特別支援学校の学習指導要領が改訂された。

「平成20年版学習指導要領」は、①２００６（平成18）年の教育基本法の改正等で明確となった教育の理念を踏まえ、「生きる力」を育成すること、②知識・技能の習得と思考力・判断力・表現力等の育成のバランスを重視すること、③道徳教育や体育などの充実により、豊かな心や健やかな体を育成することの三つの基本方針を提示した。さらに、教育内容に関しては「言語活動の充実」、「理数教育の充実」、「伝統や文化に関する教育の充実」、「道徳教育の充実」、「体験活動の充実」、「外国語活動の充実」を図ることなどが重視された。

具体的に「平成20年版学習指導要領」は、①小学校において、国語、社会、算数、理科、体育の授業時数が6学年合わせて350時間程度増加したこと、②小学校で「外国語活動」（第5・6学年で週1コマ）を新設したこと、③小・中学校の「総合的な学習の時間」の授業時数を削減したこと、④中学校において、国語、社会、数学、理科、外国語、保健体育の授業時数を400時間（選択教科の履修状況を踏まえると230時間）程度増加したこと、⑤中学校では、教育課程の共通性を高めるために、選択教科の授業時数を縮減し、必修教科の授業時数を増加したこと、⑥中学校において、男女とも武道を必修化したこと、などが主な特徴であった。

「平成20年版学習指導要領」は、「平成10年版学習指導要領」が掲げた「生きる力」の育成という基本理念を引き継いだが、「生きる力」の育成を目的とした「総合的な学習の時間」が縮減される一方、約40年ぶりに教科の授業時間数と教育内容が増加した。

「昭和52年版学習指導要領」から始まった「ゆとり」路線は、2003（平成15）年の「学習指導要領」一部改訂を経て、「平成20年版学習指導要領」によって、再び「学力重視」へと大きく転換された。

3　新しい学校像の模索

「開かれた学校づくり」の提唱

第7章で述べた臨時教育審議会（以下、臨教審）が提唱した6年制中等学校の設置や「開かれた学校」は、1996（平成8）年7月の中教審の第一次答申「21世紀を展望した我が国の教育の在り方について」に継承された。先述したように、「生きる力」の育成と「ゆとり」の確保を目標として掲げた答申は、その後の教育改革の基調となった。特に学校制度については、学校・家庭・地域の連携協力の必要性を求めると同時に、社会に対して「開かれた学校づくり」の推進を提唱した。

一般に「開かれた学校」とは、①「開かれた学校運営」であること、②地域の教育力を活用した学校教育の展開、③学校施設の開放、などを柱とするものであった。1998（平成

10）年9月の中教審答申「今後の地方教育行政の在り方について」は、学校の自主性・自律性の確立を強調し、教育委員会と学校の関係の見直し（学校の裁量権の拡大）、校長のリーダーシップ強化を中心とした学校経営体制の整備、保護者や地域住民に対するアカウンタビリティ（説明責任）の確立などを提言した。

こうした提言を踏まえて実現したのが、職員会議の補助機関化や学校評議員制度の導入、さらには民間人校長の登用などである。特に学校評議員制度は、２０００年の学校教育法施行規則の改正によって導入されたものであり、校長の求めに応じて、学校評議員が学校教育活動や地域社会との連携のあり方、校長の学校運営等について意見を述べることを可能とするものである。

学校評議員制度の導入は、①保護者や地域住民等の意向を把握し反映すること、②保護者や地域住民の協力を得ること、③学校運営の状況等を周知すること、などによって学校としての説明責任を果たしていくことなどが求められた。

学校評価については、２００２（平成14）年3月に「小学校設置基準」及び「中学校設置基準」が制定され、その中に学校の自己点検・自己評価を努力義務とする規定が盛り込まれた。

学校選択の自由化

また、臨教審が掲げた「個性重視の原則」は、画一的で硬直化した教育を打破して、個人の尊厳、自由・自律、自己責任の原則を確立することをめざすものであった。１９９３（平成５）年に文部省は全国の教育委員会に業者テストの禁止を通知したが、これは偏差値による受験競争の弊害を除去し、「個性重視の原則」を掲げる教育改革の一環であった。こうした子供の能力や適性に応じた教育を提供し、市場経済の原理によって教育の「自由」を確保しようとする教育改革の方向性は、一般に「教育の自由化」と呼ばれた。

「教育の自由化」を具体化したものの一つが、子供の通学する公立小・中学校を保護者が自由に選択できる学校選択の自由化（学校選択制）である。学校選択制は、臨教審における「自由化」論議でも検討されたが実現されていなかった。その後、１９９０年代の中頃からの地方分権と規制緩和の流れを受けて、２００３（平成15）年３月の学校教育法施行規則の一部改正によって公立学校の学校選択制が導入された。

学校選択制には、①学校側の競争的努力を促し、学校が特色を発揮する可能性があること、②子供や保護者の希望がある程度は反映されることで、学校・教師への不満が緩和されること、③いじめや校内暴力などが可視化されること、などのメリットがある。

一方、①学校の多様化が学校間格差を拡大するだけでなく、逆に学校間の多様性が失われること、②保護者同士の横のつながりが成立しなくなり、地域の結びつきが弱くなること、③学校と子供・保護者の関係が契約的なものとなり、地域住民から学校が切り離されることになること、④教育に市場原理を持ち込む学校選択制は、公教育制度の根幹を揺るがす可能性があること、などのデメリットも指摘された。

学校選択制の背景には、学校教育をサービス業とみる意識の拡大があったが、そもそも学校を選択制にしただけで学校教育が良くなると考えることはできなかった。なぜなら、世界的に見ても日本の教育制度は大幅に選択の自由が認められているからである。私立学校はもちろん、国立学校も選択制であったし、公立学校も義務教育以外は高等学校も大学も選択制である。したがって、学校選択制が教育を改善するのであれば、日本の教育は義務教育以外は「良い学校」のはずであるが現実にはそうではないことは明らかであった（市川昭午『教育の私事化と公教育の解体――義務教育と私学教育』）。

中等教育学校と義務教育学校

１９９８（平成10）年６月の学校教育法の改正によって成立し、翌１９９９（平成11）年から中高一貫教育を行う新しい形態の学校として設置されたのが中等教育学校である。

中等教育学校の設置は、１９７１（昭和46）年の「四六答申」や臨教審の答申ですでに提案されたものであり、中学校に相当する前期課程3年間と高等学校に相当する後期課程3年間の合計6年間を修業年限とするものである。2021（令和3）年度には学校数は56校（国立4校、公立33校、私立19校）となり、生徒数も約3万2800人となっている。このほか、中高一貫教育の実施形態としては、高校入試を実施せずに設置者が同じ中学校と高校を接続する併設型と設置者が異なる中学校と高校が連携する連携型の中高一貫校があり、中等教育学校と同じ特例が認められている。

また、新しい形態の公立学校として制度化されたのが、保護者や地域住民が一定の権限を持って学校運営に参画する「コミュニティ・スクール」（地域運営学校）である。これは、2001年4月に内閣府に設置された総合規制改革会議や中央教育審議会の答申などによって提言され、2004（平成16）年の「地方教育行政の組織及び運営に関する法律」（地教行法）の改正によって正式に発足した。

この改正で設置が可能となった学校運営協議会は、「学校の運営について協議する機関」として位置付けられたもので、学校評議員制度よりも保護者や地域住民がより強い権限をもって学校運営に参加することを可能とした。

「コミュニティ・スクール」は、学校運営協議会を設置した学校であり、主に、①校長が作成する学校運営の基本方針を承認すること（必須）、②学校運営について、教育委員会や校長に意見を述べることができること（任意）、③教職員の任用に関して、教育委員会に意見を出すことができること（任意）、などの権限を持っている。

「コミュニティ・スクール」は、学校運営に関する基本的な方針を協議し、承認されるプロセスが求められることで、学校と地域との情報共有や連携の深まりが期待されている。小中一貫教育への関心の高まりを背景に、小中学校すべてを「コミュニティ・スクール」とする自治体も増えている。

さらに、２０１４（平成26）年、教育再生実行会議が小中一貫教育の制度を提言したことを契機に学校教育法が改正され、２０１６（平成28）年４月に義務教育学校が創設された。

これは、学校教育制度の多様化と弾力化を推進するために、小学校から中学校までの義務教育を一貫して行うことを趣旨としたもので、小学校に相当する前期課程６年間と中学校に相当する後期課程３年間の計９年間を修業年限としている。文部科学省の統計によると、義務教育学校は、２０２２（令和４）年には１７８校が開校し、そこで学ぶ子供は約６万８０００人となっている。

4 「モンスターペアレント」と教員の専門性の否定

問題教員の増加

１９９０年代は教師にとっても転換期であった。その一つは教員数の減少である。また、それ以上に深刻な問題となったのは教員の質の低下であった。わいせつ行為等で処分された教員は10年間で6倍に激増し、教員に対する信頼は揺らいでいった。不適格教員の排除は難しく、地方公務員法第28条に基づく分限処分の規定はあったが、本人の意志に反する降任、免職、休職等の処分の実施は困難であった。

これに対して、１９９０年代後半から中央教育審議会、教育職員養成審議会、教育改革国民会議等で不適格教員の教職からの排除が検討された。その結果、２００1年5月「地方教育行政の組織及び運営に関する法律」（地教行法）の改正によって、不適格教員の排除が可能となった。市川昭午は、問題教員の急増は教職に対する使命感の喪失があるとする一方、教員に対する世間の目が厳しくなったためであると指摘した（市川昭午『教育の私事化と公教育の解体――義務教育と私学教育』）。

保護者の「不当な要求」と教員の精神疾患の増加

一方、保護者も変わり始めていた。高度経済成長期以降の学校・教師と家庭との力関係の逆転現象は、時間が経過するにしたがい顕著となっていった。その端的な例が、より自己（子）中心的で「不当な要求」を学校に持ち込んでくる保護者、いわゆる「モンスターペアレント」である。給食費を払うことができるのに払わない保護者や「保護者同士の仲が悪いから、子どもたちを別々のクラスにして欲しい」「卒業アルバムで家の子どもの写真が少ないので、作り直して欲しい」というような「不当な要求」は、現在ではどの学校でも日常的な光景となっている。

「モンスターペアレント」による「不当な要求」に対して、教育委員会や学校は、クレーム対応のマニュアルを作成したり、専門の弁護士を雇ったりするなどの対策を講じることが一般的となった。教員が、「クレーム訴訟保険」に加入することや給食費の未納に対する対策として保証人を立てることを義務付ける自治体も増加した。

学校・教師と家庭との関係性の変化は、学校・教師の精神衛生に影響を与える要因の一つとなった。2000年代に入ると、うつ病などの精神疾患で休職する教員の数が増加した。

この要因について文部科学省は、いじめの対応や部活動などの課外活動の負担などをはじめとした教員の「多忙な労働環境」や、従来の指導法が通用しなくなったことで自信を失ったこと、さらには、保護者からの「不当な要求」によって「保護者との関係が変化し説明を受け止めてもらえず悩む」などのケースが目立つと分析した。

「モンスターペアレント」と言われる保護者は、1960年代の高度経済成長期以降に生まれ、学齢期を「ゆとり教育」の中で育った世代と言われる。彼らは、学校が権威性を失い、教師が尊敬の対象でなくなり始めていた時期に学校教育を受けた世代でもあった。

学校・教師の権威性が低下し、「子どもの自主性を尊重する」「先生と児童生徒は対等である」というスローガンが声高に叫ばれていた時期に教育を受けた世代にとって、学校や教師に対する視線は最初から厳しいものであった。

先述したように、ここには大学の進学率の上昇によって教師と保護者間の学歴の差異が縮小したことも要因であった。高度経済成長期以後の高等教育の進学率の上昇は、教師の権威性の低下をもたらし、学校・教師と家庭との力関係の逆転を促したのである。

教師の専門性の否定

教師の権威性が低下する中で、教育政策は教師の専門性を担保するのではなく、むしろそれを弱体化させる方向へと向かったとの指摘もされた。それは、教育政策が従来の教員の専門性を高める政策から、教師の社会人の登用などの教員資格の緩和を図る政策を進めたことへの批判でもあった。

1998年の教員免許法の改正によって、教員免許状を持たない社会人が特別非常勤教員として教壇に立つことが可能となった。また、特別免許状が新たに設けられ、大学で教職課程を履修せず、普通免許状を持たなくても採用者の推薦だけで特別免許状が授与され、特定の教科を教えることができるようになった。

なかでも注目されたのが、教員免許状を持たない者が公立学校の校長に任用される「民間人校長」である。これは、学校教育法施行規則の改正により2000（平成12）年から実施されたもので、2004年度には教員出身でない校長は102人となり、そのうち民間人（教員免許状を持たず、教職に関する職についた経験もない者）は79人であった。それは、2000年の教育改革国民会議の報告「教育を変える17の提言」の中で、「学校は、社会人がその職業経験や人生経験を生かし、学校教育に参加する機会を積極的につくる」と提言したことに連動するものであった。

全国的に見れば、「民間人校長」の数は多くはない。しかし一連の施策は、大学の教員養成機関における教員養成や学校現場での教職経験よりも、民間企業等における勤務体験の方が価値があることを教育行政当局が認めたに等しいものであった。それは、1966年に「教員の地位に関する勧告」で打ち出された「教師専門職論」の追究と具体化を後退させ、教員養成制度の有効性を疑問視させると同時に、公教育そのものの変容を意味するものであった。

5 歴史教科書問題の展開

「従軍慰安婦」が歴史教科書に掲載

第5章で述べた教科書問題は1990年代以降も継続し、しばしば中国・韓国との外交問題に発展した。

1991(平成3)年に元従軍慰安婦と称する韓国女性が補償を求めて日本政府を提訴した。これに対して日本政府は、1992(平成4)年に加藤紘一官房長官が「朝鮮人女性の強制連行を裏付ける資料は発見されなかった」とした上で、「慰安所の設置や運営・監督などで政府が関与していた」と認めた。また、1993（平成5）年8月の河野洋平官房長官談話（「河野談話」）は、慰安所設置等に旧日本軍が関与し、慰安婦の募集も本人の意思に反して集められた事例が多かったとし、お詫びと反省の談話を発表した。

さらに、1995（平成7）年、村山富市首相は、「植民地支配と侵略によって、多くの国々、とりわけアジア諸国の人々に対して多大の損害と苦痛を与えた。心からのお詫びの気持ちを表明する」とした談話（「村山談話」）を発表した。

こうした中で、中学校、高校教科書のすべてに、戦時中の「従軍慰安婦」に関する記述が掲載された。しかし、後に政府が調査・収集した公文書では慰安婦の強制連行を裏付ける公文書がなかったことが明らかとなった。

『新しい歴史教科書』の検定合格

1997（平成9）年、戦後の教科書記述が「自虐的」であると主張する「新しい歴史教科書をつくる会」が結成され、同会のメンバーが執筆した『新しい歴史教科書』（扶桑社）が、2001（平成13）年4月に検定合格した。この間、同年3月には、『新しい歴史教科書』の検定申請本において、「従軍慰安婦」「731部隊」などへの言及が激減し、「日本の朝鮮植民地支配や中国侵略を正当化している」として、同教科書の不合格を主張する要望書が提出された。また、韓国政府は検定に合格した『新しい歴史教科書』の中の25項目をはじめ、その他7社の教科書の10項目に及ぶ合計35項目の修正を日本政府に要求した。

これに対して外務省のアジア大洋州局長が、中国や韓国からの批判は「内政干渉」に当たらないと表明する一方、町村信孝文部科学大臣は、「近隣諸国条項」制定の発端となった1982（昭和57）年の「侵略」から「進出」といった教科書記述の書き換えがあったとする報道はマスコミによる「誤報」であると公式に発言した。

こうした国内外の政治的な駆け引きの中で『新しい歴史教科書』は検定合格となったが、その混乱は採択においても継続された。『新しい歴史教科書』の一連の歴史的経緯は、国内外における「歴史教科書論争」を喚起すると同時に、教科書問題の重要な結節点に「近隣諸国条項」があることを浮き彫りにする結果となった。

第9章　教育基本法の改正と道徳の教科化

1　「歴史的和解」と「国旗・国歌」問題

日教組の分裂

第5章で述べた日教組は1980年代になると、これまでの対決型の運動から徐々に路線転換を模索し始めた。その背景には、戦後の労働運動が1970年代中頃から行き詰まりの状況にあったことが挙げられる。

例えば、1975（昭和50）年の「スト権スト」の敗北によって総評の影響力は低下し、労働運動は対決型から労使間の協議や政府への政策提言型へと移行していった。また、1973（昭和48）年の「全農林警職法事件」の最高裁判決をはじめとして、公務員の政治的活動の自由に対して官公労組側に対する厳しい判決が続いた。

日教組は、1973年の「半日スト」、翌1974年の「全一日スト」などの全国一斉行動を指令・実施した。しかし、これらに対する裁判では日教組にとって厳しい判決が続いた。なかでも、ストライキによる実力行使には世間からの厳しい目が注がれていった。日教組は、対決型の教育運動の行き詰まりを打破するために中央教育課程検討委員会を設置して、学習指導要領に代わる教育課程の編成を試みたが成功しなかった。それどころか、1976（昭和51）年の旭川学テ事件最高裁判決が、教育の内的事項に関する国の一定範囲での介入を認めたことは、学習指導要領の法的拘束力を否定していた日教組の正当性を否定する結果となった。

1980年代の日教組が抱えた大きな課題は、相次ぐストライキによって懲戒処分とされた組合員への救援支援金の増大であった。日教組が指示して行ったストライキに対して、当局は免職・停職・昇給延伸などの懲戒処分を行ったが、これらによる損失額は救援支援金として組合費から補填された。その金額は1990年代初頭には莫大なものとなり、日教組の財政を圧迫していた（広田照幸編『歴史としての日教組　下』）。

また、1980年代の日教組は、日本労働組合総連合会（連合）の結成に加わるか否かという路線対立に直面し、1989（平成元）年に内部分裂した。日教組の反主流派（共産党系）の単組（単位組合）は、大量に離脱して全日本教職員組合（全教）を結成し、主流派（社会党系）は一部の反主流派の単組や組合員を抱えながらも連合に加入した。

文部省と日教組の「歴史的和解」

１９９０年代に入ると、日教組の執行部は穏健・協調路線への転換を探り始めた。１９９０（平成２）年６月の日教組大会は、「参加・提言・改革」路線への転換を打ち出し、日教組規約の中から「闘争」の文言を削除するとともにスト戦術も放棄した。その背景には、東西冷戦の終焉の中でストライキによる実力行使が厳しく批判されたことや、組合員の減少によって、救援支援金がさらに財政的な逼迫をもたらしたことがあった。特に、分裂によって離脱した反主流派の方に被処分者が少なかったことが財政負担の悪化に拍車をかけた。

財政問題を解決するためには、処分を発令した各地域の教育委員会に働きかけて処分の撤回や補填を求める「実損回復」が必要であった。しかし、政府・文部省は日教組の路線転換を額面通りに受け入れておらず、「実損回復」に実質的な進展はなかった。

しかし、１９９４（平成６）年６月、自民党と社会党が新党さきがけとともに連立政権を発足させ、社会党委員長であった村山富市が首相になったことで状況は大きく変わった。文部省と日教組の関係回復を求めた村山の強い意向もあり、文部省と日教組の水面下での交渉が重ねられ、１９９５年７月に与謝野文部大臣と横山日教組委員長との間で合意文書が交わされ、両者の「歴史的和解」が実現した。

合意文書に基づき、同年9月の第80回日教組大会では、①学習指導要領の法的拘束性を認め、これに基づいて実践活動をすること、②文部省・教育委員会の主催する初任者研修などの現職研修を容認し、積極的に参加していくこと、③校長を教育活動のリーダーとして認め、職員会議を最高議決機関であるとする従来の立場を放棄すること、④任命主任制度に反対する闘争を終結すること、⑤日の丸・君が代への反対闘争を終結すること、などの運動方針が採択され、対決路線から協調路線への転換が図られた。

「歴史的和解」は、長く続いた「文部省対日教組」という対立の終焉をもたらすものとして期待され、当初は文部省と日教組の協調的な対話が図られた。しかし、「歴史的和解」が実質的に機能したわけではなかった。例えば日教組は、「日の丸」掲揚と「君が代」斉唱が日本国憲法の保障する思想・良心の自由に反するという立場を崩さず、教育現場ではその後も対立が続いた。

「国旗・国歌」問題の論点

第4章で言及したように、戦後の「国旗・国歌」問題は、1950（昭和25）年の「天野談話」を起点としていた。同10月17日、天野貞祐文部大臣は、国民の祝日においては、「国旗を掲揚し、国歌を斉唱することもまた望ましい」という談話を発表し、文部省はこれを各都道府県教育委員会等に通達した。

これに対して、日教組などは激しい抗議を行い、1951（昭和26）年の定期大会以来、「日の丸」を「軍国主義と侵略のシンボル」、「君が代」を「主権在民の憲法原理を否定するもの」として位置付け、否定し続けた。「国旗・国歌」をめぐる対立は、1950年代以降の「文部省対日教組」を象徴するものであった。

学習指導要領に「日の丸」「君が代」が登場するのは、「昭和33年版学習指導要領」からであり、「特別教育活動および学校行事等」において、「国民の祝日などにおいて儀式を行う場合には、（中略）国旗を掲揚し、君が代を斉唱することが望ましい」とされた。さらに、「昭和52年版学習指導要領」では、「国旗を掲揚し、国歌を斉唱させることが望ましい」と変わり、「平成元年版学習指導要領」では、「入学式や卒業式などにおいては、（中略）国旗を掲揚するとともに、国歌を斉唱するよう指導するものとする」と改められた。

これに対し日教組は、1975（昭和50）年の定期大会において決定した『「日の丸」『君が代』に対する日教組の統一見解」において、①「君が代」の歌詞内容とその歴史的役割は、「主権在民の憲法原理と教育基本法の民主的教育理念を否定するもの」であること、②「日の丸」が国家の標識であることは否定しないが、「明治憲法下の天皇制国家主義のシンボルとして扱われてきた歴史的事実にてらしてこの思想を復活する意図に反対」であること、③政府・自民党が「国家主義の復活強化をはかることを目的」として推進しようとしている「君が代」「日の丸」の法制化には反対であること、④学習指導要領をてこに、「日の丸」を強制的に学校教育に持ち込むことに反対し、その背景とねらいについて徹底的に討議を深め、「あくまで教育課程の自主編成の原則的立場にたって」対処することを明記して批判した。

それぞれの論点に、天皇制、侵略戦争、軍国主義、「愛国心教育と国際化」、学習指導要領の法的拘束力、管理教育、職務命令権、「生徒の思想・良心の自由」といったタームを織り合わせれば、「国旗・国歌」問題に対する批判の論点はさらに明確となる。

①と②の論点は、日教組の拠って立つ歴史観、国家観からのイデオロギー的な批判であった。そのため実際の議論は嚙み合わず、平行線のまま推移した。

③に関しての政府・文部省の立場は、「自国の国旗などを尊重しない人間が他国の国旗などを尊重することができるだろうか」（第72回衆議院予算委員会での奥野誠亮文部大臣の発言、1974年3月14日）、「自国の国旗や国歌を大切にすることによって他の国の国旗や国歌を大切にする態度を養う」（第101回参議院内閣委員会での森喜朗文部大臣の発言、1984年7月19日）というものであった。国旗・国歌は、「国家主義の復活強化をはかる」ためのものではなく、国際的な儀礼の観点からも必要であるというのが一貫した説明であった。

また、④に関わる「強制」論の問題は、「国旗・国歌」問題の中心的な論点であった。国旗・国歌は教師による教育課程の自主編成権の問題であると主張する日教組に対して、文部省は、校長・教員は「国旗・国歌」について学習指導要領に基づいて子供たちを「指導」するものであり、「子供の内心に立ち入って強制する趣旨」ではないが、「（教員が）国旗・国歌の指導に矛盾を感じ、思想・良心の自由を理由に指導を拒否することまでは保障されない。公務員の身分を持つ以上、適切に（職務を）執行する必要がある」と反論した。

「国旗・国歌」法の成立

「平成元年版学習指導要領」が「入学式や卒業式などにおいては、（中略）国旗を掲揚するとともに、国歌を斉唱するよう指導するものとする」と明記したことで、具体的な論点は入学式や卒業式での取扱いに集中した。新聞各紙は、都道府県ごとの国旗掲揚と国歌斉唱の実施状況を数字で掲載することを慣例化した。だが、実際の教育現場では校長が学習指導要領に基づく対応を実施しようとしても職員会議で否決される場合も少なくなかった。

また日教組は、学習指導要領で「入学式や卒業式」と明記されたことを逆手に取り、それら以外の教育活動では「日の丸」掲揚も「君が代」斉唱も必要ないと主張した。そのため、「平成元年版学習指導要領」以降、これまで運動会などの学校行事で行われていた国旗掲揚・国歌斉唱が実施されないという皮肉な結果を招くこととなった。

「国旗・国歌」をめぐる混乱が続く中で、1999（平成11）年2月、広島県の県立高校の校長が学習指導要領の定めに基づき、卒業式に「日の丸」掲揚と「君が代」斉唱を求めたところ、職員会議で反対され、思い悩んだ末に自殺するという不幸な事件が起こった。この事件を契機として、同年8月13日に「国旗及び国歌に関する法律」（以下、「国旗・国歌」法）が制定・公布され、「国旗は日章旗とする」「国歌は君が代とする」と定められた。

国会での法案審議の過程では、「もっと議論をつくすべき」という類の反対論が繰り返された。しかし、「国旗・国歌」問題は、公式には1961（昭和36）年に政府が「公式制度連絡調査会」を設置して以来の懸案であった。そのため、法制化までには多くの時間が費やされ、論点が出尽くしていたことも事実であった。むしろ問題は、「国旗・国歌」に対する議論が政治的イデオロギー対立の中で頓挫し、国家観や歴史観の問題に踏み込むことなく、「日の丸・君が代を国旗・国歌とする法的根拠が明確でない」という、いわば「入り口論」で膠着し続けてきたことにあった。

戦後の世論調査では、国民の大多数は「日の丸」「君が代」を国旗・国歌として容認し、「事実上の慣習」として定着していた。そのため、こうした状況では敢えて法制化する必要はないという意見も多かった。また、法律で定めるということは、改正される可能性を担保することになり、国家の歴史と伝統、文化に関わる国旗・国歌は、法制化にはなじまないという指摘も根強かった。

しかし、「国旗・国歌」法の成立が、学校の責任者である校長の不幸な事件を契機としていたことを踏まえても、「国旗・国歌」問題の「入り口論」に一定の決着を付けることは不可欠であった。同時にそれは、「国旗・国歌」問題を政治的なイデオロギー対立から解放し、国家論や歴史論、また公教育論の課題として捉え直すためにも必要な措置であった。

「国旗・国歌」法以後の問題

「国旗・国歌」法の制定により、国旗と国歌の法的な根拠が明確となり、入学式・卒業式での国旗掲揚と国歌斉唱が教育現場に定着・浸透していった。しかし、それに代わって焦点となったのが、国旗・国歌の「強制」が憲法の保障する思想・信条の自由を侵害するという論点であった。

例えば1999年、東京都日野市の音楽科の女性教員は、校長による国歌伴奏の指示を拒否したことで、東京都教育委員会から職務命令違反で戒告処分を受けた。女性教員はこの処分を不服として訴訟を起こし、裁判は最高裁まで争われた。

2007（平成19）年2月の最高裁判決は、校長の職務命令を適法とする判決を下した。

それは、①ピアノ伴奏を求める職務命令が、教員の歴史観・世界観や信念を否定するものとは認められないこと、②入学式で「君が代」のピアノ伴奏を命ずることは、特定の思想を強制したり、禁止したり、または告白を強要したりするものではないこと、③公務員である教員は、法令や職務上の命令に従わなければならない立場にあり、音楽専科教員にピアノ伴奏を命ずることは、目的・内容において不合理ではないこと、を理由とするものであった。

この最高裁判決によって、国歌斉唱に関する争いには事実上の決着がついたということができる。

2　教育基本法の改正と教育制度改革

中央省庁の再編と構造改革

1990年代以降の政治改革では、いわゆる「政治主導」が進められ、政府の指導力強化が顕著となっていった。具体的にそれは、国会制度改革（党首討論の開始、政府委員制度の廃止等）、内閣制度改革（副大臣、大臣政務官制度の創設等）、そして中央省庁再編（内閣法改正、内閣府の創設等）として実現され、2001（平成13）年1月、文部省も科学技術庁と統合され、文部科学省に再編された。

「政治主導」が進められる中で、教育分野においても文部大臣の諮問機関である中央教育審議会のほかに、臨時教育審議会（1984年）、教育改革国民会議（2000年）、教育再生会議（2006年）、教育再生懇談会（2008年）、教育再生実行会議（2013年）などの首相・内閣直属の会議体が相次いで設置された。特に、臨時教育審議会の提言した教育の「自由化・多様化」の方向性を底流としながら、1990年代半ばからは、地方分権と規制緩和を柱とした学校改革が進められた。

2000（平成12）年12月には構造改革特別区域法が公布され、特定地域において規制緩和の特例を設ける「構造改革特区」制度がスタートした。教育分野を対象にした構造改革特別区域（教育特区）では、株式会社やNPO法人による学校設置、小中一貫教育、学習指導要領によらない教育課程の編成・実施などの取り組みが行われた。

また、小泉内閣・第一次安倍内閣が取り組んだ構造改革では、国と地方及び官と民の見直しが中心テーマとされ、国の権限・管理の縮小と地方の自立・権限強化が課題とされた。

教育分野においては、国の教育予算の削減と教育の「自由化」に基づく競争的環境の醸成、さらには教育・学校制度に関する様々な規制を緩和する動きが強化された。義務教育費国庫負担制度が見直されて、義務教育費の国庫負担率は、2006（平成18）年に従来の2分の1から3分の1に縮小された。また、公務員人件費の削減政策による教職員定数の抑制・削減と教員給与水準・体系の見直しが図られていった。

教育基本法の改正

1947（昭和22）年3月31日に制定された教育基本法（**第3章**）については、制定当初から「よき日本人の育成」や「祖国観念の涵養」といった観点の欠如が指摘され、その改正が課題とされてきた。特に、1950年代以降の「文部省対日教組」という対立の枠組みが顕在化・固定化する中で、教育基本法改正の是非は戦後教育の重要な論点であり続けてきた。

教育基本法の改正は、2000（平成12）年に小渕恵三首相の私的諮問機関として設置された教育改革国民会議が、同年12月の最終報告書「教育を変える17の提案」において、「新しい時代にふさわしい教育基本法」の制定を提言したことが直接の契機となった。

教育改革国民会議の提言を受けて、中央教育審議会は2003（平成15）年3月20日に答申「新しい時代にふさわしい教育基本法と教育振興基本計画のあり方」を文部科学大臣に提出し、教育基本法の改正を求めた。

同答申は、教育基本法が掲げた「人格の完成」や「個人の尊厳」といった理念を継承した上で、「21世紀を切り拓く心豊かでたくましい日本人の育成をめざす」観点から教育基本法を改正することの必要性を強く提言した。

教育基本法の改正をめぐっては、様々な観点からの議論が展開された。例えば、改正賛成論においては「押し付け論」「規定不備論」「規定欠落論」「原理的見直し論」「時代対応論」など多様な見解が提示され、「教育基本法」を改正することの意義と必要性が主張された（市川昭午『教育基本法改正論争史――改正で教育はどうなる』）。

２００６（平成18）年12月22日、国会で教育基本法が改正され、公布、施行された。新教育基本法は旧教育基本法の全部を改正し、教育の目的及び理念並びに教育の実施に関する基本を定め、国及び地方公共団体の責務を明らかにした。

旧教育基本法から新教育基本法への主な変更点は、①第2条として「教育の目標」が加えられたこと、②生涯学習、大学、私立学校、家庭教育、幼児教育、学校・家庭・地域社会の連携・協力などに関する規定が新たに加えられたこと、③理念法から振興法としての性格を強めていること、などを挙げることができる。

具体的に新教育基本法の内容を見ると、第1条「教育の目的」は、「教育は、人格の完成を目指し、平和で民主的な国家及び社会の形成者として必要な資質を備えた心身ともに健康な国民の育成を期して行われなければならない」と規定した。この条文は旧教育基本法と同じであるが、新たに加えられた第2条「教育の目標」は、「教育は、その目的を実現するため、学問の自由を尊重しつつ、次に掲げる目標を達成するよう行われるものとする」として、具体的に以下の規定を掲げた。

一　幅広い知識と教養を身に付け、真理を求める態度を養い、豊かな情操と道徳心を培うとともに、健やかな身体を養うこと。

二　個人の価値を尊重して、その能力を伸ばし、創造性を培い、自主及び自律の精神を養うとともに、職業及び生活との関連を重視し、勤労を重んずる態度を養うこと。

三　正義と責任、男女の平等、自他の敬愛と協力を重んずるとともに、公共の精神に基づき、主体的に社会の形成に参画し、その発展に寄与する態度を養うこと。

四　生命を尊び、自然を大切にし、環境の保全に寄与する態度を養うこと。

五　伝統と文化を尊重し、それらをはぐくんできた我が国と郷土を愛するとともに、他国を尊重し、国際社会の平和と発展に寄与する態度を養うこと。

新たに加えられた条項のうち、特に第9条第1項では「絶えず研究と修養」が追加され、第2項では「養成と研修の充実」が追加された。第1項は、教員の努力義務を、第2項は主に教員に対する行政施策義務を明らかにしたものである。さらに、第17条は、教育基本法を単なる理念法ではなく実効性のある法律にするという観点から、第1項において「政府」に教育振興基本計画の策定を義務づけ、第2項では各地方公共団体が国の基本計画を「参酌」（参考にして長所を取り入れること）して、その教育基本計画の策定に努めるべきこと（努力義務）を明示した。

新教育基本法の理念に基づき、学校教育法や地教行法、教育公務員特例法などの教育関連法規が体系付けられた。特に、学校教育法第21条は、義務教育として行われる普通教育について、「学校内外における社会的活動を推進し、自主、自律及び協同の精神、規範意識、公正な判断力並びに公共の精神に基づき主体的に社会の形成に参画し、その発展に寄与する態度を養うこと」「我が国と郷土の現状と歴史について、正しい理解に導き、伝統と文化を尊重し、それらをはぐくんできた我が国と郷土を愛する態度を養うとともに、進んで外国の文化の理解を通じて、他国を尊重し、国際社会の平和と発展に寄与する態度を養うこと」などの具体的な目標を掲げている。特にこの条文は、新教育基本法とともに戦後の教育理念を明確にしたものといえる。

なお、新教育基本法、学校教育法の規定に基づき、特に愛国心については、「中学校学習指導要領解説（平成29年告示）特別の教科　道徳編」でも説明されている。まず、道徳の内容項目で規定している「国」や「国家」は、「政府や内閣などの統治機構を意味するものではなく、歴史的に形成されてきた国民、国土、伝統、文化などからなる、歴史的・文化的な共同体としての国を意味している」としている。その上で、「国を愛することは、偏狭で排他的な自国賛美ではなく、国際社会と向き合うことが求められている我が国の一員としての自覚と責任をもって、国際貢献に努めようとする態度につながっている点に留意する必要がある」と明記された。

こうした国家及び愛国心の定義は、基本的には先述した「国民実践要領」や「期待される人間像」で示された理解が反映されている。

教育委員会と教科書検定制度の改革

１９９０年代以降の地方分権と規制緩和改革が進められる中で、教育委員会制度改革が大きな課題となった。１９９９（平成11）年に地教行法が改正され、教育長の任命承認制度*1が廃止された。これにより教育長は、都道府県、市区町村ともに当該自治体の首長によって任命された教育委員（委員長を除く）のうちから、教育委員会によって選任されることとなった。また、市町村立学校に関する都道府県の基準設置権も廃止されたことで、各地方自治体の自主性と責任を強化し、国や都道府県による関与を縮減することが図られた。

さらに、２００１（平成13）年の地教行法の改正では、地域における多様な教育意思を反映させるために、教育委員には必ず保護者委員を含むことを規定し、教育行政の透明性を確保する観点から教育委員会の会議は原則として公開となった。

２０１３年、教育再生実行会議は、「教育委員会制度等の在り方について（第二次提言）」において、「首長が任免を行う教育長が、地方公共団体の教育行政の責任者として教育事務を行うよう現行制度を見直す」ことを提言した。

この提言を受けて中央教育審議会は、同年12月に「今後の地方教育行政の在り方について」を答申し、２０１４（平成26）年に地教行法の改正（２０１５年４月に施行）が行われた。その主な特徴は、①教育委員長と教育長を一本化することで教育委員会の責任体制を明確化したこと、②教育長の任免権を首長に委ね、首長が議会の同意を得て行うこととしたこと、③首長が主宰する「教育総合会議」を新たに設け、首長が定める教育の目標や施策の総合的な方針を意味する大綱についての協議や事務調整を行うものとしたこと、などである。

またこの改正では、子供の教育を受ける権利が侵害されている場合や、いじめ等によって子供の生命や身体に被害がある、あるいは被害が拡大する恐れがあり、その防止に緊急性がある場合は、国が都道府県・市町村の教育委員会に対して、是正要求や是正指示を可能にする規定も設けられた。

教育委員会制度改革としては、教科書採択に関する変更が行われた。この発端となったのは、２０１１年に沖縄県八重山採択地区での教科書採択をめぐる問題であった。沖縄県石垣市、竹富町、与那国町で構成する八重山採択地区協議会では、中学校公民科の教科書として育鵬社の教科書の採択を決定したが、竹富町教育委員会は教科書選定の手続きを問題視し、育鵬社の教科書ではなく、東京書籍の教科書を選定した。文部科学省は、採択地区協議会の規約による決定によって同一教科書を採択するように文書指導を行ったが、竹富町教育委員会はこれに応じず、竹富町が独自に東京書籍の教科書を購入し、生徒に無償で給与するという対応をとった。

こうした経緯を受けて、２０１４年に「義務教育諸学校の教科用図書の無償措置に関する法律」が一部改正された。この改正は、採択地区内での教科書が一本化できず、教科書の無償配布ができない事態等の発生を防止することを目的としたものであった。

具体的には、①共同採択地区内の市町村教育委員会は、採択地区協議会の結果に基づいて種目ごとに同一の教科書を採択すること、②都道府県教育委員会が設定する採択地区の設定単位を「市郡」から「市町村」とすること、③市町村教育委員会が教科書を採択した時には、採択結果及び理由等を公表するよう努めること、などが明記された。

＊1　都道府県においては、教育委員会議において教育長を任命し、文部大臣が承認することとなっていた。この背景には、思想的な対立で教育委員会が混乱した場合の対策という意味合いがあった。市区町村においては、教育委員会議において教育委員のうちから教育長を任命し、都道府県の教育委員会が承認することとしていた。

3　道徳の教科化とその意義

「特別の教科　道徳」の設置

2000（平成12）年12月22日、小渕首相の私的諮問機関として設置された教育改革国民会議は、報告書「教育を変える17の提案」において、教育基本法の改正とともに、道徳教育について積極的な提言を行った。

報告書は、「学校は道徳を教えることをためらわない」としながら、「学校は、子どもの社会的自立を促す場であり、社会性の育成を重視し自由と規律のバランスの回復を図ることが重要である。また、善悪をわきまえる感覚が、常に知育に優先して存在することを忘れてはならない」と述べ、「小学校に『道徳』、中学校に『人間科』、高校に『人生科』などの教科を設け、専門の教師や人生経験豊かな社会人が教えられるようにする。そこでは、死とは何か、生とは何かを含め、人間として生きていく上での基本の型を教え、自らの人生を切り拓く高い精神と志を持たせる」と提言した。

この提言を受けて、２００８（平成20）年３月に改訂された小中学校の「平成20年版学習指導要領」は、小・中学校において道徳教育の推進を主に担当する「道徳教育推進教師」を設け、どの学校においても確実に道徳教育が効果を上げていくことができるような指導体制の充実を明記した。

道徳の教科化が成立する直接の契機となったのは、２０１３（平成25）年１月に設置された教育再生実行会議が、同年２月26日に発表した「いじめ問題等への対応について（第一次提言）」である。ここでは、次のように道徳の教科化を提言した。

現在行われている道徳教育は、指導内容や指導方法に関し、学校や教員によって充実度に差があり、所期の目的が十分に果たされていない状況にあります。このため、道徳教育の重要性を改めて認識し、その抜本的な充実を図るとともに、新たな枠組みによって教科化し、人間の強さ・弱さを見つめながら、理性によって自らをコントロールし、より良く生きるための基盤となる力を育てることが求められます。（中略）道徳の教材を抜本的に充実するとともに、道徳の特性を踏まえた新たな枠組みにより教科化し、指導内容を充実し、効果的な指導方法を明確化する。その際、現行の道徳教育の成果や課題を検証するとともに、諸外国における取組も参考にして、丁寧に議論を重ねていくことを期待する。

これを受けて、同年3月に文部科学省に設置された「道徳教育の充実に関する懇談会」は、同年12月に「今後の道徳教育の改善・充実方策について（報告）――新しい時代を、人としてより良く生きる力を育てるために」（以下、「報告」）をまとめた。「報告」は、道徳教育の一層の充実を図るために、道徳を教科として位置付けることを提言した。教科化することによって、道徳教育の目標と内容をより構造的で明確なものとすると同時に、学校の教育活動全体を通じて行う道徳教育の要としての性格を強化し、各教科等における指導との役割分担や連携の在り方等を改善できるというのが「報告」の意図であり結論であった。

また「報告」は、現在の学校は、道徳教育の理念の共有や教師の指導力など多くの面で課題が存在している現状にあり、本来の道徳教育の「期待される姿には遠い状況にある」と述べ、社会の中にある「道徳教育アレルギー」が道徳教育軽視の根源であると指摘した。

具体的には、「道徳教育の目指す理念が関係者に共有されていない」「教員の指導力が十分でなく、道徳の時間に何を学んだかが印象に残るものになっていない」「他教科に比べて軽んじられ、実際には他の教科に振り替えられていることもある」などの現状を指摘し、道徳教育の現状を改善するためには、教科化による制度的な変革が必要であると勧告した。

つまり「報告」は、戦後日本にあった「道徳教育アレルギー」を払拭し、人間としての在り方に関する根源的な理解を深めながら、社会性や規範意識、善悪を判断する力、思いやりや弱者へのいたわりなどの前提となる「人間として踏まえるべき倫理観や道徳性」を育成することを強く求めたのである。

「特別の教科　道徳」設置の歴史的意義

２０１５（平成27）年３月27日、学校教育法施行規則の一部を改正する省令及び学習指導要領の一部改正が告示され、従来の「道徳の時間」に代わり、「特別の教科　道徳」（以下、道徳科）が設置された。また、同年７月には教科書検定審議会において道徳科の教科書検定の基準が明確にされ、小学校は２０１８（平成30）年度、中学校は２０１９（平成31）年度から教科書を使用した授業が開始され、記述式の評価が実施されている。ただし、道徳科は教科ではあるが、道徳の「専門免許」は設けられず、原則としては学級担任が授業を行うとされている。

道徳科の設置は、道徳授業の「形骸化」を克服するという制度的な意味と同時に、道徳教育を政治的なイデオロギー対立から解放することをめざしたことにあった。

本書で繰り返し述べたように、戦後日本では、戦前・戦中の教育に対する拒否感のみが強調され、道徳教育は政治的なイデオロギー対立の争点であり続けてきた。こうした状況においては、道徳教育の内容や方法をめぐる議論は基本的に成立せず、道徳教育は「賛成か、反対か」の二項対立図式の中で論じられることが常態化されてきた。

このことは、諸外国の道徳教育と比較しても異質であった。一般に諸外国では、学校教育での道徳教育の重要性が共有され、その内容や方法についての議論はあっても、道徳教育それ自体の是非が議論されることはないからである。

歴史的な観点から言えば、道徳の教科化は、道徳教育を「政治問題」から解放し、教育論として論じるための基盤を形成するために必要な制度的措置であった。道徳科の設置によって、学校・教師ばかりでなく、家庭や地域も子供たちの道徳性の育成という課題に正面から向き合うことが求められる。結果的にこのことは、従来のように道徳教育の議論に政治的なイデオロギーが入り込む余地を確実に減少させる役割を果たした。実際、道徳科の設置によって、これまで繰り返されてきた「賛成か、反対か」の議論は明らかに後退し、教科書、指導法、評価のあり方といった本質的な議論に関心が向けられ始めたと言える。

ついでに言えば、道徳科についても検討されるべき課題は少なくない。いじめや自殺の深刻化、不登校、インターネット犯罪の増加など、子供たちが直面している現実はますます複雑化し、混迷している。そのため、教師には高度の「専門性」が求められ、効果的な道徳授業を行う教員をどのように養成するかが大きな課題となる。

なかでも道徳の「専門免許」の問題は優先的に検討すべき課題である。なぜなら、大学の教員養成は免許制度と連動しており、「専門免許」の制度がなければ大学に道徳教育の専攻・講座が設置される可能性は低いままだからである。現実としては、道徳の「専門免許」を制度化しなければ、大学での道徳教育に関する学問的研究の基盤を構築することは困難であり、実質的な教員養成の充実は望めない。

4　教育勅語の教材化をめぐる問題

教育勅語を暗唱する幼稚園

２０１７（平成29）年、教育勅語に関する議論が起きた。その発端は、大阪府豊中市の国有地売却をめぐる森友学園についての一連の報道で、森友学園が運営する幼稚園で教育勅語を暗唱する子供たちの様子が写し出されたことにあった。この件は国会でも質疑が行われ、教育勅語が再びクローズアップされた。

これに対して政府は、同年３月31日に「学校において、教育に関する勅語を我が国の教育の唯一の根本とするような指導を行うことは不適切であると考えているが、憲法や教育基本法等に反しないような形で教育に関する勅語を教材として用いることまでは否定されることではないと考えている」という内容の閣議決定を行った。

その趣旨は、①教育勅語には普遍的な道徳的価値が含まれており、今日でも通用する部分があること、②教育勅語を唯一の指導原理としないかぎり、教育勅語の理念を指導原理の一つとすることは可能であること、③日本国憲法・教育基本法に反しないかぎり、学校や教育委員会・学校法人の判断で教育勅語を教材として使用することは可能であること、などを骨子とするものであった。

政府の閣議決定に対して、日本教育学会、教育史学会など多くの教育学関連学会・団体が反対を表明した。例えば教育史学会は、「教育勅語が、過去と現在と未来にわたる天皇と国民の道徳的な一体性という仮想を『国体』という言葉で表現し、そこに教育の淵源を求めている文書であり、そもそも日本国憲法や教育基本法とは根本から矛盾する」などと批判した。

また、閣議決定における教育勅語に普遍的な道徳的価値が含まれており、指導原理の一つとすることが可能であるという解釈は、１９４６年の「通牒」が１９４８年の「国会決議」によって全面的に否定されたという歴史的事実を無視したものであると指摘された。なかには、教育勅語の教材使用は「明確な憲法違反である」という批判まで行われた。

教育勅語の教材化と「国会決議」

しかし、**第3章**で詳述したように、「国会決議」は「通牒」を否定したものではなく、「通牒」の趣旨を徹底するものであった。仮に「通牒」が「国会決議」によって否定されたとすれば、教育行政によって「通牒」自体が廃止される措置が取られる必要があるが、実際にはそうした文書は発出されていない。したがって、政府の閣議決定は「通牒」や「国会決議」

に関わる歴史的経緯と行政的措置を踏まえたものであり、教材として使用することさえ憲法違反であるとする指摘は、法律的にも歴史的にも根拠の乏しいものであった。

また国会でも野党は、閣議決定を「国会決議」に反すると批判したが、政府の答弁は教育行政内容に照らして妥当である。なぜなら、現行の教育法制では、教育内容に関する国の権限は、①学習指導要領を制定すること、②教科書の検定を行うこと、③教育委員会（私立学校については知事）に対して指導助言を行うこと、に限られているからである。

つまり、国には学校で授業する個別の教材を直接的に規制する権限はなく、不適切な教材が使用されている場合に、それを是正する権限は教育委員会又は知事にあるのである。教育勅語を教材としても認めないとすれば、国が教科書以外にも検定を行うことを求めることになるという矛盾を抱えることになるはずである。

戦後日本では、教育勅語は近代教育において「不磨の大典」であったと批判されてきた。ところが、教育勅語を教材としても使用を認めずに全面的に否定することは、逆の意味で教育勅語を「不磨の大典」として取扱うことになるに違いない。

第3章でも引用したように、田中耕太郎は、教育勅語の辿った歴史について、「教育者は教育勅語を理性的に、客観的に、従って正当に評価しなければならない。これによってはじめて教育者は、今日なお見受けられるところの教育勅語に対するファナティックな崇拝と同時にこれに対する神経質な反情と恐怖症に陥らないですむのである」と述べた。この田中の言葉は戦後の教育史において克服されていない課題として連続している。

第10章　戦後教育の「いま」と「これから」

1　「令和の日本型学校教育」とICT

「平成29年版学習指導要領」の特徴

２０１７（平成29）年３月に告示された小中学校の「平成29年版学習指導要領」（高等学校は２０１８年）の特徴は、次のように整理できる。

①　各教科等の目標及び内容について、「知識及び技能が習得されるようにすること」「思考力、判断力、表現力等を育成すること」「学びに向かう力、人間性等を涵養すること」という「資質・能力の三つの柱」の観点から整理し、具体化・構造化したこと。

②　「主体的・対話的で深い学び」の観点から、従来の授業のあり方を見直し改善したこと。

③　学校全体として教育内容や時間の適切な配分、必要な人的・物的体制の確保、実施状況に基づく改善といったカリキュラムマネジメントの確立をめざすものとしたこと。

「平成29年版学習指導要領」は、今後の予測困難な社会変化の中で、より良い社会と幸福な人生の創り手となる力をどのように育成すべきかという観点から、そのために必要な資質・能力を明確にしたことである。それは、従来の「何を知っているか」という知識修得型の能力観から、「何ができるようになるか」というコンピテンシー育成の能力観への転換と整理できる。

ここでいうコンピテンシーとは、「単なる知識や技能だけではなく、技能や態度を含む様々な心理的・社会的なソースを活用して、特定の文脈の中で複雑な要求（課題）に対応できる力」を意味している。「主体的・対話的で深い学び」は、コンピテンシー育成のための教育方法として重視され、学習者が置かれている状況や理解度、興味・関心・性格などを考慮して、学習者一人ひとりの能力や適性に合わせて提供される学習である。「平成29年版学習指導要領」の具体的な改訂のポイントは次のようになる。

①　小学校の第3学年・第4学年に「外国語活動」（週1時間）を新設し、これまでの第

5学年・第6学年の「外国語活動」を「外国語科」（週2時間）として教科化した。
②　高等学校の地理歴史科において、必修科目として「地理総合」と「歴史総合」、選択科目として「地理探究」「日本史探究」「世界史探究」を設置した。また、公民科の必修科目に「公共」を新設し、選択科目を「倫理」「政治経済」とした。
③　小学校において、コンピュータでの文字入力等の習得、プログラミング的思考の育成のための学習活動を実施することとした。
④　日本語の習得に困難のある児童生徒や不登校の児童生徒について、夜間その他の特別の時間に授業を行う課程について定めた。

「平成29年版学習指導要領」は、近代教育から継続した教科内容の「詰め込み」か「ゆとり」かの二項対立を超え、各教科の学びの体系を回復するとともに、言語活動を充実させることにより、「習得・活用・探求」の学習サイクルの確立をめざすものと説明された。

「令和の日本型学校教育」の提示

「平成29年版学習指導要領」が示した教育課程の方向性は、2021（令和3）年1月26日の中央教育審議会答申「『令和の日本型学校教育』の構築を目指して――全ての子供たちの可能性を引き出す、個別最適な学びと、協働的な学びの実現」によってさらに具体化された。

答申は、「一人一人の児童生徒が、自分のよさや可能性を認識するとともに、あらゆる他者を価値のある存在として尊重し、多様な人々と協働しながら様々な社会的変化を乗り越え、豊かな人生を切り拓き、持続可能な社会の創り手になることができるよう、その資質・能力を育成することが求められている」と述べ、「個別最適な学び」と「協働的な学び」の一体的な充実を提示した。

「個別最適な学び」は、「指導の個別化」と「学習の個別化」に大別される。

「指導の個別化」は、「全ての子供に基礎的・基本的な知識・技能を確実に習得させ、思考力・判断力・表現力等や、自ら学習を調整しながら粘り強く学習に取り組む態度を育成する」ために、教師が子供一人ひとりの特性や学習状況に応じた指導方法や学習時間を設定することである。

また、「学習の個別化」は、基礎的・基本的な知識・技能や言語能力、問題発見・解決能力等を土台として、子供の興味・関心・キャリア形成の方向性等に応じて、教師が子供一人ひとりに応じた学習活動や学習課題に取り組む機会を提供することで、子供自身の学習が最適となるように調整することである。

この「指導の個別化」と「学習の個別化」を学習者の視点から整理した概念が「個別最適

な学び」であり、教師の視点から整理した概念が「個に応じた指導」となる。

一方、「協働的な学び」は、「探究的な学習や体験活動を通じ、子供同士で、あるいは地域の方々をはじめ多様な他者と協働しながら、あらゆる他者を価値ある存在として尊重し、様々な社会的な変化を乗り越え、持続可能な社会の創り手となることができるよう、必要な資質能力を育成する」ことである。

「GIGAスクール構想」とICT

「個別最適な学び」は、子供が主体的に学習を進めるためにICTの活用が効果的とされるが、文部科学省がその促進のために打ち出したのが「GIGAスクール構想」であった。

これは小中学校の子供向けの1人1台のコンピュータ端末と、高速大容量の通信ネットワークを一体的に整備したもので、特別な支援を必要とする子供を含め、多様な子供たちを誰一人取り残すことなく、公正に個別最適化された教育環境の中で子供たちの資質・能力を確実に育成することをめざすものであった。

Society 5.0時代を生きる子供たちにとって、ICTを基盤とした先端技術の活用は不可欠であり、多様な子供たちの個別最適化された創造性を育む教育の実現は重要である。

しかし、ICT活用については疑問な点もある。例えば、文部科学省の公式ウェブサイトに「学校における1人1台端末環境」公式プロモーション動画がアップされているが、ここで小学生の女子が、手元のタブレットを見ながら「タブレットがないと、全部自分の頭で考えないといけない。でもこれ（タブレット）が間違えた時すぐに説明されて、前に進んでいけるんです」と口にする場面がある。

タブレットの中に組み込まれた学習アプリが、子供たちに立ち止まって考える間もなく瞬時に間違いを指摘し、その子供の理解の進度に合わせて次のステップに誘導する。これで果たして効果的な「学び」を実現するのであろうか。

たしかに、ＩＣＴが学びを促すツールとして便利であることは否定できず、特に幼少期からＩＣＴ機器に囲まれて育った子供にとって、もはや紙の教科書が古臭く感じられることも仕方ない。

しかし、文字情報をタブレットの液晶画面で読むことには、①空間的な手がかりが掴みにくいために記憶に残りにくいこと、②ネット検索で情報過多となり、考える前にすぐに検索してしまうために思考する機会がなくなること、③メモを取る能力と字を書く能力が低下し、内容を咀嚼して吟味することができなくなること、などの弊害が指摘されている。

例えば齋藤孝は、「紙の教科書は時代遅れであり、タブレットを通して学ぶことが最先端であるというのは大きな間違いであり、むしろデジタルのみでは学力低下を招くことになる。

効果的な『学び』には紙の教科書が基本であり、デジタルはあくまでも情報ツールとして活用すべきである」という主旨の指摘をしている（読売新聞2021年1月12日）。「GIGAスクール構想」において、ICTの活用が強く奨励されたことで、それ自体が目的化している傾向があるが、ICTの活用は、あくまでも「全ての子供に基礎的・基本的な知識・技能を確実に習得」することを促進するための手段である。なぜなら、基礎的・基本的な知識・技能がなければICTを有効に活用することはできないからである。

例えばこのことは、「守・破・離」という日本の伝統的な「学び」の捉え方にもつながる。「守・破・離」は、伝統芸能や武道の修業においてよく使われるが、その意味することは教育一般の「学ぶ」に共通する。

筆者なりに解釈すれば、師匠はまず弟子に基本形としての「型」を繰り返し教え込む。それによって伝統的な「型」を継承し、「守」るのである。弟子はやがて、師匠から継承された「型」を「破」り、その枠から飛び出し、遂には「型」から「離」れることで、独自の世界観（境地）を確立できるという意味になる。

「型」を繰り返し学び「型」を修得しなければ、「型」を破り「型」から離れることはできない。言い換えれば、「型破り」が出来るのは「型」を修得した人間だけだということである。

簡単に言えば、哲学を学ぼうとする人が、ソクラテスやプラトンの学問体系を無視して創造的な独自の哲学を展開できるわけではないし、物理学を学ぼうとする人が、ニュートンやアインシュタインの確立した学問体系を無視できないということである。

同じことは「協働的な学び」にも言える。教育現場では、「協働的な学び」の方法としてグループでの話し合いや体験活動が多く取り入れられている。しかし、対象についての基礎的な知識を基盤としない話し合いは、自分の経験の範囲に限定された単なる「放談」「独り言」の繰り返しとなり、それ以上の議論の深まりは期待できない。

これは、小中学校だけでなく大学でも同じである。「アクティブ・ラーニング」が大学でも効果的であるとされ、講義でもグループ活動を取り入れることが推奨されている。従来の一方通行の講義は学生からも大学からも敬遠される傾向がある。

しかし、「アクティブ・ラーニング」をいち早く取り入れたアメリカでは、グループで学習するよりも単独で学習する時間が長い方が結果的に学力が高まることを明らかにした調査結果も報告されている。

「主体的・対話的で深い学び」が実現するためには、何より確実な知識が基盤となるというごく当たり前のことを踏まえておく必要がある。

生成AIと教育

教育におけるＩＣＴの活用は、文章や画像などのコンテンツを自動的に作り出すことのできる生成ＡＩの開発によって、さらに進展することは否定できない。生成ＡＩ時代に求められる人材の育成や学校での活用のあり方は、世界各国が直面し、取り組まなければならない急務の課題である。

たしかに、生成ＡＩには、個別の学習のフィードバックや対話形式の双方向の学習、進度に応じた学習方法の提供など「学習の個別化」においてメリットがある。その反面、探究的な学習や体験活動等を通じて、多様な価値観や意見を持つ他者と協働しながら学びを深めていくことにはデメリットもある。

しかも、過去のデータを集約し、あらゆる答えの「最大公約数」を導き出す生成ＡＩは、多様であるべきはずの社会を逆に均一化・画一化してしまう危険性を持っている。

文部科学省は、２０２３（令和５）年７月の初等教育から高等教育での生成ＡＩの取扱いについて、暫定的な「ガイドライン」を公表した。ここでは、生成ＡＩの仕組みについての理解や、それをどのように学びに活かしていくかという視点が重要であるとしたものの、現段階では子供の発達段階を十分に考慮して活用するという程度に止まっている。

生成ＡＩは、過去のデータを統計的に分析して結論を出しているに過ぎず、これまで経験したことのない状況には基本的に対処できない。人間は他律性と自律性を併せ持っているが、社会が生成ＡＩに過度に依存すれば人間の自律性が奪われ、新たな状況に適切に対応することが難しくなるだろう。生成ＡＩはあくまでも人間にとってのツールであり、それをうまく使いこなすためには、人間の方に高い知性と事実を正確に見極める分析力と読解力が求められる。

したがって、教育が主に対象としなければならないのは、生成ＡＩを適切に「学び」に活用できる力である。もちろんそれは、「タブレットがないと、全部自分の頭で考えないといけない」とは対極にある「学び」である。人間本来の知的作業である「考える」という重要な手続きを欠いたところに「学び」が成立するはずはない。

2　入学試験の多様化と「大学全入時代」

中学受験と高校入試

急速に進む少子化は入学試験にも影響を及ぼしている。２０００年代以降、公立高等学校の入学試験は多様化し、多くの都道府県で学区の撤廃や緩和が進み、受験できる高等学校の選択肢は増加した。また、中学校長による推薦を取り止め、自己推薦とする自治体や、推薦入試自体を廃止して、面接、グループ討論、スピーチなどを取り入れた選抜方法を採用する自治体、独自で入試問題を出題する学校も増加している。

しかし、その一方で、大学進学率の高い上位校の受験においては、偏差値が有効な選抜の指標であり続けていることも事実である。したがって、少子化は高等学校の入学試験を「軟化」させているというより、「二極化」「多極化」を招いているというのが実態である。

また、小学校受験（お受験）や中学校受験、私立一貫校への進学熱が高まる中で、中学校でも都市部を中心に「公立校離れ」が進んでいる。２０２２（令和４）年の私立・国立中学校へ通う割合は、首都圏を中心に全国的に上昇し、特に東京では25％を超えるまでになっている。私立・国立の中学校受験や小学校受験をめぐっては、これまでも首都圏と地方との格差や家庭間の経済格差が指摘されてきたが、その傾向はさらに拡大している（松岡亮二『教育格差――階層・地域・学歴』）。

進学率の上昇と少子化を背景として、「学歴社会」「受験競争」「受験地獄」という言葉は、一部の難関校の入学試験を除いて「死語」となりつつあり、近年では、「格差」「不平等」「勝ち組／負け組」「親ガチャ」が入学試験と関連付けて論じられる傾向にある。

例えば、東京大学への入学者に私立の中高一貫校の出身者が多くなる一方、都市圏以外の出身者が減少しているなど、地域の教育資源や家庭の経済力の違いによる学力格差は広がっている。

そのため、子供の教育は、従来のように子供自身の能力に基づくメリトクラシー（能力主義）の時代から、親の経済力や学歴、家庭の教育文化に規定されるペアレントクラシー（親格差）の時代へと移行したという指摘も説得力がある。

「大学全入時代」の「教養」

少子化の波は大学にも押し寄せている。18歳人口は、１９９２（平成４）年の約２０５万人をピークに緩やかに減少し、２０２２（令和４）年には約１１２万人まで減少した。

その一方で大学数は、１９７１（昭和46）年の３８９校から、２０２２年度には７９０校へと倍増した。２０２４（令和６）年４月の大学定員約63万９０００人に対して、志願者は約61万９０００人（志願率58・４％で計算）になると見込まれ、「大学全入時代」が始まる。実際、２０２２年度の大学入試において、私立大学の47・５％が定員割れとなっており、特に小規模大学や地方大学、女子大学で深刻な状況となっている。

こうした状況の中で、大学入学試験の選抜方法も多様化している。現在、大学入学試験の種類は一般選抜、学校推薦型選抜、総合型選抜（旧ＡＯ入試）などに分類することができる。

このうち一般選抜は、各大学で試験を実施する「一般方式」と共通テストの成績を利用する「共通テスト利用方式」に大別される。それは国公立大学、私立大学ともに変わらないが、２０２１年度の大学入試では、国公立大学では約80％が一般選抜で入学しているのに対して、私立大学では約86％が総合型選抜（旧ＡＯ入試）を実施している。

私立大学の入学者のうち、一般選抜以外の学校推薦型選抜、総合型選抜方式を利用して入学する受験生の割合は約54％、私立の短大では約86％となっており、学力試験を経ずに大学へ入学する受験生の割合は増加傾向にある。

各大学は受験志願者を獲得するために、今後も多様な入試を展開することが予想される。特に学力入試を経ることなく学校推薦型や総合型選抜（旧ＡＯ入試）で入学する学生の増加は、結果的に大学教育の質の低下をもたらし、さらにそれが定員割れを加速させるという悪循環に陥る危険がある。言うまでもなくそれは、受験志願者を集めることができる大学と、定員割れが続く大学との「二極化」「多極化」が進むことを意味している。

大学における「教養」の消滅

「大学全入時代」は、本来は高等教育を受ける層ではない学生も大学へ入学することを意味している。それは大学での「学び」の風景を変えた。

２０２３（令和５）年に発表された調査では、大学生の1日の平均読書時間は約32分で、1日の読書時間が０分である大学生が約47％であった。もっとも、1日に60分以上の読書をしている大学生も約28％であった。また、大学生の1か月の本代は、自宅生が１５４０円、下宿生が１７１０円で、いずれも減少傾向にある。

一方、文部科学省が２０１９（令和元）年に実施した「全国学生調査」では、大学3年生の1週間のスマートフォンの使用時間は、平均して13時間、全体の約14％は31時間以上使用していた。

全体として読書時間が減少していることは事実であるが、単純に大学生が本を読まなくなったというより、読書をする人としない人が「二極化」していると捉えることができる。

本書で述べたように、戦後日本の高等教育は、第一次ベビーブームの時期に生まれた世代が18歳に達した１９６０年代半ばから急激な量的拡大を遂げ、大学進学率も１９７５（昭和50）年には37・８％へと上昇し、「大衆化」の時代を迎えた。このことは、現代の学生が、戦前の旧制高等学校のような教養主義を内在化した「学歴貴族」ではなくなり、大衆化したサラリーマン予備軍となったことを意味していた。

学生文化での教養主義の影響は１９６０年代半ばから後退し始め、１９７０年代半ば以降は衰退化していった。この間、大学生の愛読書は、『世界』『中央公論』などの総合雑誌から漫画『少年マガジン』や『ぴあ』などの情報誌を経てスマートフォンに代わり、学生の読書は、「何を読んでいるか」が問われる時代から「何も読まない」時代へと移行している。

このような状況は、今後もさらに進むに違いないが、これがスマートフォンや生成ＡＩなどの情報ツールを利用した新しい形の「教養」が生み出される「前史」とは考えにくい。少なくともそれは、従来の読書と人格形成を結び付けて考える教養主義の消滅を意味していることは間違いない。

3　教師の「専門性」議論の停滞

教職の「ブラック化」

近年の教員不足が深刻となる中で、教員採用試験の倍率低下が問題となっている。文部科学省の調査によれば、２０２３年度（２０２２年度実施）公立学校教員採用選考試験での小学校の競争率（採用倍率）は、２・３倍で過去最低となった。また、中学校が４・３倍、高等学校が４・９倍となり、いずれも前年度から低下し、全体の教員採用試験の倍率は過去最低の３・４倍となった。小学校の採用倍率が過去最高であった２０００（平成12）年度が12・5倍であったことと比べれば、倍率の低下は明らかである。

この背景には、教員の大量退職に伴う採用者数の増加と受験者の減少などがある。なかでも受験生の減少には、教員の長時間労働を中心に、「教職のブラック化」を強調するマスコミ報道などが影響していることは否定できない。

教員不足と教員採用試験の倍率の低下に対して、政府・文部科学省は、小学校の35人学級化や小学校高学年の教科担任制をはじめ、教員の労働時間の削減と教員給与の見直しなどの「働き方改革」を進める一方、特別免許状や臨時免許状の積極的な活用などによる対策を進めているが、その効果と先行きは現時点では不透明である。

教師像としての「学び続ける教師」

教員の確保は急務の課題である。しかし、その一方で教員の「専門性」に関する議論は進んでいない。２０１２（平成24）年8月の中央教育審議会答申「教職生活の全体を通じた教員の資質能力の総合的な向上方策について」は、「教員を高度専門職業人として明確に位置付ける」と規定した。同答申の基本方針は、「教員養成の高度化」と「学び続ける教員像」の確立であった。

特に、「学び続ける教員像」については、「教職生活全体を通じて、実践的指導力等を高めるとともに、教員が探究力を持ち、学び続ける存在であることが不可欠である」とした上で、①教職に対する責任感、探究力、教職生活全体を通じて自主的に学び続ける力（使命感や責任感、教育的愛情）、②専門職としての高度な知識・技能（教科や教職に関する高度な専門的知識、新たな学びを展開できる実践的指導力）、③総合的な人間力（豊かな人間性や社会性、コミュニケーション力、同僚とチームで対応する力、地域や社会の多様な組織等と連携・協働できる力）を提示した。

「学び続ける教師」は、２０１５（平成27）年５月の中央教育審議会答申「これからの学校教育を担う教員の資質能力の向上について――学び合い、高め合う教員育成コミュニティの構築に向けて」においても強調され、教員の実践的指導力の向上や教職大学院の拡充が求められた。

さらに、２０２１（令和３）年１月の中央教育審議会答申「『令和の日本型学校教育』の構築を目指して――全ての子供たちの可能性を引き出す、個別最適な学びと、協同的な学びの実現」は、「変化を前向きに受け止め、教職生涯を通じて学び続ける」「子供一人一人の学びを最大限に引き出す役割を果たす」「子供の主体的な学びを支援する伴走者としての能力を備えている」などの教師像を提示し「学び続ける教師」を具体化した。

こうした政策動向を見ると、「学び続ける教師」は、「教師専門職論」に代わる新たな教師像の提示とも見える。しかし、教育基本法第9条第1項において、「法律に定める学校の教員は、自己の崇高な使命を深く自覚し、絶えず研究と修養に励み、その職責の遂行に努めなければならない」と規定されている。したがって教員が学び続けなければならない存在であることは自明のことであり、「学び続ける教師」が特に新しい教師像の提示とは言い難い。強いて言えば、「学び続ける教師」は、「教師専門職論」の具体化であるとも言えるが、その中身はごく常識的な教師像の範囲にとどまっており、その具体的な内実は乏しい。

「専門性」議論の停滞

戦後教育改革によって、「大学における教員養成」と「開放制」を基軸とする教員養成制度を確立した。当時、日本の教員養成制度は諸外国と比べても「世界最高水準」であった。しかし、諸外国でも1970年代までには「大学における教員養成」が実現され、現在では大学院レベルでの教員養成がスタンダードになっている中で、日本は完全に遅れをとっている（佐藤学『専門家として教師を育てる——教師教育改革のグランドデザイン』）。

しかも、現在の日本の教職をめぐる議論は、もっぱら教員不足への対応が主眼となっており、特別免許状や臨時免許の積極的な活用による量的な確保に焦点化されるのみで、教員養成の制度改革と教員の「専門性」を深める議論は停滞している。それどころか、教員の「専門性」の質的なハードルを低くすることで量的な状況を改善しようとする傾向を強めている。

しかし、教育の質的側面を担保する制度改革や、教員の「専門性」の向上を軽視することは、将来の教育に深刻な暗い影を落とすことは必至である。例えばアメリカでは、日本と同じような教員不足が問題となった際、教員の賃金を上げ、労働時間を短縮する方策が取られたが、結局は教員の需給バランスを解消することはできなかった。そのため、教員の主体性が発揮できる教育課程の編成や教育方法における教員の創意工夫を重視するものへと転換したことで、教員の志願者が増え、教員不足が解消に向かったという報告もある。

このことは、「専門職」としての教師の「誇り」と使命感を担保しなければ、労働時間を減らして給与を上げるだけでは教員不足の抜本的な改善は期待できないことを意味している。それが教育基本法の掲げる教職への「自己の崇高な使命を深く自覚」する教師のあり方とかけ離れていることは明らかである。教師の「専門性」を高めるための積極的議論と具体的な政策抜きに教職の「ブラック化」は解消しない。

4　教育振興計画とウェルビーイング

教育振興計画と基本方針

２０２３（令和５）年６月、政府は第４期教育振興計画（２０２３年度～２０２８年度）を閣議決定した。教育振興計画は、政府が策定する教育に関する総合計画で、今後５年間の教育政策全体の方向性や目標、施策などを定めたものである。

これは、２００６（平成18）年に改正された教育基本法第17条で「政府は、教育の振興に関する施策の総合的かつ計画的な推進を図るため、教育の振興に関する施策についての基本的な方針及び講ずべき施策その他必要な事項について、基本的な計画を定め、これを国会に報告するとともに、公表しなければならない」と規定されたことに基づくものである。

教育振興計画は、教育基本法の理念、目的、目標、機会均等などを実現するという教育の「不易」と、これを実現するための社会や時代の「流行」を取り入れることの必要性を踏まえた上で、少子高齢化、人口減少、国や社会に対する意識の低下などの課題に対応するための「教育の羅針盤」とされている。

第4期教育振興計画は、今後の教育政策に関する基本的な方針として、①グローバル化する社会の持続的な発展に向けて学び続ける人材の育成、②誰一人取り残されず、全ての人の可能性を引き出す共生社会の実現に向けた教育の推進、③地域や家庭で共に学び支え合う社会の実現に向けた教育の推進、④教育デジタルトランスフォーメーション（DX）の推進、⑤計画の実効性確保のための基盤整備・対話、などを掲げた。

また、これに基づき「確かな学力の育成、幅広い知識と教養・専門的能力・職業実践力の育成」「豊かな心の育成」「主体的に社会に参画する態度の育成・規範意識の醸成」など16の教育目標を設定し、それぞれの具体的な施策例を提示した。

「日本社会に根差したウェルビーイング」

第4期教育振興計画では、「持続可能な社会の創り手の育成」と「日本社会に根差したウェルビーイングの向上」という二つのコンセプトが掲げられた。前者は、①将来の予測が困難な時代において、未来に向けて自らが社会の創り手となり、持続可能な社会を維持・発展させていく人材の育成、②社会課題の解決を経済成長に結びつけてイノベーションにつなげる取り組みや、一人ひとりの生産性向上等による活力ある社会の実現に向けての「人への投資」の必要性、③society 5.0で活躍する、主体性、リーダーシップ、創造力、課題設定・解決能力、論理的思考力、表現力、チームワークなどを備えた人材の育成をめざすものである。

特に、「日本社会に根差したウェルビーイングの向上」は、第4期教育振興計画の大きな特徴であり、近年の国内外の様々な分野でのウェルビーイングへの関心に連動したものである。

一般的にウェルビーイングとは、「身体的・精神的・社会的に良い状態にあることであり、短期的な幸福のみならず、生きがいや人生の意義などの将来にわたる持続的な幸福を含む概念」「多様な個人がそれぞれ幸せや生きがいを感じるとともに、個人を取り巻く場や地域、社会が幸せや豊かさを感じられる良い状態にあることも含む総括的な概念」を意味する。

これまで、ウェルビーイングの要素としては、自己肯定感や自己実現などの個人が獲得・達成する能力や状態に基づく獲得的要素が主流であった。しかし、第4期教育振興計画では、これに加えて、「日本社会に根差したウェルビーイング」を提示した。これは、利他性、協働性、多様性への理解、社会貢献意識などの協調的要素を重視したものであり、第4期教育振興計画は、獲得的要素と協調的要素の両者を「調和ある形で一体的に向上させていくことが重要」であるとしている。

ウェルビーイングが注目された背景には、ＧＤＰに代表される経済的な豊かさだけではなく、精神的な豊かさや健康までを含めた幸福や生きがいへの関心が高まっていることが挙げられる。また、ＯＥＣＤの「Learning Compass 2030（学びの羅針盤２０３０）」において、個人と社会のウェルビーイングは「私たちが望む未来」であり、社会のウェルビーイングが共通の「目的地」とされたためである。

もっとも、こうしたウェルビーイングの内実は、日本では決して目新しいものではない。教育基本法第１条の「人格の完成を目指し、平和で民主的な国家及び社会の形成者として必要な資質を備えた心身ともに健康な国民の育成」という教育の目的や、第２条に掲げた具体的な目標は、そのほとんどがウェルビーイングの概念と重なるからである。

例えば、第４期教育振興計画の掲げた16の教育目標のうち、「豊かな心の育成」では、「子供たちの豊かな情操や道徳心を培い、正義感、責任感、自他の生命の尊重、他者への思いやり、自己肯定感、人間関係を築く力、社会性などを、学校教育全体を通じて育み、子供の最善の利益の実現と主観的ウェルビーイングの向上を図るとともに人格完成の基幹及び民主的な国家・社会の持続的発展の基盤を育む」とされている。これは、教育基本法の目的・目標であると同時に、道徳教育のめざす内容でもある。

5　公教育の再生に向けて

「個化」する家族

第4期教育振興計画は、教育におけるウェルビーイングの説明として、①不登校やいじめ、貧困など、コロナ禍や社会構造の変化を背景として、子供たちの抱える困難が多様化・複雑化している中で、一人ひとりのウェルビーイングの確保が必要なこと、②子供・若者に、つながりや達成などからもたらされる自己肯定感を基盤として、主体性や創造力を育み、持続可能な創り手の育成を図る必要があること、③地域における学びを通じて、人々のつながりや関わりを作り出し、共感的・協調的な関係性に基づく地域コミュニティの基盤を形成する必要があること、を挙げている。

その一方で、現代の教育状況はウェルビーイングとは程遠く、むしろ深刻さを増している。文部科学省の「児童生徒の問題行動・不登校等生徒指導上の諸課題に関する調査」の結果によれば、2022年度の小中学校における不登校者数は過去最多の約29万9000人となり、在籍児童生徒に占める不登校者の割合は3・2％（前年度2・6％）となった。

小中高校でのいじめ認知件数も過去最多の約68万2000件となっている。児童生徒1000人あたりの認知件数は53・3件（前年度47・7件）であり、そのうち重大事態となったいじめ件数は923件（前年度796件）で、前年度に比べ30％以上増加した。

また、小中高校から報告のあった自殺者は411人（前年度368人）で、調査開始以来の最多となり、暴力行為の発生件数も約9万5000件を超え、前年度から約1万9000件（24・8％）増加した。

1990年代以降、家庭の経済格差が、子供の学力格差を拡大していったことは本書でも指摘した通りである。多くの社会階層間での保護者の学歴や経済格差が子供の学習意欲や学習時間に影響を及ぼしており、学歴格差はその後の所得や地位の獲得に大きく影響している。なかでも経済格差の拡大は大きく、厚生労働省の「国民生活基礎調査」によれば、2022（令和4）年の子供の相対的貧困率*1は15・4％に上昇し、先進国で最悪となった。特に、子供のいる現役世代のうち、大人が1人の世帯での貧困率は44・5％となり、大人が2人以上いる場合の8・6％を大きく上回っている。

こうした状況と関係するのは家族の変容である。長期にわたって家庭の食卓調査を実施してきた岩村暢子は、２００５（平成17）年前後から、母親が「子供が生まれて自由がなくなった」と感じるとする傾向が強まり、子供は家庭の経済よりも親の自由を圧迫する存在と認識されるようになっていることに言及している。また調査では、家族のためにしなければいけないことを「持ち出し」「犠牲」「損」と感じ、家の中で自分以外の誰かのためにする仕事をストレスと感じようになり、「私のため」と「みんなのため」は一致しないと感じ始めている親が多くなっていると指摘している。

岩村によれば、家族が「個化」していく状況は、児童虐待の相談対応件数が２００４（平成16）年度の３万３４０８件から２０２０（令和２）年度には20万５０４４件と、６倍に増加したこととも無関係でないと述べ、現代の家族が抱えた状況を次のように指摘している（岩村暢子『ぼっちな食卓——限界家族と「個」の風景』）

今は親と子の関係さえ、「個」と「個」の関係に近づき、子どもたちの中にその親と個人的に「気の合う子」「気の合わない子」を生み出して、親子や家族の関係を変えつつある。（中略）「無断外泊」や「深夜帰宅」「引きこもり」の子どもたちは、その結果「ひいき」にされなかった方の子が子どもたちと少なからず重なっていることにも注意したい。親は友達感覚であっても、子どもにとって親は友達と違う。「ひいき」にされなかった子は自分を「ひいき」にしてくれる親を外に求めることができないし、代わりに「ひいき」にしてくれるかもしれない祖父母が同居する家庭も、今は少ないのである。

言うまでもなく、家族の「個化」は社会や共同体からの「個化」と連動する。社会や共同体から遊離した「個」は、飽くなき生活の私的な「豊かさ」を追及する一方で、「他者」を喪失したことによる深刻な「不安」の中を浮遊し続けることになる。いじめ、不登校、自殺、児童虐待という現代社会が抱える教育病理は、自分が帰属する家族、地域、国家という社会や共同体と自分とがつながっている意識と実感を欠いた結果とも言える。

＊1　相対的貧困率とは、ＯＥＣＤの作成基準に基づき、世帯収入から子どもを含む国民一人ひとりの所得を仮に計算し順番に並べ、全体の真ん中の人の額（中央値）の半分（貧困線）に満たない人の割合である。

社会関係資本と公教育

ところで、家族の「個化」が２００５年前後から顕著となった、という岩村の指摘は示唆的である。本書で言及したように、１９６０年代の高度経済成長によって、「私」を優先する国民意識が形成され始め、１９７０年代には広く国民の間に浸透した。その過程では、戦後教育がめざした「個の確立」は私生活優先にすり替わり、「私」の優先があたかも「戦後民主主義」であるかのように捉えられることが主流となっていった。そうした中で生まれた世代が親となったのがこの時期である。

「私」を優先する国民意識の形成には教育の責任も免れない。道徳教育、愛国心、「国旗・国歌」などの歴史に見られるように、戦後教育の中では、「公共の精神」、国家意識の醸成に反対し、国家を敵視するものもあり、個人と国家のつながりを解体することが民主主義であるかのような乱暴な議論が繰り返されてきた。こうした議論では、公共的なものの基盤には国家（共同体）意識があり、国家（共同体）意識のないところに「公共の精神」は成立しないという主張は無力であった。その意味で現代の教育病理は、戦後日本が辿ってきた歴史の結果であり、その「ツケ」を払っているとも言える。

もっとも、近年は教育における社会関係資本（つながり資本）が注目され始めていることも事実である。例えば、これまで子供の学力には親の経済的資本と親の学歴などの文化的資本が重要な要素であると言われてきた。たしかに、この点は否定できないが、志村宏吉はこれらに加えて、「離婚率」が低く、「持ち家率」が高く、「不登校率」の低い地域の子供の学力が相対的に高いことを指摘し、子供と家庭、学校、地域との「つながり」の重要性を主張した（志村宏吉『「つながり格差」が学力格差を生む』）。

子供が成長するためには、学校・家庭・地域が子供にとって信頼できる安心した場である必要がある。そうした「つながり」が形成され維持されれば、子供たちの学力が伸びるというのは決して不思議なことではない。

高度経済成長以降、「私」を優先する国民意識が浸透する中では、そもそも社会の共通の利益は社会との集団的な「つながり」によってしか作り出すことができないという「公」の論理は後退を余儀なくされてきた。しかも、こうした「公」の論理を学ぶ場であるはずの学校は、家庭や子供の私的欲求に従属する傾向を強くしており、公教育としての役割と機能を弱めている。言うまでもなく、こうした状況が教育基本法の理念や「日本社会に根差したウェルビーイング」のめざす方向とは異質で対極にあることは明らかである。

人間は私的な存在であると同時に公的な存在であり、「公」と「私」の調和とバランスの中で生きていく存在である。そのため、「私」が肥大化・拡大すれば、「公」を強調する必要がある。これは公教育の重要な役割であり、肥大化した「私」を「公」に結び付けるという視点から公教育を再生することが必要となる。

そのためには、学校・教師が、子供たちの「人格を完成し」、「平和で民主的な国家及び社会の形成者」としての「国民の育成」という教育基本法の定めた目的と目標を実現するという原点を見つめることが不可欠である。公教育の解体は日本社会の解体につながり、公教育の再生なくして日本社会の再生はありえない。

おわりに

激しい議論を重ねてきて、最後は「ごく当たり前」のところに落ち着いたのではないか。その反面、「ごく当たり前」の結論に辿り着くためにこれほど長い時間とエネルギーをかける必要があったのか。戦後教育の歴史を振り返ると、こうした思いを拭い切れない。

教育基本法と教育勅語、道徳教育、愛国心、教育の政治的中立性、教科書裁判、歴史教科書問題、「国旗・国歌」問題、学力低下、「ゆとり教育」、日教組、いじめ、不登校など、戦後教育では多くの論争が展開した。その多くは「文部省対日教組」に象徴される政治的な文脈の中での議論が中心となった。

そのため、結局は法律の制定や裁判によって決着が図られたものも多い。教育基本法の改正、「教育二法」、「国旗・国歌」法などがその典型である。

では、法律が制定された後はどうなったのか。ほとんどの議論は嘘のように熱気が冷め、制定された法律は確実に定着している。「ごく当たり前」と述べたのはその意味でもある。

ただし、問題はそれだけではない。本書では言及しなかったが、例えば教育基本法の改正に反対した人々が、その成立後は教育基本法の解説書やコメンタールを平気で出版している。教育勅語の教材化を「憲法違反だ」と声高に叫んだ人々が、その後、違憲訴訟を起こしたという話も聞かない。自らの言動に対する「不誠実さ」は、戦時中の教育学者の対応を思い起こさせると言えば言い過ぎであろうか。

とはいえ、法律や裁判によって教育問題が解消したわけではない。たしかに、かつての「文部省対日教組」の対立は確実に弱まったが、それによって教育が良くなったとは言えない。それどころか近年、教育の議論は驚くほど低調である。はっきり言えば「思考停止」しているとと思える程である。教育学はもっぱら教育政策に従属し、それに対する学問的な批判・検討はほとんど見当たらない。「主体的・対話的で深い学び」がブラックユーモアにさえ聞こえる。公教育は変容どころか解体され、溶解しつつあるというのが率直な実感である。

実は、本書を執筆しながら、三島由紀夫が１９７０（昭和45）年11月に自決する前に書いた「果たし得ていない約束――私の中の二十五年」の次の一節が何度も頭をよぎった。

私はこれからの日本に大して希望をつなぐことができない。このまま行つたら「日本」はなくなつてしまうのではないかといふ感を日ましに深くする。日本はなくなつて、その代はりに、無機的な、からつぽな、ニュートラルな、中間色の、富裕な、抜目がない、或る経済的大国が極東の一角に残るのであらう。

この言葉から半世紀を超えた。残念ながら現代の日本は、三島の予言通りの姿になっているように思える。しかし、だからといって、日本の絶望的な未来に手を拱《こまね》いて、諦めてしまうのも「正しい」とは思えない。

ここで想起されるのは、天野貞祐の言葉である。哲学者でもあった天野は、自らの生き方や社会の向き合い方について、徳としての「中庸」を常に重んじた。天野は、1954（昭和29）年刊行の『日々の倫理――わたしの人生案内』（酣燈社、後に『今日に生きる倫理（天野貞祐全集　第四巻）』に収載）において、「中とは偏《かたよ》らず倚《よ》らず、過不及《かふきゅう》なき名なり。庸は平常なり」「かたよらざる之を中といい、かわらざる之を庸という。中は天下の正道にして庸は天下の定理なり」という朱子の言葉を引用しながら、中庸こそが「正道」であると繰り返し述べた。

中庸の観点から見たとき、天野には戦前の日本が「国家あるを知って、個人と世界との存在理由を無視していた」極端な国家主義の時代と映り、戦後日本はその反動として、「個人のみを主張し、ややもすれば国家を単なる手段化しようとする」極端な個人主義の思想が蔓延している時代と映った。天野からすれば、戦前の日本も戦後日本も「正道」ではなく、ともに「中庸を逸脱した」ものであった。

では、どのように時代に向き合うべきか。天野はこう述べている（『今日に生きる倫理（天野貞祐全集　第四巻）』）。

私生活についてみても、政治や思想においても、極端に走る傾向の強いことは、わたし達日本人の大いに反省を要する点ではないでしょうか。わたくしは一個の哲学徒として、つねに中道を求めて止まないつもりでいます。ひとが右に走ってもついて走らず、左に走っても立ち止まって中道を求めようと思います。それ故にひとが国家あるを知って、個人と世界とを知らない時代には、人格の尊厳を力説し、今日ひとが個人であって、個人が国民であることを忘れる時に当たっては、国家の存在理由を主張することは、哲学徒の使命だと信じています。

本書で述べたように、「私」が優先される「個化」の時代にあっては、「公」の論理は忌避される。そこでは、本来は「公」であるべき学校・教師の権威性が失われ、公教育は「私」に侵食される。それは天野の言葉とも重なる。天野の言う「極端な個人主義」が蔓延している中では、公教育は意図的に「公」の立場を堅持する必要がある。「公」が解体し、溶解したところに幸せな未来は想定できないからである。また、「公」がないところには本当の「私」も成立しないはずである。

公教育を再生するためには、こうした「ごく当たり前」に立ち返り、未来の展望を切り拓くための地道な議論を粘り強く重ねるしかない。

さて、本書は、「もう一度しっかりと教育の歴史を勉強し直したい」という育鵬社編集部の山下徹さんの思いから出発した。その思いに十分に応え得た自信は全くないが、私自身が改めて戦後日本の教育の歩みを勉強する機会を与えて頂いたこと、そして山下さんと一緒に仕事ができたことは嬉しく、また楽しい経験であった。

歴史から謙虚に学び、これからの日本と教育について真摯に考えようとする人にとって、本書がわずかでも役立つことができれば幸いである。

2024(令和6)年3月　春分の日

貝塚茂樹

年	出来事（●は教育・文化に関するもの）
2015 平成 27	●学習指導要領一部改訂（「特別の教科　道徳」を創設し、小学校は平成 30 年度、中学校は平成 31 年度から実施） ●「義務教育学校」創設 ●中教審「これからの学校教育を担う教員の資質能力の向上について」「チームとしての学校の在り方と今後の改善方策について」答申
2017 平成 29	●小・中学校学習指導要領改訂 ●「部活動指導員」を制度化
2019 平成 31 令和元	「令和」に改元 ●中教審「新しい時代の教育に向けた持続可能な学校指導・運営体制の構築のための学校における働き方改革に関する総合的な方策について」答申
2020 令和 2	新型コロナウィルス感染拡大　緊急事態宣言
2021 令和 3	東京オリンピック開催 ●中教審「『令和の日本型学校教育』の構築を目指して──全ての子供たちの可能性を引き出す、個別最適な学びと、協働的な学びの実現」答申
2023 令和 5	●政府「第4期教育振興計画」閣議決定

年	出来事（●は教育・文化に関するもの）
2006 平成18	●「義務教育費国庫負担法」改正（義務教育費の国庫負担が2分の1から3分の1に削減） ●認定こども園制度発足 ●教育再生会議設置 ●「教育基本法」改正・公布
2007 平成19	●「教育三法」（学校教育法・教育職員免許法及び教育公務員特例法・地教行法）の改正
2008 平成20	アメリカ発の金融危機が拡大（リーマン・ショック） ●教育再生会議最終報告 ●小・中学校学習指導要領改訂
2009 平成21	●高等学校・特別支援学校学習指導要領改訂 ●教員免許更新制実施
2010 平成22	●文部科学省「生徒指導提要」公表
2011 平成23	東日本大震災 ●中教審「今後の学校におけるキャリア教育・職業教育の在り方について」答申 ●沖縄県八重山採択地区教科書採択問題
2012 平成24	消費増税法が成立 ●大津市立中学校いじめ自殺事件 ●子ども・子育て関連三法（子ども・子育て支援法、同整備法、認定子ども園法一部改正）公布 ●中教審「教職生活の全体を通じた教員の資質能力の総合的な向上方策について」答申
2013 平成25	●教育再生実行会議設置 ●文部科学省「道徳教育の充実に関する懇談会」設置 ●「いじめ防止対策推進法」施行
2014 平成26	●地教行法改正（教育長と教育委員長の一本化、総合教育会議の設置等）

年	出来事（●は教育・文化に関するもの）
1998 平成 10	●栃木県黒磯市黒磯北中学校女性教諭刺殺事件 ●中教審「新しい時代を拓く心を育てるために ── 次世代を育てる心を失う危機」答申 ●学校教育法改正により、中高一貫教育が制度化（中等教育学校の設置） ●中教審「今後の地方教育行政の在り方について」答申 ●小・中学校学習指導要領改訂、いわゆる「ゆとり教育」
1999 平成 11	「国旗及び国歌に関する法律」公布 ●高等学校学習指導要領改訂
2000 平成 12	●学校評議員制度導入 ●「児童虐待の防止に関する法律」公布 ●教育改革国民会議「教育を変える 17 の提案」を発表 ●少年法改正（適用年齢の引き下げ）
2001 平成 13	中央省庁再編／アメリカで同時多発テロ事件 ●文部省が文部科学省に再編 ●不登校児童生徒数が 13 万 9000 人と過去最高に達する
2002 平成 14	●文部科学大臣「確かな学力向上のための 2002 アピール（学びのすすめ）」を公表 ●完全学校週五日制実施 ●文科省「心のノート」配布
2003 平成 15	●小・中・高校学習指導要領一部改訂、「確かな学力」
2004 平成 16	●国立大学法人化 ●学校教育法改正により、栄養教諭を創設 ●地教行法改正により、学校運営協議会制度（コミュニティ・スクール）を導入 ● PISA2003・TIMSS2003 の結果発表
2005 平成 17	郵政民営化法成立 ●「食育基本法」公布 ●中教審「新しい時代の義務教育を創造する」答申

年	出来事（●は教育・文化に関するもの）
1984 昭和 59	●家永三郎、第三次教科書検定訴訟 ●全日本教職員連盟結成 ●臨時教育審議会発足 ●教育技術法則化運動提唱
1986 昭和 61	●中野富士見中学校いじめ自殺事件 ●検定合格した高校教科書『新編 日本史』に中韓が抗議し異例の修正
1987 昭和 62	●臨時教育審議会「教育改革に関する第四次答申」（最終答申）
1989 昭和 64 平成元	「平成」に改元 ●小・中・高校学習指導要領改訂 ●日教組分裂、全教結成
1990 平成 2	●共通一次学力試験に代わり大学入試センター試験開始 ●「生涯学習の振興のための施策の推進体制等の整備に関する法律」（生涯学習振興法）公布
1991 平成 3	湾岸戦争／ソ連崩壊（東西冷戦の終結） ●大学設置基準の大綱化
1993 平成 5	非自民連立内閣（細川内閣）成立 ●山形県新庄市で「山形マット死事件」
1994 平成 6	「河野談話」発表 ●「児童の権利に関する条約」を批准
1995 平成 7	阪神・淡路大震災／地下鉄サリン事件／「村山談話」 ●文部省が全国の公立学校にスクール・カウンセラーを配置する制度を導入 ●文部省と日教組が協調路線に転換
1996 平成 8	●中教審「21 世紀を展望した我が国の教育の在り方について」（第一次答申）
1997 平成 9	神戸連続児童殺傷事件 ●文部省「通学区域制度の弾力的運用について」通知 ●中教審「21 世紀を展望した我が国の教育の在り方について」（第二次答申）

年	出来事（●は教育・文化に関するもの）
1970 昭和 45	大阪で日本万国博覧会開催 ●高等学校学習指導要領改訂
1971 昭和 46	沖縄返還協定調印 ●中教審「今後における学校教育の総合的な拡充整備のための基本的施策について」答申（いわゆる「四六答申」）
1973 昭和 48	第四次中東戦争／第一次オイルショック
1974 昭和 49	●「学校教育の水準の維持向上のための義務教育諸学校の教育職員の人材確保に関する特別措置法」（「人確法」）制定
1976 昭和 51	ロッキード事件 ●小・中・高校の主任制度化 ●学校教育法一部改正により、専修学校を設置
1977 昭和 52	●小・中学校学習指導要領改訂、「ゆとりと充実」
1978 昭和 53	日中平和友好条約調印 ●高等学校学習指導要領改訂
1979 昭和 54	元号法制化 ●国公立大学志望者のための共通第一次学力試験を初めて実施 ●養護学校の義務制実施
1980 昭和 55	●神奈川県川崎市で「金属バット両親殺害事件」
1981 昭和 56	●東京都中野区で教育委員会準公選制実施 ●中教審「生涯教育について」答申 ●青少年問題審議会「青少年問題に関する提言」提出
1982 昭和 57	●「教科書誤報事件」起こる
1983 昭和 58	東京ディズニーランド開園 ●戸塚ヨットスクール事件 ●任天堂が家庭用ゲーム機「ファミリーコンピュータ」を発売

年	出来事（●は教育・文化に関するもの）
1957 昭和 32	ソ連（現ロシア）が史上初の人工衛星スプートニク１号の打ち上げに成功
1958 昭和 33	東京タワー完工式 ●小・中学校学習指導要領改訂（「告示」となり、国家基準性を強化） ●文部省が「道徳」の実施要綱を通達
1960 昭和 35	日米新安全保障条約調印／「国民所得倍増計画」 ●高等学校学習指導要領改訂
1961 昭和 36	●学校教育法改正により、高等専門学校を設置 ●全国一斉学力調査（学テ）実施
1962 昭和 37	●「義務教育諸学校の教科用図書の無償に関する法律」公布
1963 昭和 38	ベトナム戦争に米国が全面的に軍事介入（～1973） ●経済審議会答申「経済発展における人的能力開発の課題と対策」答申
1964 昭和 39	東海道新幹線開業／東京オリンピック開催 ●学校教育法改正により、短大を恒久的制度とする
1965 昭和 40	●家永三郎、第一次教科書検定訴訟
1966 昭和 41	中国で毛沢東による文化大革命起こる（～1976） ● ILO87 号条約発効（「教師の地位に関する勧告」） ●中央教育審議会「後期中等教育の拡充整備について」を答申（別記として「期待される人間像」を添付）
1967 昭和 42	●家永三郎、第二次教科書検定訴訟
1968 昭和 43	●文化庁設置 ●小学校学習指導要領改訂
1969 昭和 44	●東大安田講堂事件（機動隊突入により占拠の学生を排除） ●中学校学習指導要領改訂 ●「大学の運営に関する臨時措置法」公布 ●文部省「高等学校における政治的教養と政治的活動について」通知

年	出来事（●は教育・文化に関するもの）
1950 昭和 25	朝鮮戦争勃発 ●完全給食実施 ●第二次米国教育使節団来日
1951 昭和 26	政令改正諮問委員会設置／サンフランシスコ講和条約・日米安全保障条約調印 ●教育課程審議会「道徳教育の充実方策について」答申 ●無着成恭編『山びこ学校』刊行 ●「児童憲章」制定 ●「学習指導要領一般編（試案）」改訂
1952 昭和 27	日米行政協定／サンフランシスコ講和条約発効 ●中央教育審議会を設置 ●日教組「教師の倫理綱領」制定 ●「義務教育費国庫負担法」公布 ●「日本父母と先生の会全国協議会」（日本 PTA）結成 ●市町村教育委員会、全国一斉に発足
1953 昭和 28	民間テレビ放送開始 ●「山口日記事件」起こる ●天野貞祐「国民実践要領」刊行
1954 昭和 29	米国との相互防衛援助協定（MSA 協定）／自衛隊発足 ●「義務教育諸学校における教育の政治的中立の確保に関する臨時措置法」・「教育公務員特例法の一部を改正する法律」（いわゆる「教育二法」）公布 ●「旭丘中学校事件」起こる ●「学校給食法」公布
1955 昭和 30	日本社会党統一、保守合同による自由民主党結成（55 年体制） ●日本民主党「うれうべき教科書の問題」刊行
1956 昭和 31	第 10 回『経済白書』（「もはや戦後ではない」） ●「地方教育行政の組織及び運営に関する法律」（「地教行法」）公布 ●愛媛県教育委員会、勤務評定実施決定

年	出来事（●は教育・文化に関するもの）
1943 昭和 18	●「中等学校令」公布 ●「学徒戦時動員体制確立要綱」を閣議決定 ●学徒出陣開始
1944 昭和 19	「女子挺身隊勤労令」公布 ●「学徒勤労令」公布
1945 昭和 20	ポツダム宣言受諾／終戦の詔書（いわゆる「玉音放送」） ●「大日本教化報国会」結成 ●「戦時教育令」公布
（占領期）	連合国軍の本土進駐／五大改革指令 ●文部省が「新日本建設ノ教育方針」発表 ●文部次官通牒「終戦ニ伴フ教科用図書取扱方ニ関スル件」 ● GHQ が「教育の四大指令」を提示
1946 昭和 21	「日本国憲法」公布（翌年 5 月に施行） ●第一次米国教育使節団来日・「報告書」提出 ●文部省が「新教育指針」（第一分冊）発行 ●教育刷新委員会設置 ●文部次官通牒「勅語及詔書の取扱について」
1947 昭和 22	第 1 回国会開会 ●「学習指導要領一般編（試案）」発行 ●「教育基本法」・「学校教育法」公布（6・3 制実施） ●日本教職員組合（日教組）結成
1948 昭和 23	極東国際軍事裁判判決／国連で世界人権宣言を採択 ●新制高等学校発足 ●教育勅語等の排除・失効確認に関して国会両院決議 ●文部次官通知「教育勅語等の取扱について」 ●「教育委員会法」・「少年法」（新少年法）公布 ●コア・カリキュラム連盟結成
1949 昭和 24	●「教育公務員特例法」公布 ●「国立学校設置法」・「文部省設置法」・「教育職員免許法」公布 ●「社会教育法」公布

日本教育史略年表（昭和以降）

年	出来事（●は教育・文化に関するもの）
1926 大正15 昭和元	「昭和」に改元
1929 昭和4	ニューヨーク株式市場大暴落（世界恐慌） ●小原國芳、玉川学園を創設 ●小砂丘忠義ら『綴方生活』創刊
1931 昭和6	満州事変
1933 昭和8	日本が国際連盟脱退を通告 ●京都帝大「瀧川事件」起こる
1935 昭和10	●「天皇機関説問題」起こる ●「青年学校令」公布 ●文政審議会を廃止し、教学刷新評議会を設置
1936 昭和11	二・二六事件 ●文部省教学局に日本諸学振興委員会を設置
1937 昭和12	日中戦争（日華事変） ●文部省編『国体の本義』刊行 ●「国民精神総動員実施要綱」を閣議決定（国民精神総動員運動） ●教育審議会設置
1938 昭和13	「国家総動員法」公布
1939 昭和14	第二次世界大戦（～1945） ●「青年学校令」改正（青年学校を義務制に） ●「青少年学徒ニ賜ハリタル勅語」渙発
1940 昭和15	日独伊三国同盟／大政翼賛会発足 ●「義務教育費国庫負担法」公布
1941 昭和16	太平洋戦争（大東亜戦争）（～1945） ●大日本青少年団結成 ●「国民学校令」公布 ●文部省教学局編『臣民の道』刊行

- 真野宮雄・市川昭午編『教育学講座 18　教師・親・子ども』学習研究社、1979 年
- 水原克敏『学習指導要領は国民形成の設計書――その能力観と人間像の歴史的変遷』東北大学出版会、2010 年
- 三浦朱門編『「歴史・公民」全教科書を検証する――教科書改善白書』小学館、2001 年
- 宗像誠也『教育と教育政策』岩波書店、1961 年
- 宗像誠也「MSAと愛国心教育――誰にも知ってもらいたい教育の中立性ということ」『改造』第35巻第3号、1964 年
- 森口朗『日教組』新潮社、2010 年
- 森戸辰男『第三の教育改革』第一法規、1973 年
- 文部省編『学制八十年史』（大蔵省印刷局、1954 年）
- 文部省編『学制百年史（記述編・資料編）』帝国地方行政学会、1972 年
- 文部科学省編『学制百五十年史』ぎょうせい、2022 年
- 安田常雄編集『変わる社会、変わる人々――20 世紀のなかの戦後日本』岩波書店、2012 年
- 山崎正和・高坂正堯編『日米の昭和』TBS ブリタニカ、1990 年
- 山田恵吾編『日本の教育文化史を学ぶ――時代・生活・学校』ミネルヴァ書房、2014 年
- 山田昇『戦後日本教員養成史研究』風間書房、1993 年
- 読売新聞昭和時代プロジェクト編『昭和時代　三十年代』中央公論新社、2012 年
- 読売新聞昭和時代プロジェクト編『昭和時代　一九八〇年代』中央公論新社、2016 年
- 渡邉昭夫『〈日本の近代 8〉大国日本のゆらぎ　1972――1995』中央公論新社、2014 年

・辻田真佐憲『文部省の研究――「理想の日本人」を求めた百五十年』文藝春秋、2017 年
・土持ゲーリー法一『戦後日本の高等教育改革政策――「教養教育の構築」』玉川大学出版部、2006 年
・TEES研究会編『「大学における教員養成」の歴史的研究――戦後「教育学部」史研究』学文社、2001 年
・寺﨑昌男・戦時下教育研究会編『総力戦体制と教育――皇国民「錬成」の理念と実践』東京大学出版会、1987 年
・中曽根康弘『日本人に言っておきたいこと――21世紀を生きる君たちへ』PHP 研究所、1998 年
・中村政則ほか編『戦後思想と社会意識』岩波書店、1995 年
・長浜功『日本ファシズム教師論――教師たちの 8 月 15 日』明石書店、1984 年
・日本教育学会教育勅語問題ワーキンググループ編『教育勅語と学校教育――教育勅語の教材使用をどう考えるか』世織書房、2018 年
・日本放送協会放送世論研究所『図説・戦後世論史』日本放送出版協会、1975 年
・日本教育新聞編集局編『戦後教育史への証言』教育新聞社、1971 年
・林健太郎「愛国心の理論と実践」(『自由』第4巻第10号) 1962 年10 月
・菱村幸彦『戦後教育はなぜ紛糾したのか』教育開発研究所、2010 年
・日高六郎『戦後思想を考える』岩波書店、1980 年
・広田照幸『陸軍将校の教育社会史――立身出世と天皇制』世織書房、1997 年
・広田照幸編『歴史としての日教組 下』名古屋大学出版会、2020 年
・船山謙次『戦後道徳教育論史 下』青木書店、1981 年
・堀尾輝久・山住正己『教育理念(戦後日本の教育改革 2)』東京大学出版会、1976 年
・堀之内恒夫『現代修身教育の根本的省察』賢文館、1934 年
・松岡亮二『教育格差――階層・地域・学歴』筑摩書房、2019 年

・講座日本教育史編集委員会編『講座　日本教育史 5』第一法規、1984 年

・国立教育研究所編『日本近代教育百年史　第一巻　教育政策 (1)』教育研究振興会、1973 年

・佐々淳行『東大落城―安田講堂攻防七十二時間』文藝春秋、1993 年

・佐藤秀夫編『日本の教育課題 1』東京法令出版、1995 年

・佐藤学『専門家としての教師を育てる――教師教育改革のグランドデザイン』岩波書店、2015 年

・品田知美『〈子育て法〉革命――親の主体性をとりもどす』中央公論社、2004 年

・篠田弘・手塚武彦編『学校の歴史　第5巻　教員養成の歴史』第一法規、1979 年

・志村宏吉『「つながり格差」が学力格差を生む』亜紀書房、2014 年

・志村宏吉『ペアレントクラシー「親格差時代」の衝撃』朝日新聞社、2022 年

・下村哲夫『学校と国旗・国歌』ぎょうせい、2000 年

・下村哲夫『実感的戦後教育史』時事通信社、2002 年

・ジャスティン・ウィリアムズ『マッカーサーの政治改革』朝日新聞社、1989 年

・諏訪哲二『オレ様化する子どもたち』中央公論新社、2005 年

・袖井林二郎『占領した者された者――日米関係の原点を考える』サイマル出版会、1986 年

・滝川一廣『学校へ行く意味・休む意味――不登校って何だろう?』日本図書センター、2012 年

・高橋哲哉『「心」と戦争』晶文社、2003 年

・田中耕太郎『教育基本法の理論』有斐閣、1961 年

・田中耕太郎「教育勅語の運命」『心』第10巻第2号、生成會、1957 年 2 月

・高橋寛人『戦後教育改革と指導主事制度』風間書房、1995 年

・竹内洋『〈日本の近代 12〉学歴貴族の栄光と挫折』中央公論新社、1999 年

・小熊英二『1968〈上〉──若者たちの反乱とその背景』新曜社、2009年
・海後宗臣編『教員養成（戦後日本の教育改革8）』東京大学出版会、1971年
・貝塚茂樹『戦後教育改革と道徳教育問題』日本図書センター、2001年
・貝塚茂樹『戦後教育は変われるのか──「思考停止」からの脱却をめざして』学術出版会、2008年
・貝塚茂樹『教えることのすすめ──教師・道徳・愛国心』明治図書、2010年
・貝塚茂樹『戦後日本教育史』放送大学教育振興会、2018年
・貝塚茂樹『天野貞祐──道理を信じ、道理に生きる』ミネルヴァ書房、2017年
・貝塚茂樹『戦後日本と道徳教育──教科化・教育勅語・愛国心』ミネルヴァ書房、2020年
・貝塚茂樹『新時代の道徳教育──「考え、議論する」ための15章』ミネルヴァ書房、2020年
・籠谷次郎『近代日本における教育と国家の思想』阿吽社、1994年
・勝田守一ほか編『岩波講座　教育』第3巻、岩波書店、1952年
・勝部真長『特設「道徳」の考え方──特設時間の問題点』大阪教育図書出版、1958年
・金沢嘉市『ある小学校長の回想』岩波書店、1967年
・唐澤富太郎『日本教育史』誠文堂新光社、1953年
・唐澤富太郎『教科書の歴史──教科書と日本人の形成』創文社、1956年
・唐澤富太郎『図説 明治百年の児童史〈下〉』講談社、1968年
・苅谷剛彦『「学歴社会」という神話』日本放送出版協会、2001年
・菅野仁『教育幻想──クールティーチャー宣言』筑摩書房、2010年
・久保義三『対日占領政策と戦後教育改革』三省堂、1984年
・久保義三『昭和教育史　上（戦前・戦時下編）』三省堂、1994年
・黒羽亮一『臨教審──どうなる教育改革』日本経済新聞社、1985年

主要引用・参考文献

・麻生誠『日本の学歴エリート』玉川大学出版部、1991 年

・阿久悠『瀬戸内少年野球団』文藝春秋、1979 年

・天野郁夫『新制大学の誕生（上・下）――大衆高等教育への道』名古屋大学出版会、2016 年

・天野貞祐『今日に生きる倫理（天野貞祐全集 第四巻）』栗田出版会、1970 年

・天野貞祐『教育論（天野貞祐全集 第五巻）』栗田出版会、1970 年

・家永三郎「教育勅語成立の思想史的考察」『史学雑誌』第 56 篇第 12 号、1947 年

・市川昭午「教育基本法の評価の変遷」『季刊教職課程』協同出版、1975 年

・市川昭午『教育の私事化と公教育の解体――義務教育と私学教育』教育開発研究所、2006 年

・市川昭午『教育基本法改正論争史――改正で教育はどうなる』教育開発研究所、2009 年。

・市川昭午『愛国心――国家・国民・教育をめぐって』学術出版会、2011 年

・岩波書店編集部編『徹底検証　教育勅語と日本社会――いま、歴史から考える』岩波書店、2017 年

・岩村暢子『ぼっちな食卓――限界家族と「個」の風景』中央公論新社、2023 年

・上田薫「社会と道徳教育」『6・3 教室』1951 年 2 月号

・上野芳太郎「教育内容の改善」『文部時報』第 979 号、1959 年 3 月号

・大熊信行『日本の虚妄――戦後民主主義批判（増補版）』論創社、2009 年

・大田堯編『戦後日本教育史』岩波書店、1978 年

・大達茂雄『私の見た日教組』新世紀社、1955 年

・大村はま・苅谷剛彦・苅谷夏子『教えることの復権』筑摩書房、2003 年

・岡本道雄『立派な日本人をどう育てるか』PHP 研究所、2001 年

・小熊英二『〈民主〉と〈愛国〉――戦後日本のナショナリズムと公共性』新曜社、2002 年

貝塚茂樹（かいづか しげき）
武蔵野大学教授・放送大学客員教授。1963年茨城県生まれ。1993年筑波大学大学院教育学研究科博士課程単位取得退学。国立教育政策研究所主任研究官などを歴任し、現職。博士（教育学）。著書に『テーマで学ぶ日本教育史』（放送大学教育振興会）、『天野貞祐――道理を信じ、道理に生きる』『吉田満――身捨つる程の祖国はありや』『戦後日本と道徳教育――教科化・教育勅語・愛国心』（以上、ミネルヴァ書房）、『学校で学びたい日本の偉人』（育鵬社、編著）他多数。

扶桑社新書498

戦後日本教育史
「脱国家」化する公教育

発行日 2024年5月1日　初版第1刷発行

著　　者………貝塚 茂樹
発 行 者………小池 英彦
発 行 所………株式会社 育鵬社
〒105-0022 東京都港区海岸1-2-20 汐留ビルディング
電話03-5843-8395（編集） https://www.ikuhosha.co.jp/
株式会社 扶桑社
〒105-8070 東京都港区海岸1-2-20 汐留ビルディング
電話03-5843-8143（メールセンター）
発　　売………株式会社 扶桑社
〒105-8070 東京都港区海岸1-2-20 汐留ビルディング
（電話番号は同上）

印刷・製本………中央精版印刷株式会社

Printed in Japan　ISBN 978-4-594-09647-2

本書のご感想を育鵬社宛てにお手紙、Eメールでお寄せ下さい。
Eメールアドレス　info@ikuhosha.co.jp
JASRAC 出 2402212-401